广东省幼儿园等级评估实践探索

刘景容◎著

广东高等教育出版社
Guangdong Higher Education Press
·广州·

图书在版编目（CIP）数据

广东省幼儿园等级评估实践探索/刘景容著. —广州：广东高等教育出版社，2019.8

ISBN 978 – 7 – 5361 – 6580 – 9

Ⅰ.①广…　Ⅱ.①刘…　Ⅲ.①学前教育 – 教育视导 – 教育评估 – 广东　Ⅳ.① G612

中国版本图书馆 CIP 数据核字（2019）第 188829 号

GUANGDONG SHENG YOU'ERYUAN DENGJI PINGGU SHIJIAN TANSUO

出版发行	广东高等教育出版社
	地址：广州市天河区林和西横路
	邮政编码：510500　电话：（020）87553335
	http://www.gdgjs.com.cn
印　　刷	广州市友盛彩印有限公司
开　　本	787 毫米 ×1 092 毫米　1/16
印　　张	18.5
字　　数	342 千
版　　次	2019 年 8 月第 1 版
印　　次	2019 年 8 月第 1 次印刷
定　　价	48.00 元

序

汤贞敏①

学前教育对儿童终身发展的重要性决定了它在国民教育体系中的重要地位，受到党和国家以及社会各界的高度重视。基于"入园难""入园贵""入园不放心"的社会现实，2010 年 11 月以来，全国上下连续实施三期学前教育三年行动计划，目的在于致力解决人民群众所关心的入园问题，补齐基础教育短板。经过第一、第二期行动计划的实施，至 2017 年，全国学前教育三年毛入园率达到 79.6%，比 2010 年提高 23 个百分点；广东省 2017 年学前教育毛入园率高达 109.08%，相比 2010 年提高了 26.5 个百分点。第二期学前教育三年行动计划确定了学前教育公益、普惠发展思路和方向，公办幼儿园和普惠性民办幼儿园为主体的办园模式成为学前教育发展的基本定位。这在很大程度上保障绝大多数适龄儿童"入得了园、入得起园"。从 2017 年以来实施的第三期学前教育三年行动计划，明确将提高质量作为学前教育工作的重中之重来抓，要求建立健全幼儿园保教质量评估体系，促进学前教育质量整体提升。

建设科学的学前教育质量评估体系并严谨实施，是实现"以评促建、以评促改、以评促管"，进而实现以评估促进学前教育工作者认真贯彻科学保教精神，真正落实《3—6 岁儿童学习与发展指南》，全面消除学前教育小学化现象的基础和保障。2018 年 11 月，中共中央、国务院印发具有里程碑意义的《关于学前教育深化改革规范发展的若干意见》（以下简称《意见》）。

---

① 汤贞敏，广东省教育研究院研究员。

《意见》明确提出："健全质量评估监测体系。国家制定幼儿园保教质量评估指南，各省（自治区、直辖市）完善幼儿园质量评估标准，健全分级分类评估体系，建立一支立足实践、熟悉业务的专业化质量评估队伍，将各类幼儿园全部纳入质量评估范畴，定期向社会公布评估结果。"刘景容老师撰写的《广东省幼儿园等级评估实践探索》，就是对国家和广东省学前教育工作重点的回应，是站在研究者、实践者的角度，以广东省幼儿园等级评估为例，分析国家及省当前幼儿园保教质量评估现状，分享先进的幼儿园评估经验，并思考幼儿园保教质量评估的未来路径，为推进幼儿园保教质量评估工作出谋划策的创新之作。

广东省幼儿园督导评估工作自 1995 年启动，经过 20 多年的探索与实践，逐步建立健全督导评估制度，积累了较为丰富的经验，对政府加强学前教育管理、建设一批具有省级示范意义的幼儿园、培养学前教育专家队伍等起到重要促进作用，推动了学前教育科学发展。本书作者通过对广东省幼儿园督导评估历史的回顾和发展过程的分析，梳理出有价值的实践经验，助力广大学前教育工作者对这项工作有更清晰的认识、更充分的理解、更深入的参与，更好地学习运用先进的评估理念、工具和经验，进而推动幼儿园保教质量评估事业发展。

学习借鉴本书，我认为下面几点是需要我们关注和着力的。

一、高度重视学前教育保教质量评估工作，促进幼儿园优质发展

质量是幼儿园持续健康发展的生命线，只有好的质量才能发挥学前教育的正向影响作用，促进儿童健康快乐成长。第三期学前教育三年行动计划强调幼儿园保教质量的重要性，将保教质量评估和监管工作作为学前教育工作的核心，是相当明智和富有远见的。学前教育要做大做强，迈向现代化，实现与国际接轨，必须摆脱"低水平运作"的办园现状，确保并不断提高保教质量。我们应充分认识保教质量的重要价值，积极研究和实践。教育部将在国家层面制定幼儿园保教质量评估指南，相关部门应认真贯彻落实，积极研究和制定适宜的幼儿园保教质量评估标准和实施方案，建立健全幼儿园保教质量评估体系。幼儿园应充分发挥积极性、主动性，对照评估指南和标准，逐一检查，客观地自我评估，形成对本园保教水平的正确认识和清醒分析，以评促建、以评促改、以评促发展，全面推进幼儿园优质特色发展。

二、积极学习先进理念和方法，促进学前教育保教质量评估科学化

学前教育保教质量评估是对幼儿园保教工作、课程质量做出价值判断的过程，能够反映幼儿园的办园理念和成效，与儿童的成长和发展直接相关。幼儿园保教质量评估是一项专业性极强的工作，评估体系的建构、指标的建立、内容和方法的制定、评估工作的实施等全过程都要建立在先进的评估理念和方法基础之上。保教质量的好坏如何界定？质量评估的目的为何？保教质量评估应该包含哪些内容，各个内容的权重如何分配？评估工具如何选择？评估主体怎么确定？评估工作如何实施？评估结果怎么运用？这些都需要广泛讨论和深入研究。

广东省学前教育机构的评价形式以幼儿园等级评估为代表，历经20余年的艰难探索，形成了一系列工作规范，为学前教育评估今后的发展提供了有价值的经验。时至今日，教育事业已进入新时代，学前教育评估工作在现代化进程中还任重道远，需要不断研究和实践，如加强学前教育评估理论研究、开展评估技术和手段现代化与专业化建设、修订完善评估制度、深入实践发展性督导评估，等等。以先进理念和方法为指引，不断取得研究和实践新成果，必将推动提升学前教育保教质量评估科学化水平。

三、勇于探索和实践，建立广东特色学前教育保教质量科学评估体系

任何一种评估模式都植根于它所在区域的经济社会文化背景，生搬硬套将会降低其科学性和可信度。我们在学习和借鉴已有质量评估模式的时候，要深入分析其产生和建立的背景与理论基础，认真研究"拿来即用"的可行度和可信度。在建立和完善保教质量评估体系上，一是要不断尝试，在借鉴运用已有评估模式前全面权衡、深入研究，根据本区域学前教育各相关因素加以恰当的修改和实验，最终实现本土化。二是要着重领悟，参透各种评估模式所依据的教育理念和方法，通过反复的思考、探索、实践、总结、反思、改进，真正建立起具有本土特色的评估体系。三是要多方协同与配合，学前教育管理者给予一线幼教工作者充分的自由，提供保障条件，鼓励多出实践性成果；教科研人员发挥专业特长，为质量评估体系的建立健全贡献专业智慧，指导开展评估工作；幼儿园多学习、勤思考、真实践，上懂教育大政方针，下知政策落实措施，为完善保教质量评估体系提供建议。

高质量、多样化的幼儿园是发展学前教育所追求的重要目标，具备先进

的教育观、质量观、评估观是推进学前教育优质发展的重要前提，研制运用科学的评估工具和方法是推进学前教育优质发展的重要手段。学前教育各相关方应深入贯彻落实国家和地方对推进学前教育优质发展的要求，在教育部制定的幼儿园保教质量指南的指导下，立足实情，突出特色，制定和完善地方的保教质量评估体系，为学前教育事业科学发展、创新发展、优质发展助力。

目 录

第一章

广东省幼儿园等级评估发展历程

广东省幼儿园等级评估工作自 1995 年启动以来，经过 20 多年的探索与尝试，跟随着广东省教育评估事业的发展，逐步建设并不断修订幼儿园等级评估制度，积累了较为丰富的实践经验，对政府加强学前教育管理、建设一批具有省级示范意义的幼儿园、培养学前教育专家队伍等起到促进作用，推动了广东省学前教育的发展。本章通过对幼儿园评估历史的回顾，梳理了广东省幼儿园等级评估的发展过程，以使广大幼教工作者对这项工作有更清晰的认识、更深刻的理解，并给予更广泛的支持与参与。

一、广东省幼儿园等级评估的发展

（一）启动

广东省幼儿园评估是根据国家教育评估制度开展的。1993 年《中国教育改革与发展纲要》提出："建立各级各类教育的质量标准和评估指标体系。各地教育部门要把检查评估学校教育质量作为一项经常性的任务。" 1995 年《中华人民共和国教育法》第二十四条规定："国家实行教育督导制度和学校及其他教育机构教育评估制度。"幼儿园作为学校教育的基本组成部分，自然被纳入教育评估范畴。基于此，广东省各地市教育主管部门自 20 世纪 90 年代初开始陆续尝试对幼儿园工作进行评估。如广州市对符合条件、自愿申报的幼儿园进行了 9 个类级的评估，并依据类级划分收费标准。

1994 年 10 月，广东省教育厅部署了省一级幼儿园的等级评估工作，把幼儿园办园的基本要求转化为具体的标准，监督指导幼儿园规范办学。1995

年，广东省人民政府教育督导室（以下简称"广东省教育督导室"）正式启动了对 13 个市 107 所申报省一级的幼儿园的评估工作。通过严格评审，确认全省 68 所幼儿园基本达到省一级幼儿园标准。这标志着广东省省级层面幼儿园评估工作的开始。

（二）走向规范化

1996 年教育部正式颁发了《幼儿园工作规程》，该规程第五十六条规定："幼儿园应接受上级教育督导人员的检查、监督和指导。要根据督导的内容和要求，切实报告工作，反映情况。"1999 年《中共中央、国务院关于深化教育改革全面推进素质教育的决定》中要求"建立自上而下的素质教育评估检查体系"。2000 年《中共广东省委、广东省人民政府贯彻〈中共中央、国务院关于深化教育改革全面推进素质教育的决定〉的意见》提出"加强教育督导，建立导向正确、科学有效、符合素质教育要求的对学校、教师和学生的评价机制；建立对下级政府和教育行政管理部门以及学校贯彻落实国家教育政策法规，推进素质教育工作的督导、评估和通报制度"。2001 年《广东省教育事业发展"十五"规划》提出要进行"教育测量、评估、督导的理论与实践研究"。

根据这些规定，结合 1995—2000 年广东省一级幼儿园评估实践情况，借鉴国内其他省、市和省内各地市幼儿园评估的经验和做法，广东省教育督导室于 2000 年出台了《广东省幼儿园等级评估管理办法（试行）》（以下简称《幼儿园等级评估管理办法》），2001 年印发了《广东省幼儿园等级评估方案》（以下简称《幼儿园等级评估方案》）。

《幼儿园等级评估管理办法》和《幼儿园等级评估方案》将广东省内合法登记注册的幼儿园分为省一级幼儿园、市一级幼儿园、县（市、区）一级幼儿园、未评估幼儿园 4 类，将 1995—2000 年仅有的省一级这一等级扩展到了市级、县（市、区）级，统一了全省幼儿园的评估等级，也统一了评定标准、流程、组织机构与权限。自此，各地市原有的幼儿园综合性评估项目逐渐被取消，统整为以《幼儿园等级评估管理办法》和《幼儿园等级评估方案》为依据的 3 个级别的评估。例如，广州市幼儿园 9 个类级的评估于 2001 年取消，取而代之的是全省统一的 3 个级别的评估。

自此，广东省幼儿园等级评估工作开始走向规范化。

（三）走向专业化

2008 年，根据国家、省的相关政策、法规、文件精神及幼儿教育规律，广东省教育督导室修订了《幼儿园等级评估方案》，公布新的《广东省幼儿园督导评估方案》（以下简称《幼儿园督导评估方案》，见本书附录一），将幼儿园等级评估从以鉴定性评估为主要目的转变为发展性督导评估，体现了"以评促建、以评促改、以评促管、评建结合、重在建设"的基本方针（简称评估工作"二十字方针"）。新方案在指标体系与评价标准上更科学，也更具有操作性。同年，广东省一级幼儿园初评工作现场考查环节转交给广东教育发展研究与评估中心组织开展。

为确保省一级幼儿园评估工作的有效开展，广东教育发展研究与评估中心建立了评估专家库，制定了专家遴选办法、专家库管理办法、专家组工作规范等，对专家进行了培训，设计了较为严谨、完整的工作流程，力求使评估过程公平、客观，评估结果公开、公正。2009年广东教育发展研究与评估中心出台了《广东省一级幼儿园评估工作指南》，编印了《广东省一级幼儿园评估手册》。

幼儿园评估方案的修改和配套制度的拟定反映了广东省学前教育事业与督导评估工作的发展，标志着广东省幼儿园督导评估开始走向制度化。评估工作的主体职责从督导部门移交给评估机构，体现了广东省教育评估开始走向专业化，也反映了"管、办、评分离"的趋向。

（四）走向客观、独立

2012年，广东省人民政府颁发《2012年行政审批制度改革事项目录（第一批）》（粤府令第169号）和《关于加快转变政府职能深化行政审批制度改革的意见》（粤办发〔2012〕24号）。根据《广东省机构编制委员会印发政府向社会转移职能工作方案的通知》（粤机编〔2012〕22号）的要求，广东省教育厅将"高中省一级学校等级评估""国家级示范性普通高级中学评估""省一级幼儿园评估"等项目的评估职能转移给社会第三方机构。

2015年，通过竞争性遴选，广东省教育评估协会和广东省教育督导学会被广东省教育厅正式确定为"广东省一级幼儿园评估"首轮（为期2年）承接单位。《广东省教育厅关于公布"高中省一级学校等级评估""国家级示范性普通高级中学评估""省一级幼儿园评估"转移承接机构的通知》（粤教督函〔2015〕58号）规定，2015年12月21日至2017年12月20日，"高中省一级学校等级评估""国家级示范性普通高级中学评估""省一级幼儿园评估"职能转移给广东省教育评估协会、广东教育督导学会两家单位承接，广东省教育督导室不再受理上述项目的申报等相关事宜。为继续做好相关工作，广东省教育厅结合实际，制定了《"高中省一级学校等级评估"

"国家级示范性普通高级中学评估""省一级幼儿园评估"职能转移承接监督暂行办法》，对承接机构进行指导与监管。在此形势下，广东省幼儿园等级评估进入了一个全新的历史阶段。

2016年，这两个省级民间机构开始组织广东省一级幼儿园的初评工作，包括接受申报、材料审核、现场考查、审议、公示、发文等环节。

这一改革目前正在进行中，效果尚待验证、分析。但它标志着广东省教育评估开始践行"管、办、评分离"的原则，走向客观、独立，这无疑是迈出了改革的一大步，具有重要的历史意义。

二、广东省一级幼儿园等级评估机构的调整

广东省一级幼儿园评估自1995年启动以来，评估工作的组织机构随着政府职能与机构改革进行了调整，可分为五个阶段。

（一）第一阶段

1995—2003年，广东省一级幼儿园评估工作由广东省教育督导室负责并直接组织。

（二）第二阶段

2003—2008年，广东省一级幼儿园评估工作由广东省教育督导室委托地级市督导部门组织。

2003年，《国务院办公厅转发教育部等部门（单位）关于幼儿教育改革与发展指导意见的通知》（国办发〔2003〕13号）要求地方各级人民政府要"加强示范性幼儿园建设"，并明确指出"示范性幼儿园由省、地级教育部门组织评审认定。省级教育部门要根据国家有关规定制定示范性幼儿园的标准，并定期对示范性幼儿园进行指导、评估和审验，确保其发挥示范作用，带动本地区幼儿教育事业的整体发展和教育质量的提高。评审活动要简便和节俭，不要干扰地方政府和幼儿园的正常工作"。同年，《广东省人民政府关于印发行政审批制度改革调整项目目录的通知》发布（粤府〔2003〕30号），要求省一级幼儿园不再列为广东省教育厅行政审批事项。

广东省教育督导室在保证贯彻国务院文件精神的同时，结合广东省行政审批制度改革新形势发展的需要，按照广东省教育厅党组继续推进优质幼儿园建设的要求，发布了《关于改进幼儿园督导工作的通知》，提出"幼儿园督导工作的改进意见：省一级幼儿园作为省一级示范性幼儿园，其督导评估

由省政府教育督导室委托地级市督导部门负责组织进行，评估结果报省政府教育督导室备案并公布。省政府教育督导室对各市评估情况进行抽查"。

（三）第三阶段

2008—2011 年，广东省一级幼儿园评估工作的现场考查环节由广东省教育督导室委托广东教育发展研究与评估中心组织。

为贯彻落实党的十七大关于要重视幼儿教育发展的精神，实施《广东省教育现代化建设纲要（2004—2020 年)》与《广东省教育发展"十一五"规划》要求，促进全省幼儿教育健康、协调发展，进一步规范省一级幼儿园的督导评估工作，2008 年 5 月，广东省教育厅下发《关于调整省一级幼儿园评估工作的通知》，要求"从 2008 年起，广东省一级幼儿园督导评估工作，由省教育厅教育发展研究与评估中心统一组织，各地级市教育局不再组织当地省一级幼儿园的评估工作"。"省一级幼儿园的复评工作，仍按每四年一周期进行，由各市教育局负责组织。各地要认真做好等级幼儿园的复评工作，对省一级幼儿园进行复评后，在每年 12 月 30 日前将已复评的幼儿园名单及有关材料报省教育厅教育发展研究与评估中心，评估中心将组织对复评的幼儿园进行抽查，抽查时间原则上定于第二年的上半年。抽查结束后，省教育厅每年下半年公布复评合格的省一级幼儿园名单"。

广东教育发展研究与评估中心组织评估并通过的省一级幼儿园共有 107 所。其中初次评估的幼儿园有 88 所，复评的幼儿园有 19 所。

（四）第四阶段

2011 年 12 月，广东教育发展研究与评估中心撤并入新成立的广东省教育研究院。2012 年至 2014 年，省一级幼儿园初评的现场考查环节由广东省教育督导室委托省教育研究院组织，结果报广东省教育督导室审查并公布。在此期间，省教育研究院组织专家对 53 所申报省一级幼儿园评估的幼儿园进行了现场考查，有 52 所幼儿园达到省一级标准。

（五）第五阶段

2016—2018 年，广东省一级幼儿园评估项目由中标单位广东教育评估协会和广东教育督导学会同时承接，并全权负责评估各环节的实施。在此期间，广东省教育评估协会和广东教育督导学会对 47 所幼儿园分别进行了现场考查，有 45 所通过省一级幼儿园评估。

其间，自 2001 年开始，广东省教育督导室要求省一级幼儿园每四年应进行一轮复评，复评工作由地级市教育督导部门组织，广东省教育督导室随机抽查。市一级幼儿园和县一级幼儿园评估分别由相应教育督导部门组织。部分地市教育局和县（市、区）教育局成立了评估中心，幼儿园的督导评估工作由督导部门领导，评估中心具体组织现场考查。

三、广东省一级幼儿园基本情况

1995 年首次启动广东省一级幼儿园评估之时，由于没有评估方案和相关制度，也没有经验，各级组织机构对该项工作都处于"摸着石头过河"的状态，最终导致首批省一级幼儿园评估通过率仅为 64%。2001 年，广东省教育督导室开始对申报省一级幼儿园评估的幼儿园进行评前视导，只有视导通过的幼儿园才能进入现场评估环节。自此，省一级幼儿园评估的通过率基本保持在 95% 左右。

截至 2018 年 12 月，广东省一级幼儿园共有 481 所，占全省幼儿园总数（18 048 所）的 2.67%。其中 83% 的省一级幼儿园坐落在珠江三角洲地区，仅深圳市就有 135 所省一级幼儿园，占全省省一级幼儿园的 28%。

多年来，受评幼儿园对等级评估工作高度重视，把等级评估作为办好幼儿园的一种动力，面向教职工、家长、社区做了广泛的宣传与发动，充分做好迎评准备，积极配合现场考查评估工作。受评幼儿园普遍认为，等级评估既肯定了幼儿园的办园成绩和经验，又中肯地提出了进一步办好幼儿园的建议，对幼儿园今后的发展具有重要的指导作用。根据现场考查评估工作情况反馈表统计，受评幼儿园及主办单位对评估专家工作的"良""优"评价率达到 100%。

第二章
广东省幼儿园等级评估工作成效

广东省幼儿园等级评估是根据《幼儿园等级评估方案》（2008 年修订为《幼儿园督导评估方案》），通过系统收集幼儿园各方面信息，全面了解保教活动的实际情况，对幼儿园办园条件、办学水平和办园效益等进行综合性整体评价，以促进幼儿园改进工作、科学保教，并为教育行政部门改善宏观管理提供依据。该项目于 1995 年启动，前 6 年仅有"广东省一级幼儿园"这一个级别，2001 年开始发展为 3 个等级，即省一级、市一级、县（市、区）一级。等级评估要求幼儿园开办三年后才能申报，而且要逐级申报，上一等级的申报需在下一等级评定满两年并有所改善的情况下进行，各等级均要每四年进行一次复评。这些要求确保了受评幼儿园及所在地学前教育的可持续发展。

伴随着广东省教育评估事业的发展，幼儿园等级评估工作积累了较为丰富的经验，对政府加强学前教育管理、建设一批示范性幼儿园、培养幼儿教育专家队伍起到了促进作用，推动了广东省学前教育的发展。

2013 年初，广东省教育研究院教育评估室组织了广东省教育评估开展情况调研。结果显示，在省、市、县（市、区）3 个层面针对幼儿园开展的共62 项评估、评审中，按照《幼儿园督导评估方案》开展的等级评估是"最受欢迎的教育评估项目"。这说明经过数年的实践与改进，广东省幼儿园等级评估项目起到了促改、促建的作用，受到基层单位的欢迎。

一、促进政府加强学前教育管理

（一）《幼儿园等级评估方案》的实施加大了政府对学前教育的指导与监管力度

自 20 世纪末以来，广东省的幼儿园进行了大规模的社会化。各地幼儿园以民办为主，规模小、数量多、分布广。21 世纪初进行的政府机构改革中，各级行政部门陆续撤并了幼教管理机构，幼教管理与教研人员少，力量薄弱，政府对幼儿园的管理较为松散甚至无力。同时，省内没有权威的地方课程，也没有教育质量监测制度与体系。学前教育界出现以家长需求为导向、违背幼儿成长规律的办园现象，并有蔓延之势。在这样的背景下，广东省教育督导室于 2001 年出台《幼儿园等级评估方案》，提出"本方案既是幼儿园等级评估申报书，也是幼儿园学年自评工作呈报书"，强调全省幼儿园在每学年结束时，应对照方案进行自查自评，并将自评结果报送当地教育督导部门。《幼儿园等级评估方案》是省政府对幼儿园的一种评价标准和依据，它的实施包括自评与他评，是省政府将宏观管理转化为规范办园具体要求的体现。通过幼儿园自愿申请等级评估和广泛自评，政府部门可以在幼教管理与指导人力有限的情况下，以系统、全面的评估方案引导幼儿园依法办学、依规施教。这种要求与做法有效遏制了广东省学前教育下滑的现象。

（二）评估意见为政府出台学前教育相关政策提供了依据

由于等级幼儿园具有示范性，其创建有一定难度，加之申报以自愿为主，因此，迄今为止获得等级认定的幼儿园为数不多。但因严谨的评估制度和较为科学的评估技术的使用，在上级人民政府教育督导室组织或委托评估机构进行的等级评估中，仍然可以通过受评幼儿园管窥当地学前教育的基本情况。这些基本情况在评估的不同环节以口头、书面的形式反馈给当地教育行政部门，为地方政府客观评价本地学前教育现状，修改与完善政策、规章制度，结合社会发展趋势对学前教育进行有效调控、管理、服务等提供参考。此外，评估机构在每一批幼儿园等级评估结束后，都要撰写总体的分析报告，上交给同级或上级人民政府教育督导室，为政府出台与学前教育相关的政策提供依据。

（三）评估结果的有效运用强化了政府对学前教育正确方向的引领

自幼儿园等级评估实施后，多地政府根据等级评估的结果陆续出台相关政策，鼓励幼儿园规范办学，并以等级幼儿园为示范，引领行业的健康发展。如地市制定的公办幼儿园收费标准，普遍依据幼儿园的评估等级来确定收费等级，并拉开差距，体现优质高价与公平竞争的原则，以此鼓励公办幼儿园积极创造条件，接受等级评估，成为行业内规范办园的典范。全省多个区县制定的发展学前教育三年行动计划中明确将等级幼儿园纳入经费奖励、政策支持的对象，不但对通过等级评估的幼儿园给予资金奖励，还在人才培养、评先评优、教科研等方面给予更多机会，激励当地学前教育形成积极向上的行业风气和良性循环的发展机制。根据广东省教育厅的要求，2012 年开始，各区县将幼儿园的基本信息包括幼儿园的评估等级，放在教育部门官方网站上，接受社会与家长的监督，促进学前教育行业的自律。

此外，幼儿园等级达标率还被纳入"创建广东省教育强镇、强区县、强市"等督政体系，有效促进了地方政府对学前教育的重视。为了达到"创强"的指标要求，地方政府加大了对等级幼儿园在硬件建设上的投入，对等级民办幼儿园也在迎评过程中给予了较为具体的业务指导。这些做法鼓励了作为具有示范性意义存在的等级幼儿园率先、积极按照《幼儿园督导评估方案》规范办园，对地方学前教育的发展起到示范、引领作用。

（四）《幼儿园督导评估方案》及其配套制度为地方政府评价幼儿教育提供了范本

随着广东省幼儿园等级评估方案和相关制度的不断完善，全省多地教育行政部门以《幼儿园督导评估方案》为范本，修订出台符合当地学前教育实际发展水平的幼儿园督导评估方案和制度，对学前教育的管理更趋规范。如广州市天河区教育局在《幼儿园督导评估方案》的基础上修订出台了《广州市天河区小区配套幼儿园承办期满办园质量评估方案》，并参照等级评估的流程和方法先后组织了多次办园质量评估。2012 年以来，各地参照等级评估的方法，制定了本地区规范化幼儿园的评估、验收方案，开始对所有幼儿园进行评估或评审。

二、促进受评幼儿园提升办园质量

《幼儿园督导评估方案》把国家和广东省关于学前教育的法律法规、学前教育的学科特点与规律等规范办园的依据转化为评估的各项指标，各指标间既有机联系又相对独立，形成了较为完整的幼儿园综合性评价方案。等级评估既是受评幼儿园接受全面检测的方式，更是一个重要的发展机遇。幼儿园通过逐级评估以及四年一复评的准备过程，将《幼儿园督导评估方案》中的要求作为常规工作目标，持续、不间断地改进与完善，办园水平和办园效益明显提高，从而晋升为县（市、区）、地级市、省级示范性幼儿园。

在广东省教育评估开展情况调研中，幼儿园等级评估十条主要作用中选择率最高的指标是"质量效率"，即基层普遍认为该项评估能促进幼儿园"提高各项工作效率，提高保教质量"。

（一）促使幼儿园依法办园，管理水平得以提高

《幼儿园督导评估方案》的 39 个三级指标涵盖了一所规范幼儿园应该具备的全部条件。幼儿园逐项逐条对照自查、整改，是利用评估任务引领全体工作人员认真学习、理解政策法规与规章制度的过程，实际上是一个学法、知法、用法的过程。这个过程促使幼儿园坚持正确的办园思想与方向，更好地掌握幼儿教育规律，依法办园、依规施教。

同时，《幼儿园督导评估方案》的指标是基于广东省幼儿园自改革开放以来的实践成果设计的，具有操作性与指导性。受评幼儿园的管理者深入学习、理解《幼儿园督导评估方案》，运用评估指标进行幼儿园常规工作管理，也就是以广东省幼教界的先进经验与做法带领幼儿园不断发展。在这个过程中，无论是对办园宗旨、教育思想、管理理念，还是对管理方法与技术，管理者都有了更为全面而深刻的认识。他们在继承同行经验的基础上，提高了个人的管理水平。

在广东省教育评估开展情况调研中，幼儿园等级评估十条主要作用中选择率位列第三、第四的指标分别是"管理提升"和"健全规范"。这说明受评幼儿园普遍认为评估能提高幼儿园领导认识，提高管理者管理水平，团结教职工，促进内部科学管理与安全管理，促进管理水平整体提升，引导幼儿园遵守办学规律、梳理办学理念、依法办园、规范办学行为、健全规章制度、规范资料积累与整理。

（二）促进教职工专业成长，队伍素质有所提升

为了以"高分好评"通过等级评估，幼儿园首先要发动各部门对照评估指标找准目标差，提出整改意见并付诸实施。在这个过程中，通过自下而上与自上而下的自评、整改措施的制定与实施、对办园历史的回顾与经验总结等，教职工对办园过程、理念、成绩、优势、特色、缺陷等有了一次全面了解的机会，增强了认同感，提高了凝聚力和团队意识。

《幼儿园督导评估方案》强调要深入实施《幼儿园教育指导纲要（试行）》，把"幼儿教育是养成教育""幼儿教育是环境教育""整体生活都是课程""游戏为主要活动""注重幼儿的个性发展""坚持保育与教育相结合"等先进理念与要求落实到教育行为上，构建适宜的园本课程，凸显特色，推动幼儿园内涵发展。这样的目标只有在专业水准较高的队伍中才能实现。为此，大多数幼儿园都会有计划地组织各种培训与教科研活动，使教职工获得更多的学习与发展机会，迅速获得专业成长。

受评幼儿园的教职工在座谈会和调查问卷中，充分认可等级评估对个人专业发展和队伍整体素质提升的显著作用。在广东省教育评估开展情况调研中，幼儿园等级评估的十条主要作用中选择率位列第二的指标是"教师成长"，并列第四的是"学习研究"。这说明在迎接评估的过程中，幼儿园能提高对教改的重视程度，转变观念，践行新理念，促进教育教学研究，规范教科研，深化教育改革，促进教改发展，调动教师工作积极性，更新教育观念，改进教育手段，提升保教水平，使教师专业化水平不断提高，专业成长明显。

（三）使幼儿园获得较为充足的资源，办园条件更加优越

《幼儿园督导评估方案》中办园条件有 11 项三级指标，其中 15 个要素为必达，占总分值的30%，涉及人、财、物等基本的保障性条件。这就要求申请等级评估的幼儿园应按照指标要求配备硬件。在迎评过程中，每所幼儿园都能尽最大努力筹措资金改善环境，不断优化办园条件。广东省教育评估开展情况调研结果显示，幼儿园等级评估的主要作用中选择率位列第五的指标是"硬件建设"。这说明幼儿园评估能引起政府重视，加大资金投入，提升幼儿园设备水平，改善幼儿园办学条件，使幼儿园硬件建设上档次、校园建设大改观。

通过等级评估，幼儿园还能争取更多外部人力资源的支持。地方教育行政部门、业务管理部门往往会给予幼儿园较具体的迎评指导，组织专业人士对幼儿园进行视导、培训等，并提供更多的学习机会。幼儿园主办者会较频

繁地聘请专家到幼儿园进行指导，帮助幼儿园改善各方面的工作。幼儿园还会广泛宣传，发动家长和社区人士、机构参与幼儿园的民主管理，为幼儿园的发展提供人力、物力支持。

在为期两天的现场考查评估中，幼儿园迎来了最密集的专家资源。负责现场考查的评估组由经过评估机构培训并遴选出的大中专院校教师、教科研人员、资深园长、儿保医生等7名专业人士组成，分为办园条件与卫生保健组、教育教学组、管理与班子队伍组。评估组通过听取自评报告、主办单位和主管部门的推荐意见，察看园容园貌、设备设施，查阅和核实档案资料（侧重审阅原始资料），召开教职工、幼儿家长和社区人士代表座谈会，个别专访幼儿园领导班子成员、中层干部、教职工等，通过随机抽样对教职工和家长进行无记名问卷调查，对幼儿进行体能测查，考察幼儿一日生活等。评估组采集幼儿园多方面信息，对各小组分工负责的条目进行初步评议，再汇总分析。在此基础上，全体评估员充分讨论，确定各个条目的得分，形成对幼儿园的评估意见。在整个过程中，评估员边考查边提出建设性意见，对幼儿园进行随机的具体指导。考查流程中还设置了小型内部反馈会，由评估组组长主持，评估员、幼儿园领导班子和中层管理人员、县（市、区）业务主管部门人员等参加。每位评估员结合自己负责的评估指标，针对幼儿园存在的具体问题提出改进建议。在现场考查评估的最后，安排了正式的评估意见反馈会，由评估组代表向受评幼儿园及业务主管部门宣读总体评价，总结办园业绩，指明幼儿园今后的发展方向。这个环节从专家的角度充分肯定了幼儿园的成绩，为幼儿园获得上级主管部门、主办者的认可增加了可信度，同时也为幼儿园争取上级主管部门和主办者的支持以解决存在问题提出了有力的依据。通过现场考查评估环节，7名具有不同专长的评估员同时对一所幼儿园的各方面工作进行诊断、分析，提出改善建议，使幼儿园获得了丰富的反馈信息和解决问题的依据、方法。很多幼儿园在现场考查评估结束之后与评估员保持了长期的业务联系，获得了一个稳定的专家指导团队。

三、促进评估机构与人员的专业化

（一）幼儿园等级评估工作使评估机构积累了多元的实践经验

在广东省幼儿园等级评估工作中，不同级别的评估机构承担着不同等级的评估任务。省级、市级、县（市、区）级评估机构或督导室分别承担省一级幼儿园、市一级幼儿园、县（市、区）一级幼儿园的初次评估，复评工作则由下一级评估机构承担。20 多年的幼儿园等级评估工作，使各级教育评估机构积累了丰富的实践经验。

幼儿园评估制度是学校评估制度中不可或缺的组成部分。在幼儿园等级评估启动之前，广东省其他教育阶段有考试等多种形式作为教学质量的检测手段，而幼儿园则没有任何专业评价方式。幼儿园等级评估工作的启动弥补了广东省学校教育评价体系的这一不足之处，同时该项目积累的经验对其他学校的评估也具有一定的借鉴意义。

（二）现场考查环节为评估人员提供了交流、学习和提升的机会

为了开展幼儿园等级评估工作，各级教育行政部门下辖的评估机构都建立了相应的现场考查评估专家库，按照一定标准遴选出省、市、县（市、区）一级幼儿园评估专家，并进行相应培训。例如，广州市一级幼儿园评估专家的构成是广东省人民政府教育督学、广州市人民政府教育督学、广州市大中专院校副高级职称以上的学前教育专任教师、广东省一级幼儿园园长、广州市教育科学研究所学前教育专业的研究人员、市与区具有中级以上职称的幼教教研员、区资深幼教专干及督学、市与区妇幼保健医院具有副高级以上职称的儿保医生等，每三年进行一次换届、聘任和集中培训。广东省一级幼儿园评估专家库中既有擅长理论提升的教授、研究员，也有政策制定与执行层面的行政管理人员，更多的是经验丰富、专业水平较高的省一级幼儿园园长；既有幼儿园管理方面的人才，也有幼儿园教科研与保健卫生方面的专业人士。这样一批在学前教育界有较高地位、各有所长的专家，因现场考查评估工作而聚集在一起，深入了解受评幼儿园的办学情况，从受评幼儿园全面开放的信息中获得新经验，与受评幼儿园教学相长，又因评估组成员的多次讨论、意见反馈而进行脑力激荡，开阔了思路，获得了更多、更新的专业知识。广东省一级幼儿园的初次评估，还采取了回避制度，即评估组成员全部由受评幼儿园所在地之外的其他地区专家构成。这种做法使每一次评估都成为全省不同地区学前教育精英代表交流的平台，促进了参与者的专业成长。

广东省学前教育机构的评价形式以幼儿园等级评估为代表，历经 20 多年的艰难探索，形成了一系列工作规范，为学前教育评估事业的发展提供了有价值的经验。通过等级评估，广东省建设了一批办园思想端正、理念先进、条件优越、特色鲜明、效益突出的各级示范性幼儿园。幼儿园的等级不但成为地方政府制定幼儿园收费标准、奖励学前教育机构、招聘公办幼儿园管理人员、培养骨干教师等工作的依据，还成为社会评价、监督和家长选择幼儿园的标准。幼儿园等级评估已深入民心，影响深远，成为广东省教育评估的品牌项目。

第三章

广东省幼儿园等级评估存在的
主要问题及原因分析

不同于中小学、大中专院校有着诸如考试、升学率、就业率、评估、评审等多样化的评价方式，广东省针对幼儿园保教质量仅有综合性评估一种专业评价手段。因此，评估日益成为广东省学前教育事业优化发展的关键。

在 2013 年完成的广东省教育评估开展情况调研和 2016 年完成的广东省幼儿园等级评估情况调研中，尽管等级评估是幼儿园众多评估项目中最受欢迎的一项，但它依然存在一些突出问题，还没有完全实现对整个行业的正确导向功能。

一、评估工作条件的不完备影响了评估的专业性

自广东省幼儿园等级评估工作开始至《国务院关于当前发展学前教育的若干意见》（简称"国十条"）颁布的十几年间，恰是我国学前教育整体滑坡的年代，诸多与幼儿园相关的工作未能得到应有的重视。等级评估作为学前教育办学质量唯一的检测方式，是在比较艰难的环境中形成的，幼儿园等级评估工作条件相对落后，导致评估的专业性不能充分体现。究其原因，主要是由以下几个因素导致的。

（一）评估方案未及时更新

2008 年修订出台的《广东省幼儿园督导评估方案》（以下简称《幼儿园督导评估方案》），对 2009 年以来开展的广东省幼儿园等级评估起到了方向性的引领作用。自 2010 年《国务院关于当前发展学前教育的若干意见》颁

发、各地制定发展学前教育三年行动计划以来，国家层面相继出台或修订了《托儿所幼儿园卫生保健管理办法》《托儿所幼儿园卫生保健工作规范》《中国儿童发展纲要（2011—2020 年)》《幼儿园教师专业标准（试行)》《学前教育督导评估暂行办法》《3—6 岁儿童学习与发展指南》《幼儿园教职工配备标准（试行)》《幼儿园工作规程》《幼儿园办园行为督导评估办法》等重要文件，广东省也出台了《关于加快我省学前教育发展的实施意见》《广东省幼儿园编制标准（试行)》《关于民办幼儿园收费备案的实施细则》《广东省幼儿园一日活动指引》以及《幼儿园收费管理暂行办法》与实施细则和广东省三类规范化幼儿园办园标准等，全省学前教育呈现前所未有的新的发展态势。制定于 2008 年的《幼儿园督导评估方案》已经不能全面反映当前政策法规对学前教育机构的要求。在调研中反映的幼儿园等级评估最大的问题就是基层单位对《幼儿园督导评估方案》不满意。例如，40% 的问卷认为"评估标准不科学，评估条目过细，评估体系过于复杂，评估体系专业性不够，量化指标不够科学，评估内容过多过杂，评估方案要求与实际有较大差距"。

（二）评估专家的匮乏

目前，广东省内开展教育评价理论研究的学术团队较少，其研究也不是针对学前教育的，这就导致具有广东特色的学前教育评价理论缺失，广东省幼儿园评估的起点和平台较低。在 10 多年的评估实践中，研发评估方案、制定评估制度以及逐步修订等工作是由教育行政部门和评估机构工作人员"摸着石头过河"进行的。在这个过程中，开展学前教育评价研究的专业人士匮乏，导致幼儿园等级评估的专业性相对薄弱。此外，由于前一阶段学前教育发展滞后，行业内相关的专业人士缺乏，因此现场考查评估专家的遴选工作较为困难，评估专家的数量和质量都不能得到保障。如果组建的评估队伍缺乏足够的专业水准，那么必然会导致现场考查评估出现不专业的状况。

（三）评估制度的行政性

广东省幼儿园等级评估虽然历经 20 多年的发展，开始走向制度化，但依然处于发展的初始阶段，作为行政管理手段的意义较为凸显。这曾经对于阻止学前教育滑坡、推进行业发展具有不可替代的作用。正因为行政管理功能突出，评估方案的设计和评估过程才更加强调硬件建设和经费投入等可量化指标，对幼儿园专业建设特别是课程的评价则比较模糊。此外，评估结果使用制度的缺乏或使用方式的狭隘，也降低了评估的专业价值。

（四）评估技术的落后

受各种条件所限，广东省幼儿园等级评估的制度设计基于经验的成分较多，评价的科学技术运用得较少。在评估过程中特别是现场考查评估环节，除了部分可以量化的指标外，多数指标是依据评估员的个人经验和专业眼光进行评判的，加上现场考查评估时间仓促、任务繁重，导致评估的专业水准受限，甚至评价意见的准确性也受到影响。

二、对评估价值的误解影响了幼儿园迎接评估的主观能动性

幼儿园等级评估历经 20 多年，目前广东省一级幼儿园仅有 481 所，与《广东省发展学前教育三年行动计划》提出的"建成 1 000 所科学保教示范园"的目标相差甚远。即使是在省会城市广州，省、市一级幼儿园的数量也仅约占 10%。除深圳市外，广东省其他地级市的幼儿园普遍缺乏积极性、主动性。这主要是基层单位包括部分地方教育行政部门对等级评估不了解，没有认识到评估工作的价值所导致的。因此，加强对幼儿园评估意义的宣传、对《幼儿园督导评估方案》的解读、对评估申报流程与制度以及迎评方法的介绍显得非常迫切而重要。

（一）误解之一：评估付出太多但收获甚少，而且很难通过

由于缺乏有效的沟通渠道，《幼儿园督导评估方案》公布以后，教育行政部门和幼儿园几乎没有机会接受培训，仅通过自学去分析、实施，对方案的理解与执行可谓千差万别。即使是评估员，因为接受的培训不够系统、深入，所以个人理解存在偏差，同时，各地教育行政部门的要求不同，一所幼儿园在接受省一级、市一级、县（市、区）一级评估中，得到的对同一条指标的解释可能不一样。这种情况导致基层单位无所适从，普遍认为等级评估困难重重。与此同时，业界看到的状况是迎评工作使人疲倦，流传着幼儿园为迎接评估而要求教职工连续加班、园长为评估工作累病累倒等负面消息；为了通过评估，幼儿园要投入很多资金进行整改，同时聘请专业人员来园指导和接待评估也要花费不少的资金；评估过程中，专家提出许多整改意见，但幼儿园难以接受；有的幼儿园做了很大努力但仍然没有通过评估；等等。

（二）误解之二：等级评估是公办幼儿园的事情，是地方政府"教育创强"任务之一

2005 年开始全面实施的《中华人民共和国民办教育促进法》规定，民办幼儿园按成本定价。在此背景下，以民办为主要形式的学前教育界，除了某些地级市的公办幼儿园外，绝大多数幼儿园不再依据等级确定收费标准，而是运用市场调节。因此，在广大幼儿园并不了解评估意义的情况下，等级评估主要成了当地公办幼儿园的事情。据广东省教育信息平台基础数据显示，公办幼儿园在全省仅占 30 ％，而在这些公办幼儿园中又有部分受限于软件或硬件等原因，不能或不愿申报等级评估。结合教育强镇、强县（市、区）、强市建设而必须申报等级评估的幼儿园显得被动而消极，创等级的工作被认为是政府的"面子工程"。

（三）误解之三：等级评估就是为了获得认证结果，并且是一劳永逸的

由于幼儿园和基层教育行政部门对等级评估意义的了解不甚明确，因此幼儿园往往是在外力驱动下进行等级评估申报的。例如有的是为了提高收费标准，有的是为了获得政府奖励，有的是出于"教育创强"的压力，有的是为了有个好名声以面向家长和社会，有的是为了提升行业地位，等等。这些幼儿园没有正确认识等级评估的内在价值，即通过创建等级、迎接评估这一过程促进幼儿园全面改进，不断提升办园条件和保教水平。在这种情况下，对于大多数幼儿园来说，申报等级评估就是为了在短期内获得等级认证。因此，急于求成、重视资料轻视过程的急功近利现象非常明显。为了通过评估，许多幼儿园不惜大规模做假资料；有的幼儿园则把主要精力放在公关和超标准接待上，希望以"人情"获得"加分"。

广东省幼儿园等级评估中存在的诸多问题，既有评估方（包括评估专家队伍）的原因，也有受评方（包括幼儿园和地方教育行政部门）的原因，只有从不同角度解决双方存在的各种问题，才能真正落实评估对学前教育科学发展的促进作用。我们也期待等级评估项目的政府管理部门和承接机构能正视评估中存在的问题，客观分析，科学改进，共同推动广东省幼儿园评估事业的新发展。

第四章
学前教育评估质量提升探究

一、国内外学前教育机构评估经验

随着学前教育三年行动计划的大力推进，学前教育机构的数量迅速增加，但质量问题尚未得到足够的重视。近年来，从媒体曝光的多起学前教育机构的负面事件以及学前教育阶段普遍存在的小学化现象，可以管窥幼儿园在师资、管理、保教质量、价值观等各方面依然处于较低水平。因此，学前教育机构的质量提升与评估工作显得尤为重要。然而，目前我国多地学前教育机构的评估工作还存在诸多问题，尚待完善。本章主要介绍国内外先进的幼儿园评估经验，以期广大幼儿教育工作者和评估机构能从中有所借鉴，共同致力于学前教育质量保障体系的建设。

（一）政府重视并积极资助评价研究，制定适宜的评估体系

欧美诸多国家日益认识到早期教育评价的重要性，积极鼓励、支持研究有价值的评价项目，并将评价结果作为决策的依据。例如，美国印第安纳州政府 2008 年开始资助研究并实施早期教育机构质量评估体系（Path to Quality，PTQ），被评对象包括州内合法的各类早期教育机构。为保证评价科学、有效，州政府委托普度大学对该评估体系进行论证性研究；为鼓励机构自愿参加该评价，州政府提供资助及培训、技术支持。目前美国已有 15 个州拥有类似的评价体系帮助早期教育机构提高质量。美国幼儿教育协会（National Association for the Education of Young Children，NAEYC）下设的早

期儿童教育机构评价委员会，是美国最具权威的早期教育评价专业组织，于1985 年开始实施并接受评价认证。其评价体系至今已多次修订，最新评价标准与系统于 2006 年开始施行。该机构的评价认证体系对世界各国学前教育机构评价标准的建立和实施提供了帮助，是全球最专业、最有影响力的早期教育评价系统之一。

20 世纪 90 年代以来，英国、新西兰、挪威、芬兰、澳大利亚等发达国家相继开始对早期教育机构和课程质量加以规范和评估。澳大利亚政府于1994 年开始执行 "儿童保育质量保证体系" （Child Care Quality Assurance，CCQA），此后修订了两次，于 2011 年开始逐步实施新的全国性质量标准。经过两年过渡期后，澳大利亚政府要求全部幼教机构于 2012 年必须全面实行该标准。英国教育部多年来不断加强早期机构评价研究的投入，2000 年开始施行全国统一的学前教育课程框架和评价标准体系，并在此基础上制定和实施统一的机构评价标准。新加坡政府于 2011 年 11 月开始启动《新加坡学前教育评审框架》（Singapore Pre-schat Accreditation Framework，SPARK），鼓励早期教育机构提高质量，促进幼儿全面发展。

我国各省市也先后根据本地区幼儿教育发展所需，建立了相应的幼儿园评估制度。如为了将示范幼儿园办成高水平、高质量的优质园，使其真正发挥示范作用，2005 年北京市教育委员会结合实际情况对《北京市示范幼儿园标准》（1999 年）进行修订，在示范园的软、硬件建设方面提出了更高标准，力求代表新时期幼儿教育改革与发展的方向。2007 年，江苏省教育厅为进一步加强对幼儿教育的管理，扩大优质教育资源，提升幼儿教育的办学层次和水平，停止 "江苏省示范性实验幼儿园" 的评估，全面启动优质幼儿园的评估工作，提出 "全省将用 3～5 年的时间使所有的幼儿园都办成合格幼儿园，部分幼儿园创建为市优质园，其中的 1/3 左右创建为‘江苏省优质幼儿园’。苏南及经济发达地区省优质幼儿园应达到总量的 1/2" 的奋斗目标。浙江省为加强全省幼儿园统一管理，提高保育和教育质量，加快推进幼儿园素质教育和课程改革，促进幼儿园规范化、个性化发展，于 2008 年废止《浙江省示范性幼儿园标准》（2005 年），在全省实行统一的幼儿园等级评定制度。上海市为了进一步强化幼儿园质量意识，保证每一所幼儿园保教质量达到基本的水准，于 2008 年开始试行幼儿园保教质量评价，为幼教工作者从观念到行为的转变提供操作性的指南，为教育教学诊断和质量提高提供依据。香港特区教育局自 2000 年开始在学前教育机构引入质素保证机制，制定了《表现指标（学前机构）》。

（二）评价体系更关注教育质量，重视机构的自我评估

国际上对早期教育机构的评价普遍强调教育质量，发达国家主要以"质量"为核心设计评估体系。国际儿童教育协会自 2000 年以来，组织来自 20 多个国家的幼儿教育专家拟定并不断修订了《国际儿童教育协会全球指南评量表》，2006 年出版的最新版全球指南评定量表包含了 88 个项目，涵盖了幼儿教育和保育的 5 个方面，即环境与空间、课程内容与教学法、幼儿教师与保育人员、家庭和社区的伙伴关系、有特殊需要的幼儿。美国幼儿教育协会拟定的早期教育机构评价标准体系，分为关系、课程、教学、检测儿童的进步、健康、教师、家庭、物质环境、社区关系、领导管理等 10 个方面，每个方面含有详细的多层次标准细目。澳大利亚儿童保育质量保证体系包括 7 个领域，即教育方案与实践、儿童的安全健康与福利、物理环境、教师要求、关系、与家庭和社区的合作、领导与管理。《新加坡学前教育评审框架》确定幼儿园质量评估标准包括机构领导、行政管理、教师发展与管理、计划、课程、保育、安全与健康等方面。这些评估体系没有强调对硬件的关注，而是更重视幼儿园的软件建设。这基于美国 40 余年教育评价研究的发现：有效的高质量的学前教育机构具有共同特征，包括合格的教职工、合理的工资待遇、较低的班级人数和生师比率、适宜的课程、丰富的语言环境、安全温馨的关系、负责任的成人等，亦即儿童各方面正常、健康的发展，有待于儿童早期良好的人际关系的支持，而不是优越的、充斥着现代化设备设施的物质条件。

国际上享有专业权威的早期教育机构评价体系普遍具有标准详细、层次清晰、操作性强的特点。这有利于机构进行自我评价。事实上，所有成熟的评价体系，在程序上都设置了机构自我评价的过程与步骤，并将自评分数按一定比例计入最终得分。《新加坡学前教育评审框架》就要求申请评估的机构每年进行自我评估，并提出具有指导性的自评方法与过程，包括通过评分找出优势和差距、聚焦优先考虑区域、制订具体目标的行动和计划、监测计划的进展等 4 个步骤。美国的早期教育机构评价强调通过机构自我评价过程，调动机构自身的积极性，发挥机构的自我调节功能，促进评价活动的制度化。

我国香港地区学前教育质素评核的理念是促进学校进行自评，要求幼稚园先建立自我评估系统，收集各持分者意见，然后综合分析机构的整体质素表现，并参考教育局提供的范本撰写"学校报告"和"周年学校计划"。幼稚园的重心在于建立有系统的自评机制，把自评的反思文化内化到日常工作

中，以不断自我完善。

2007 年，上海市教育委员会基础教育处、上海市课程改革办公室、上海市教育评估院、上海市教育科学研究院、华东师范大学、上海师范大学、6所试点幼儿园等单位共同参与编制了《上海市幼儿园保教质量评价指南》（以下简称《指南》）。该《指南》制定的目的就是为幼儿园质量监控与评价提供参考：帮助幼教工作者建立质量意识，关注保教实施的过程与质量，增强行为的自觉性，鼓励和引导教师经常对自己的保教工作进行自评；帮助幼儿园逐步建立起"自我认识、自我监测、自我发展"的机制，使评价工作成为提高和促进幼儿园保教质量不断提高的有效平台。《指南》将幼儿园保教质量评价指标分为"幼儿发展"与"幼儿园课程"两个部分。"幼儿发展"评价指标包括"体能""习惯""自我意识与自理""认知""语言能力""社会性""美感与表达"等 7 个方面，每个方面又有若干个评价重点与标准。为便于教师理解，该部分还提供了表现列举。"幼儿园课程"评价指标包括"课程实施方案""环境创设与利用""生活活动""运动""游戏活动""学习活动""保健和特殊照料""与社区家长的互动"等 8 个方面，每个方面又有若干个评价重点与评价标准。为了便于使用，该部分对信息采集的途径与方法给予了提示。为了保证自我评估的有效实施，上海市教育委员会先后组织了多次培训，帮助幼儿园正确理解、运用《指南》。

（三）评估机构独立，权限完整，工作效率高，具有权威性

发达国家的早期教育评价工作主要由非政府性质的专业评估机构执行。这些机构大多数收取一定的费用。美国目前存在多个早期教育评价机构，他们自主研发评估标准，接受早期教育机构的申请，按照一定程序组织评估。美国幼儿教育协会的早期儿童机构标准与认证标准委员会，就是此类专业评估机构的代表。1993 年，澳大利亚成立了受联邦政府资助的专门负责幼儿教育质量评估的机构——儿童保育认证委员会（National Childcare Accreditation Council，NCAC），直接管理全国幼儿教育质量保障体系，制定儿童养育标准，对符合标准的托幼机构进行认证。英国成立了独立于教育部和劳动技能部之外的教育标准办公室，负责制定全国统一标准的教育质量规范，并负责注册、督导和检查工作。教育标准办公室聘用来自社会各服务部门的督察员，进行培训，在各地区形成了教育质量督导网络以支持其工作。

20 世纪 90 年代以来，我国的江苏省、上海市、北京市、重庆市、云南省、浙江省先后成立了规格较高、规模较大、条件较为完备的教育评估院，具有相对独立、完整的评估权限，较好地落实了"管、办、评分离"，评估

结果相对中立，工作效率较高，具有一定的专业权威性。上海市浦东新区政府还尝试向社会有资质的专业评估机构购买服务，将政府下辖的专业机构无暇顾及的部分学前教育评估项目委托给中介机构进行评估。

二、学前教育评估质量提升的路径方法

学前教育评估是评价学前教育状况的一种主要形式，也是政府对学前教育机构加强监管与指导的重要手段。广东省幼儿园等级评估工作在 20 多年的实践和探索中积累了一定经验，开始走向制度化、规范化、专业化，但从社会和民众对学前教育的期望看，仍显不足，处于初步发展阶段，需要不断改进。

《广东省中长期教育改革和发展规划纲要（2010—2020 年)》要求"发挥教育督导作用"，提出"逐步建立与国际接轨、有广东特色、有利于分层定位和分类指导的各级各类教育教学质量标准与评估指标体系。规范教育评估行为，逐步建立健全教育评估资质认证制度，强化专业教育评估机构的职能，建设高素质、专业化的教育评估专家队伍，促进教育评估工作专业化、规范化和制度化。以提高教育评估的专业权威性和社会公信力为目标，逐步吸引用人单位、行业协会、专业学会、研究机构等社会组织参与教育评估，改变现行以政府为主体的单一评估模式，建立多元化教育评估新机制"。笔者结合多年的评估实践与研究工作，借鉴国内外同行的先进经验，提出广东省学前教育评估工作发展的建议。

（一）加强学前教育评价的理论建设与应用，确保评估工作的科学性

理论是行动的先导，要做好学前教育评估，首先要加强理论研究与理论学习。

1. 呼吁大专院校、教育科学研究机构开展学前教育评价理论的研究与建设

随着《广东省发展学前教育三年行动计划》的推进，广东省内目前具有学前教育本科生培养资质的院校有 10 余所，其中 3 所院校有学前教育或教育评价方向研究生培养资质，还有多个省、市级教育科学研究所等研究机构。在建设"南方教育高地"的大环境下，广东省政府、省教育厅可以委托大专院校或研究机构，联合全省的专业力量，开展具有广东特色的学前教育评价理论研究，并建设相应的理论体系，以指导评估实践工作科学有效地开展。

2. 加强学前教育评估体系建设与实践应用

进入 21 世纪以来，随着教育督导评估事业的发展，广东省建立了省、市、县（市、区）三级教育评估网络，并有相应的行政部门、事业单位作为专门的教育评估机构，主持各级各类评估工作。2011 年，广东省教育厅进行机构改革，成立了广东省教育研究院，将原来广东教育发展研究与评估中心的职能划入广东省教育研究院，成立教育评估室。这是目前广东省唯一的省级专业教育评估机构。

在广东省教育研究院强有力的专业背景下，广东省的教育评估工作开始从经验型走向专业型。一方面，依托教育研究院这个开展全省教育改革和发展战略研究、政策研究的专业研究机构，教育评估工作有了更有力的专业支撑；另一方面，评估工作中发现的现实问题，又为开展教育研究工作提供了有利的切入点。应该看到，既有研究基础又有丰富经验的专业教育评估机构，在学前教育评估体系建设与评估实践中有着不可取代的权威地位，各级政府和教育行政部门应该大力支持专业教育评估机构开展评估研究与实践工作。

3. 鼓励有资质的社会组织自主研发学前教育评估工具，参与评估

在英国、美国等发达国家，学前教育评估工作主要由专业评价机构中的专业人员承担。美国幼儿教育协会的机构评价认证体系就是享有国际声誉与具有权威代表性的评价标准之一。虽然国情不同，但我国首先应该也可以做到"管、办、评分离"，将行政管理部门从评估工作中抽离出来，赋予评估机构独立的、完整的评估权限，如此才可能促使社会组织参与评估研究、开发评估工具和开展评估工作，与政府下辖的专业评估机构相得益彰，集思广益，共同建设有特色、多元化的评估机制。

（二）实施发展性督导评估，提高幼儿园评估工作的专业性

上海市人民政府教育督导室 2002 年在《发展性督导评价实现了学校自主发展》一文中提出："发展性督导评价是以现代教育发展观为指导，以促进学校发展为目的，以学校发展过程为对象的评价，它关注学校的发展目标和潜力，注重诊断发展中的问题，寻求学校发展的关键因素，从而发现和判断教育价值、得到教育增值的过程。自我约束、自我监控、自我调整能力的大小是评价学校自主办学能力的重要指标。……总之，发展性督导评价坚持以发展的眼光看待学校的办学成果。"这就意味着发展性督导评估包含了两方面的意义：一是他评时，评估者以发展的眼光看待受评幼儿园，提出对受

评幼儿园后续发展有指导意义的评估意见，促进其在原有的基础上得到提高；二是强调评估主体包括幼儿园自己，重视受评幼儿园的自我评价、自我调整。发展性督导评估以促进幼儿园持续、自主的个性化发展为根本目的，评估者和被评估者是平等的，都是发展性督导评估的主体。

1. 评估机构和专家在等级评估中实施发展性督导评估，充分体现评估的价值

首先，评估机构与评估专家要学习发展性督导评估的理论，树立发展性督导评估的理念和意识，掌握发展性督导评估的方法，并在评估流程中体现发展性督导评估的环节设计。例如，等级评估中现场考查环节的小反馈会上允许受评幼儿园进行解释，就初步具有发展性督导评估的雏形。

其次，评估机构与评估专家要有与受评幼儿园平等的观念和友善的态度，重视受评幼儿园的自我评价与自评说明。只有在平等、友善、真诚、相互尊重的氛围中，彼此的意见与建议才能被对方吸纳，发展性督导评估才能真正得以落实。

再次，评估专家在现场考查中，尽量全面深入了解受评幼儿园，提出对受评幼儿园改进工作有帮助的专业建议。在等级评估的现场考查中，评估专家可以随时随地就幼儿园存在的问题提出指导意见，并给出依据，使受评幼儿园知其然并知其所以然；在小反馈会环节，各组专家在小组讨论后，提出共性问题，帮助幼儿园分析问题出现的原因和改进办法，有的甚至就有争议的话题进行专业探讨，把小反馈会开成了研讨会。这些做法都体现了发展性督导评估的精神。

最后，专家组撰写的评估意见，应该是系统收集数据、充分讨论、深刻分析、准确表述的成果。评估意见作为评估结果的主要呈现形式，在评估工作中具有十分重要的地位和作用。它是幼儿园整改、完善各项工作的依据，是教育行政部门督促、指导幼儿园进行整改的依据，也是教育督导部门再次评估该幼儿园的依据。评估意见在挖掘幼儿园的成绩与亮点时，应该重视幼儿园的发展过程，重视幼儿园自身的成长，而不是横向比较；为幼儿园提出的发展建议也应站在幼儿园的历史与现状的基础上提出切实可行的要点，而不是盲目地以行业最高标准去发号施令。

发展性督导评估的目的是促进所有幼儿园在原有的基础上得到提高，而不是用统一的标准去衡量幼儿园；评估手段更强调定性而不是定量，评估意见更尊重受评幼儿园的自我评价；评估过程要求通过多种科学方法、技术深入幼儿园获得相关信息，根据地区发展差异，既要看到受评幼儿园客观条件所具备的程度，又要看到其通过主观努力所提高的幅度；对不同地区、不同办园类型、不同收费标准的幼儿园，做到纵比看自身进步、横比看各园差距，分层次、分类型给予评价，提出对受评幼儿园后续发展有指导意义的评估意见，而不是确认排名、等次、是否通过检查等。

2. 幼儿园把发展性督导评估理念和做法融入日常管理，实现自我评估制度化、常态化

首先，幼儿园应该认识到评估的价值在于促进幼儿园的发展，而不是追求外在的名利。只有端正对评估的认识，才能理解《幼儿园督导评估方案》是规范办园的指南，各项指标的达成是在幼儿园常规工作中实现的，才能明白评估是日常行为而不是临时性任务。迎接评估是幼儿园的一个中长期计划，而不是一蹴而就的短期行为；评估的准备应该融入幼儿园各方面的日常工作中，形成常态。只有这样，评估才能真正促进幼儿园的可持续发展。

其次，幼儿园的自我评估要制度化、常态化。《幼儿园督导评估方案》要求"全省各幼儿园在每学年结束时，应对照本方案进行自评"。只有调动幼儿园的主观能动性，建立幼儿园自我评估的机制，幼儿园自我管理、自我评价、自主发展的模式才是真正可行的。而强调自我评价也是发展性督导评估的一个重要标志。

再次，在等级评估的现场考查环节中，受评幼儿园应抓住机会，与评估专家坦诚对话、充分交流。一般而言，省一级幼儿园评估专家代表着全省幼教的最高水平，在各自的分领域具有较高的专业水准，但因为现场考查的时间短、任务重，在提意见时难免有所疏漏，受评幼儿园只有尽量主动、全面、真实地呈现幼儿园的历史与现状，专家提出的建议才具有可行性。受评幼儿园应该与评估专家开诚布公，主动请教，才可能吸纳到最先进、科学的经验并运用到幼儿园的改进工作中。

最后，受评幼儿园要高度重视评估意见，以评估意见为依据进行整改，促进幼儿园的可持续发展。幼儿园一方面要继承、发扬被评估专家肯定的成绩与优势，另一方面要认真分析、反思评估意见中关于整改的问题，认真研究评估专家提出的整改建议，做好评后总结，做出新一轮的发展规划。评估对于专家的整改建议，如果确实有疑惑之处，幼儿园还可多方咨询、请教多位专业人士，集思广益，做出准确判断与取舍，慎重拟定整改方案，切勿在心存疑虑的情况下彻底否定自我而仓促行动。

（三）完善评估制度体系建设，确保评估工作规范、权威、有效

严格按照《幼儿园督导评估方案》进行的等级评估更为重视幼儿园在准备过程中的发展与变化。然而，《幼儿园督导评估方案》的实际使用却突出了评估的区分功能，使幼儿园等级评估流于鉴定性评估范畴，弱化了发展性督导评估的作用。这就要求督导部门和评估机构设计出更加合理、科学的督导评估制度，建立适于发展性督导评估的制度体系。

1. 修订评估标准和评估方案，使评估适应并推动新形势下学前教育的发展

2012 年以来，广东省学前教育呈现前所未有的新态势。制定于 2008 年的《幼儿园督导评估方案》已经不能全面反映当前政策法规对学前教育机构的要求。因此，修订评估标准和《幼儿园督导评估方案》迫在眉睫。与此同时，为实施方案而设计的工作指南、评估日程安排、测查方法等都应进行调整，并需要补充评估原则、现场考查流程等制度，使评估工作的过程更加规范、公正、高效，结果更加权威、公平、有效。

2. 建立幼儿园评估业务培训制度，提高评估工作的公开透明度

《幼儿园督导评估方案》是每一所幼儿园进行自我管理、自我评价的工具。但因缺乏广泛培训的机制，基层对方案的使用形成了诸多误解，最终使方案仅发挥了等级评估工具的作用，只面向极少数自愿申报等级评估的幼儿园。因此，建立确保方案有效实施的系列培训制度显得尤为重要。系列培训包括对方案的使用范围、对象、价值、方法、指标意义、评估制度等内容的解读，也包括对如何申报等级评估、如何准备评估、如何接待现场考查评估等操作过程的介绍；培训对象既包括各级评估专家、学前教育督学、幼儿教育行政管理人员和教研员，又覆盖所有幼儿园。只有这样，才能增加评估工作的透明度，使基层真正理解、接纳评估，使"以评促建"成为可能，促使每一所幼儿园以《幼儿园督导评估方案》为标准规范管理、提升品质。

2016 年 7 月，广东省教育评估协会组织了一场幼儿园申报等级评估的业务培训活动。无论是培训内容还是会议手册，皆因内容翔实、具有操作性，报告专家权威且专业，而受到与会者的高度好评，培训现场爆满。会议结束后，仍有诸多幼儿园要求参会。为满足幼儿园对这种实务培训的需求，评估协会增加了一场培训。

尽管近几年随着学前教育的发展，学前教育工作者参加培训的机会剧增，但针对等级评估的具有实操意义的培训还是十分匮乏。广东省教育评估协会举办的这场培训是幼儿园等级评估工作开展 20 余年来的首次培训，受到幼教工作者的欢迎，说明等级评估申报业务的培训是广大基层工作者迫切需要的。相关部门和组织机构应该建立幼儿园等级评估培训机制，使该培训制度化、常态化，揭开等级评估的神秘面纱，消除幼教工作者对等级评估工作的误解。

3. 完善评估队伍建设制度，强化专家认证、培训、监督、考核、退出等机制

督导评估专家队伍的综合素养直接决定了现场考查评估的专业水准，也影响着基层对评估的直观印象。尽管广东省大多数教育评估项目已经建立了相应的专家库，但基本上是由教育行政部门推荐、确认的，行政色彩较浓，专业性不足。幼儿园评估工作中存在专家遴选标准较为模糊、要求偏低的问题。有的县（市、区）选聘督学没有标准，也不公开；有的县（市、区）还没有建立幼儿园督导评估的专家库，评估县（市、区）一级幼儿园时临时拉起队伍就开始工作；有的专家库建立后，没有配套的系统培训，缺乏管理；有的专家组安插进非专业甚至无资质的人员参与；等等。可以说，目前广东省幼儿园评估队伍建设中有相当一部分显得凌乱而没有章法，缺乏严谨、系统的制度保障。因此，有必要完善幼儿园评估队伍的保障机制，建立自上而下的更为广泛的专家遴选、培训、培养、认证、分类、流动、队伍组建、监督、考核、退出等一系列制度，并严格执行，才能确保有一支高素质的专家队伍参与评估，发挥评估在幼儿园建设上的专业价值。

2016 年 6 月，广东省教育评估协会组织学前教育评估专家候选人培训与考核遴选会议。自此，广东省幼儿园等级评估专家不再通过行政部门层级推荐，而是采用专业考核遴选的方式。其基本程序是公布专家遴选条件，个人申报，候选人参加培训与考试，协会专家指导委员会评审、公示、公布名单，等等，还拟定了专家培训与流动的监管制度。这一专家遴选与管理制度的改革成效如何，将在接下来的评估实践中接受检验。但毫无疑问，这是一次具有历史性变革意义的尝试，值得期待。

4. 建立完整的评估反馈机制，发挥评估对决策的影响力

评估结具的使用是多方面、多层次、多维度的，上至政府决策，中至社会监督，下至受评幼儿园改进工作。然而现状是评估结果基本只用于政府奖励及幼儿园提高社会声誉和收费标准。国外研究表明，"学前教育评价的最终目的，在于推动学前教育改革的深入发展和促进保教质量的不断提高。要达到这一目的，需要通过评价的反馈机制，对学前教育的决策过程发生影响，从而借助行政决策的导向，影响学前教育的实践活动"；"'评价—决策—实践'三者之间呈现密切配合关系和动态循环状态"。学前教育评估应该是学前教育决策的基础，教育决策必须以评估结果为依据。政府对评估结果的分析与使用，才是评估反馈的最高价值所在。针对目前广东省幼儿园评估结果使用浅表与功利化，有必要建立更为强有力的反馈机制，即要求各级政府重视并基于幼儿园评估结果分析进行地方学前教育发展决策；指导受评幼儿园科学、系统地依据评估意见改进工作，全面提高保教质量和办园效益。

（四）注重评估形式的适宜性，确保学前教育可持续发展

1. 资质评估与选优性评估并重

《幼儿园督导评估方案》设计的初衷是为了促进所有幼儿园依法办园、规范管理、提升质量，但在实际操作中却异化为面向少数幼儿园的等级评估方案，其结果是使评估工作成了选优性评估。这种评估在以民办教育为主体的当下，难以保证学前教育的整体水平，反而可能导致办园质量两极分化。《广东省发展学前教育三年行动计划》提出要建成 1 000 所科学保教示范园，并要求至少60%的幼儿园达到规范化标准。如果通过评估才能界定的话，确定示范性幼儿园的评估项目就是选优性评估，而认定规范化幼儿园的评估项目就是资质性评估。只有选优性评估与资质评估结合，才是保基本、广覆盖，有利于促进学前教育整体可持续发展的评估体系。

深圳市通过大力激励以民办教育为主要形式的幼儿园申报等级评估，使省一级幼儿园和市一级幼儿园的数量达到全市幼儿园总数的1/3。这些具有示范性的省、市一级幼儿园虽然提供了大量优质学位，但还有超过半数幼儿园没有申报等级评估，不能全面保证深圳市学前教育的办学质量。为了进一步加强学前教育管理，促进幼儿园依法办学，提高保育教育质量，提升全市学前教育整体水平，深圳市人民政府教育督导室制定了《深圳市规范化幼儿园标准（2010—2015）》，自 2010 学年开始面向所有登记注册的幼儿园进行严格的规范化评估，要求所有幼儿园必须通过评估，否则限期整改，整改依然达不到规范化标准的就要停办。这标志着深圳市学前教育的评价体系从选优性评估开始转向资质与选优性评估并存的模式。这一做法使深圳的学前教育在全国多个大城市学前教育饱受诟病的舆论中不但幸免于难，而且一路高歌，异军突起，成为广东省学前教育的先进代表。这有力地说明了资质评估对以民办为主的幼儿教育有着举足轻重的意义。但由于以等级评估为代表的选优性评估影响深远，基层单位对资质评估的认识还较为生疏，甚至有所抵触，因此，广东省学前教育界应该通过全省范围内的规范化幼儿园验收和幼儿园办园行为督导评估工作，建立资质评估意识与机制，使资质评估为学前教育的健康发展保驾护航，使选优性评估为学前教育的科学发展带路领航。

2．内部自评与外部他评结合

评价不但是政府决策的依据，也是幼儿园持续发展的科学依据。只有建立在评价基础上的决策才能避免盲目、主观。长期以来，基层单位特别是幼儿园对自我评估的认识不到位、对自我评估的专业性有所质疑，导致业界对外部评价形成依赖，幼儿园的内部自评远远滞后于外部他评。即使在深圳，也还是要通过强制性的行政手段，以外部的规范化评估来帮助幼儿园进行综合性评价，提出发展意见。在当前外部评估力量还比较单薄的情况下，全省大面积开展的规范化幼儿园评估、办园行为督导评估等项目以活动的方式轰轰烈烈地开展起来，但不会长久、轮番地持续下去。寄希望于外部评估帮助幼儿园整体持续发展显然是不现实的，只有形成自评为主、他评为辅的格局，才能最终落实评价对学前教育发展的引领作用。

第五章
广东省幼儿园等级评估实践经验

幼儿园等级评估工作涉及评估项目组织机构、相关业务主管部门、评估专家和受评幼儿园,是一个系统工程。系统中的每一环都需要严格按照政策与专业要求真抓实干,才能达成"以评促建、以评促改、以评促管、评建结合、重在建设"的目标,使评估工作成为有价值、受欢迎的事业。

一、评估机构怎样做

评估机构负责项目的具体组织与实施,是履行"管、办、评分离"模式的中坚力量。评估机构从事的不是一般意义上的行政事务性工作,而是有专业追求、理性思考、实践智慧和认知深度的事业。评估机构应重视研究,以学术引领评估工作;立足质量,以评估服务教育发展;聚焦技术,以专业确保评估的科学性;乐于奉献,以评估专家和基层为服务对象。

(一)制定科学的评估工具

评估机构在承接评估项目之初,首先要深入学习相关政策文件,准确把握评估标准和项目委托方的意图及评估目标,邀请专家参与制定具有操作性的、规范化的评估程序、评估工具、评估指标观测点等,编制评估手册或项目工作手册。

《幼儿园督导评估方案》颁发同年,负责广东省一级幼儿园初评工作的广东教育发展研究与评估中心在广东省教育督导室的指导下,修订出台了《广东省一级幼儿园评估手册》(2009年第二版)。手册收录了评估方案、相关政策法规文件和广东省一级幼儿园评估工作指南。广东省一级幼儿园评估工作指南包含评估工作指南、评估工作日程安排、公办幼儿园教职工调查问卷、民办幼儿园教职工调查问卷、家长调查问卷、教职工座谈会记录表、家长与社区人士座谈会记录表、幼儿发展测查情况表、评估意见、评估条目扣分说明表、评估后需补充说明的问题、评估结束后需上报省教育厅的材料等。

2009 年，广州市人民政府教育督导室和广州市教育评估与教师继续教育指导中心（以下简称"广州市教育评估中心"）联合制定了《广州市幼儿园督导评估工作手册》，发给每一届选聘的评估专家。手册内容包括广州市幼儿园评估工作指南，广州市幼儿园评估日程安排，受评幼儿园的受评资料要求，《幼儿园督导评估方案》，广州市幼儿园督导评估资料目录索引，《幼儿园督导评估方案》部分指标界定和解释以及卫生保健部分的观测点，9 份国家、省、市柜关的政策法规与文件，座谈会与专访提纲，2 套调查问卷，8 份存档表格等。翔实的手册内容为评估工作的规范性提供了基本保障，使评估工作有据可依、具有操作性。

尽管是同一个项目，以同一份评估方案为标准，但因不同等级评估的组织机构不同，广东省幼儿园各等级评估在操作上存在着程序、指标解读、上交资料、自评报告格式、评估专家分工等方面的差异。这些差异给受评幼儿园和评估专家带来一定的困惑，特别是受评幼儿园在迎接评估、准备评估的具体工作上显得很被动。笔者认为，作为同一个项目，不同等级的评估应有统一的程序、标准、工作流程与分工，以使受评幼儿园把时间和精力放在保教质量的提升上，而不是被变化的评估事务性工作所困扰。

（二）制定必要的规章制度

广东省幼儿园等级评估是一项事关重大、影响深远的工作，任何机构在开展等级评估时，都应该建立相对稳定、长期有效、科学合理的制度，以确保工作顺利开展。

广东省教育厅 2005 年颁布的《关于进一步规范教育评估接待工作及专家评审劳务费发放标准的意见（试行）》，就是对评估工作的纪律要求。《广东省一级幼儿园评估手册》将该文件收录在内，要求受评方和评估专家共同遵照执行。手册中收录的《广东省一级幼儿园评估工作指南》（见本书附录二）详细规定了评估专家组的组成、分工以及工作职责（包括评估专家组组长工作职责和其他成员工作职责），评估主要程序和方法，撰写《评估意见》的过程、内容和要求（包括撰写《评估意见》的过程，《评估意见》的标题、内容和打印要求等），评估纪律等内容，为评估工作拟定了较为详细的、具有操作性的一系列制度。

2016 年，广东省教育评估协会承接了广东省一级幼儿园初评工作后，组织专家制定了《广东省教育评估协会省一级幼儿园评估工作规程》（以下简称《评估工作规程》，见本书附录三），明确省一级幼儿园等级评估流程包括受评幼儿园申报与受理、评前审核、现场评估、评后资料上报、评估结果复核、公示与发文授牌、撤销称号等环节，并在文件中进行了具体说明。该工作规程还就人员培训和分工、项目受理及评估准备、专家服务、后期工作及质量控制（主要包括资料邮寄、资料归档、评估专家信用评价、专家个人信息更新、完善评估工作方案等五个方面）、项目经费使用等情况做出了规定，并制定了广东省一级幼儿园实地考察评估日程安排表、广东省等级幼儿园评前审查表等。

市、县（区、市）教育评估组织机构在开展相应等级评估前，也应该借鉴省一级幼儿园评估的制度，建立完善、健全的规章制度，使工作有据可依，确保评估的严肃性、专业性，减少随意性和不必要的争议。

（三）开展有针对性的培训和宣传

评估项目启动前，应对评估专家、受评幼儿园的管理人员与业务骨干、相关教育行政部门人员等进行大力宣传和培训，使各方充分认识到评估项目的价值与意义，以正确的方式主动、积极地投入到相关工作中。

1. 培训对象要涵盖评估项目涉及的双方

培训对象主要是评估方和受评方。评估方包括项目组织机构的负责人、项目主管、工作人员、评估专家；受评方包括幼儿园的举办者和工作人员、幼儿园的上级业务主管人员。

上级业务主管人员包括直接管理幼儿园相关工作的专兼职幼教专干、督学、幼教教研员、保健院医生等。在接受现场考查评估之前，幼儿园的迎评工作基本上是在上述人员的指导下分别开展的。如果这些基层管理人员对评估政策、制度、指标、流程等不清楚、不了解，就会出现指导错误，让幼儿园无所适从。只有他们全面、深入地理解评估要求，才能真正帮助幼儿园在准备评估的过程中获得专业发展。事实上，此前的一些实例显示，很多基层业务主管人员因自身工作繁杂、对评估业务不熟悉，而在指导过程中经常出现失误，导致一个区域内几乎所有受评幼儿园都出现同样的问题。因此，负责幼儿园日常工作检查与指导任务的业务主管人员应该接受相关培训，并参加现场考查评估的反馈会，听取评估专家意见，提高自身的业务水平。

《幼儿园督导评估方案》是广东省幼儿园等级评估的唯一依据，涵盖了一所幼儿园规范化、专业化建设的基本条件，具有较强的可操作性。但是从多年的评估实践来看，大多数幼儿园，包括部分学前教育的相关管理人员对这份方案仍然没有完全理解，对评估指标的理解存在差异性，这给评估工作造成了一定的困难，使评估工作的质量受到影响，也引起了很多误会，使有意申报等级评估的幼儿园感到困惑甚至焦虑。因此，各级评估机构有必要对申报等级评估的幼儿园的管理人员及其上级业务主管人员进行专业培训，帮助他们正确理解《幼儿园督导评估方案》，形成统一的认识，使《幼儿园督导评估方案》真正成为引领幼儿园规范管理、提升内涵的指明灯。

2. 培训内容因对象不同应有所不同

评估方和受评方培训内容的相同点包括项目制度的介绍、评估标准的解读等。其不同之处在于，对评估方的培训重点放在评估业务与评估技术上，而对受评方的培训重点则放在如何迎接评估、准备评估上。

2016 年 6 月，广东省教育评估协会面向 300 多名评估专家候选人进行了一场为期 2 天的培训。内容包括以宣传该项评估政策为主的领导讲话、《幼儿园督导评估方案》执笔人对指标的详细解读、研究人员对广东省幼儿园等级评估历史与现状的分析、《广东省幼儿园一日活动指引》主要拟定者对文件的解读、协会秘书长对《评估工作规程》的讲解、资深督学关于如何撰写评估意见和如何成为合格的幼儿园评估专家的经验介绍、专家与学员现场问答互动等等。培训内容丰富而有针对性，与提高评估人员评估工作能力和业务水平紧密关联。

2016 年 7 月，广东省教育评估协会面向幼儿园进行了一场为期 2 天的培训，有 300 多人自愿报名参加。此次培训的内容包括以宣传该项评估政策为主的领导讲话、《幼儿园督导评估方案》执笔人对指标的详细解读、《广东省幼儿园一日活动指引》统稿人对文件的专业解读、协会理事对《评估工作流程》与自评报告要求的介绍、专职督学对如何整理与填报评估资料的介绍、1 所公办幼儿园的迎评经验介绍、1 所民办幼儿园分享的对幼儿园评估价值的认识、2 所省一级幼儿园园长现场示范的广东省一级幼儿园自评报告、专家与学员现场问答互动。培训还组织参与培训的人员分头到 3 所省一级幼儿园进行参观考察，内容包括幼儿园整体情况介绍（按照自评报告的结构进行）、环境展示、特色活动展示或特色经验介绍。培训会议组织方给参与培训的人员编印了 126 页的会议手册，里面除了有专家授课的内容外，还附录了《幼儿园督导评估方案》、《评估工作规程》、《广东省幼儿园一日活动指引》、评估资料目录索引、评估申请样稿等文件和参考资料。参与培训的人员包括申报等级评估幼儿园（包括省、市一级幼儿园复评）的管理人员、督导评估部门的工作人员、教研员、幼教专干等。该培训在学员中反映十分热烈，深受欢迎。2016 年 11 月，广东省教育评估协会应基层所需，补办了一场内容一致的培训，参培名额依然供不应求。

3. 对评估专家的培训尤其重要

评估专家的职业道德、业务水平、专业能力等素养直接影响着项目的走向与行业口碑，他们的评估意见往往代表上级教育行政部门对学前教育的评价，对下一级教育行政部门和幼儿园具有导向性意义，在某些层面上决定着行业发展的方向。因此，培养高素质的评估专家队伍是项目成功运作、持续发展的必备条件，对评估专家进行培训是做好评估工作的必要环节。

系统的培训使专家能够正确地理解评估项目，掌握评估理论和实践知识，确保高质量完成项目任务，使评估工作得到社会和幼儿园的认可。对评估专家的培训应是持续的、与时俱进的；培训内容除了评估技术外，还应包括幼儿园管理业务；培训形式应多样而灵活有效。

广州市教育评估中心在聘任每一届评估员之初，都会组织为期 1~2 天的业务培训，内容有与前期重复的关键性议题，也有与时俱进的专业内容。2018 年 11 月，该中心联合华东师范大学在上海对新聘任的广州市第五届学前教育评估员进行了为期一周的培训，内容既有专题报告、经验分享，也有实地考察、小组作业与研讨等，在提升评估员评估业务能力的同时，也有利于提高其个人在学前教育管理、保教实践研究、师资培训等方面的专业水平。

2017 年，深圳市人民政府教育督导室率先尝试设置督学工作室。2018 年，深圳市龙岗等区人民政府教育督导室也设置了督学工作室。督学工作室先后收集督学在督导评估工作中遇到的疑难问题，邀请专家开展专题培训和答疑、研讨活动，开启了督学专业成长与发展的新路径。

在评估专家队伍组建中，可以采取资深专家带新手专家的做法，让新手专家在实践中学习成长。广东省教育评估协会在开展省一级幼儿园评估时，会为专家组安排一名秘书。这些秘书基本上是学前教育专业的、学历较高的、在区域内担负幼教专干或教研员重任但经验较为欠缺的新人，他们具备成为下一届评估专家的潜质。秘书除了为专家组做一些事务性工作外，主要任务就是观摩学习。担任过评估秘书的人员一致反映，在追随资深专家进行的评估过程中所学到的东西有"与君一席话，胜读十年书"之感，迫切希望能有更多这样的机会。

4. 宣传与培训要贯穿项目开展的全程

对评估项目的宣传和针对不同对象的培训工作应该是持之以恒地贯穿于整个项目的开展过程中，而不是仅局限在项目起始阶段。原因在于，一是评估组织方的具体工作人员、评估专家、教育行政部门业务主管、受评幼儿园办学者和管理人员不是固定不变的，而是具有流动性，新接手的工作人员只有接受了系统培训才可能胜任工作；二是评估项目在运作过程中，可能会有制度、政策、操作要求、经验应用、项目组织方等的变化，有必要通过培训告知项目相关方，并借此巩固已有的认知。

对新工作人员的培训，适宜以短期但涵盖工作各方面的形式进行全方位培训，关注的是培训的广度；对已了解项目评估基本情况的培训对象，重点应放在专题培训，关注的是培训的深度。

项目组织机构应定期通过问卷、访谈、实地参与评估等多种形式深入了解评估专家和被评对象在工作开展中的主要问题，收集各方对培训形式与内容的建议，设计出有针对性的专业课程，聘请高水平的专家授课、指导，确保培训有实效。

（四）组建适宜的专家队伍

专家组是开展评估工作的中坚力量，是为受评幼儿园"把脉、问诊、开方"的医生，关乎受评幼儿园的评估结果及其未来发展。一支专业的评估队伍能精炼总结幼儿园的成绩、经验，准确发现幼儿园办学过程中存在的主要问题，并对其产生的原因进行透彻分析，提出切实可行的解决办法。评估机构的业务人员应先了解受评幼儿园的基本情况，有针对性地组建一支科学合理的专家队伍，以期达到帮助受评幼儿园提高办学质量的目的。

评估专家组的组建是一个全盘考虑的过程，组长人选至关重要。一般而言，组长应该是能力强、水平高、业务精良、德高望重的资深专家。笔者在组建珠海容闳国际幼稚园省一级初评专家队伍时，安排的组长是曾在香港任教的访美学者、佛山科技大学学前教育系主任钟媚副教授。钟教授在佛山市深入开展幼儿园质量评价系列研究与实践工作。在现场考查环节，钟教授对幼儿园的课程建设和质量评价提出了高屋建瓴的、具有建设性的意见。评估结束后，钟教授成为该园的业务指导专家，多次受邀参与该园的研讨活动。

省一级幼儿园初评专家组是由广东省教育评估协会项目管理部根据教育

评估有关规范，在兼顾区域、专业、幼儿园等各种因素的基础上，从省一级幼儿园评估专家库中随机抽取 7 名专家合理搭配组成的。其中组长由省督学、教科研人员或具有相当资质的人员担任，正、副组长均具有专业副高级以上职称。

为了体现客观、公正，广州市教育评估中心在开展市一级幼儿园初评工作中组建专家队伍时采取了回避制度，体现在三个方面：一是队伍中不得有受评幼儿园所在区的专家，成员全部为广州市属单位或其他区、其他地级市的专家；二是评估专家不得与受评幼儿园的办学者和管理人员有亲属关系、顾问关系、前领导与下属关系等；三是评估专家在受评幼儿园接受评估之日前半年内无业务往来。

（五）参与评估研究与实践，熟悉评估业务

参与并观摩评估过程是熟悉评估工作的快速途径，评估机构的项目负责人和业务工作人员应自始至终参与评估工作的各个环节，尽快成长为项目的行家里手。

首先，要学习政策文件和同行先进经验，开展理论研究。项目启动前，评估机构的相关人员应该认真学习相关政策、理论知识及他人经验，深入理解委托方的相关要求和文件精神，把握评估标准，主持建立项目评估制度，研发评估工作手册，通过这个过程全面熟悉、掌握项目评估的基本要点，并在此基础上组织评估工作的开展。笔者在接手广东省一级幼儿园评估业务工作后，把主要的精力和时间用于研究项目的发展历史、相关文件与政策、其他学者的著述、国内外同行的实践经验等，用于改进项目工作的细节，推进项目开展，并形成新的认知与经验，先后公开发表了与广东省幼儿园评估工作相关的论文 8 篇。

其次，要作为工作人员参与评估，在实践中学习。评估机构业务工作人员通过全程参与、观摩评估，能获得评估现场的一手信息，通过切身感受，深入了解评估过程的各个环节，掌握实践中的具体情况，为制定更合理的评估工作制度、要求奠定基础，同时，通过观摩、学习专家的评估方式与方法，提高自身的业务水平。笔者在每一批次的广东省一级幼儿园评估中，都以专家身份参与，并有意识地分担不同职责，去体验、感受不同角色的工作职责与任务以及该角色对专家的具体要求，同时近距离了解专家的真实状态以及受评方特别是受评幼儿园业务主管部门的态度、工作方式、迎评指导效果等情况，为更好地组织该项目的开展捕捉更为全面、准确的信息。

广州市教育评估中心在组织幼儿园等级评估现场考查时，都会安排该中

心的工作人员担任小组工作秘书，同时作为条件组专家参与硬件指标的评估。这样的安排，既方便协调专家组与评估中心、受评幼儿园的事务性联系，也有利于各组评估要求与标准的相对一致性，更有利于工作人员的业务精进与专业成长。事实上，在该中心的这种安排下，经过几年的锻炼，相关工作人员的评估业务水平和能力显著提升，有的成了名副其实的项目专家。

（六）　全面总结项目工作情况并反馈

建立完整的评估反馈机制，才能确保学前教育评估工作规范、权威、有效。学前教育评估应该是学前教育改革发展决策的基础，学前教育改革发展决策须以评估结果为重要依据，对评估结果的分析和使用是评估反馈的最高价值所在。因此，要建立完整的评估反馈机制，充分发挥评估对决策的影响力，上至政府决策，中至社会监督，下至受评幼儿园改进工作，都应牢固树立这样的工作意识。这要求评估项目组织机构重视对幼儿园评估结果的分析，提出对区域学前教育改革发展决策的建议；受评幼儿园要科学、系统地使用评估意见以改进工作，全面提高保教质量和办园水平；未评幼儿园要积极主动学习、借鉴学前教育评估工作经验和学前教育科学研究成果。

基于此，评估机构在完成项目评估工作后，要及时、全面地总结、分析评估组织工作的经验，反思存在的问题，完成评估意见和评估报告的撰写，并提交给相关部门与被评单位。

广东省一级幼儿园初评工作以学期为单位开展，每一批次的评估工作结束后，评估机构都会按照广东省教育督导室的要求提交工作报告和其他相关资料，并将每一所幼儿园的评估意见交给该园。

实例分享1

2013 年下半年省一级幼儿园评估情况报告①

根据《关于对深圳市×××幼儿园等 23 所申报广东省一级幼儿园评估

---

① 这一报告是在广东省教育研究院教育评估室组织省一级幼儿园评估工作期间，笔者作为项目负责人所撰写的。项目委托单位——广东省教育督导室要求评估室在每一批幼儿园评估结束后（一般是每学期一批），提交一篇报告。报告内容包括评估工作的组织安排、对受评幼儿园科学发展的建议、评估结果、幼儿园评估得分及结果一览表等。

的通知》（粤教教研函〔2013〕42号）的要求，广东省教育研究院教育评估室组织专家队伍，于2013年12月23—27日和2014年1月5—11日，分两批对广州市×××幼儿园、东莞市×××幼儿园等23所幼儿园申报省一级幼儿园进行了现场考查评估。现将有关情况报告如下。

一、评估工作的组织安排

2013年12月23—27日，教育评估室共邀请专家35人，组成5个专家组，分别对广州市×××幼儿园、汕头市×××幼儿园、韶关市×××幼儿园、韶关市×××幼儿园、佛山市×××幼儿园、佛山市×××幼儿园、深圳市×××幼儿园、深圳市×××幼儿园、深圳市×××幼儿园、深圳市×××幼儿园等10所幼儿园进行了现场考查。

2014年1月5—11日，共邀请专家35人，组成5个专家组，分别对东莞市×××幼儿园、东莞市×××幼儿园、肇庆市×××幼儿园、云浮市×××幼儿园、深圳市×××幼儿园、深圳市×××幼儿园、深圳市×××幼儿园、江门市×××幼儿园、江门市×××幼儿园、珠海市×××幼儿园、江门市×××幼儿园、江门市×××幼儿园、江门市×××幼儿园等13所幼儿园进行了现场考查。

评估组每组7人，设组长1人、副组长1人。

2013年12月23日、2014年1月5日下午，教育评估室分别召开评估专家预备会议。一是组织学习目前国家、省关于教育评估的相关政策、文件精神，要求评估专家加强宣传国家和省的学前教育政策，引导幼儿园规范发展。二是强调做好省一级幼儿园评估工作的重要性，要求全体专家在现场考查评估工作中既要严格对照评估标准，又要充分注意幼儿园特别是民办幼儿园的特点；既要全面考察幼儿园的办园情况，又要抓住主要问题，促进提高科学保教水平。三是组织专家逐条学习评估纪律，对评估工作质量、工作作风和廉洁自律等方面提出明确要求。

专家组依照《广东省幼儿园督导评估方案》（2008年6月版）的内容及标准对有关幼儿园进行现场考查。考察每一所幼儿园的时间为2天。工作内容包括：听取幼儿园自评汇报、主办单位介绍和区教育行政部门的推荐意见；察看园容园貌、设施设备；观看幼儿的一天生活；召开教职工、社区人士、家长座谈会；对幼儿家长和教师进行不记名问卷调查；对部分幼儿园领导、中层干部、教师、幼儿进行个别专访；查阅档案资料；随机测查幼儿等。通过听、查、看、访等活动，在比较全面深入地了解幼儿园办园情况的基础上，按有关标准对受评的幼儿园进行汇总分析、评分，做出对幼儿园办园水平的现场考查评估意见。最后，各评估组分别与受评幼儿园和办园单位交换现场考查评估意见。

在现场考查中，全体专家认真负责、团结协作，坚持原则、公平公正、实事求是、不回避问题，在地方教育行政部门和教育督导室的支持下，顺利完成了现场考查评估工作。

受评幼儿园认为，现场考查评估既充分地肯定了幼儿园的办园成绩和经验，又中肯地提出了进一步办好幼儿园的意见和建议，对幼儿园今后的科学发展将起到很好的指导和推动作用。

二、对受评幼儿园科学发展的建议

专家组认为，广州市×××幼儿园等 22 所幼儿园，在依法办园、遵循规律、办园条件、师资队伍、办园水平、保教质量等方面总体情况良好，同时提出了下一步科学发展的建议，主要集中在以下两个方面。

（一）要进一步加强幼儿园的内涵建设

一是凝练幼儿园的核心文化，构建和打造幼儿园特色；二是结合幼儿园实际，积极开展教科研工作，通过教科研提高保教水平；三是继续重视包括保教人员在内的整个教师队伍的继续教育工作，加大师资培训力度，提高师资学历和职称的整体层次，提升师资队伍的综合素质；四是深入贯彻执行《幼儿园教育指导纲要（试行）》和《3—6 岁儿童学习与发展指南》，有效整合并形成具有本园特色的保教模块，保证幼儿健康、快乐、幸福成长。

（二）要加强卫生保健管理，确保幼儿身心健康

一是加强健康教育工作，注重健康教育的计划性与实效性，遵循幼儿身心发展规律，规范个案管理，落实健康教育的"五有"措施，充分发挥环境承载健康教育的功能；加强家长培训工作，使培训成为家长获得儿童保健先进理念和知识的主渠道。二是改进幼儿膳食营养，注重膳食平衡，食谱制定应更科学合理。三是改进卫生档案管理，注重原始资料积累，提高信息资料的准确性。

专家组认为，××市×××幼儿园除了存在前述共性问题需要进一步改进外，还明显存在管理不规范的现象，包括：未按备案标准收费，擅自提高保教费收费标准；在正常保教时间开办收费兴趣班；财务上未落实亲属回避制度，保教费收取无合法票据，部分收入不入账，部分白条单入账，报销凭证手续不全；幼儿伙食费收支不公示，大量白条单入账，并支付幼儿园公务接待餐费；教师在幼儿园免费用早、午两次工作餐，但伙食无收入、无账目；现场考查当

天幼儿早餐量严重不足；等等。建议地方教育行政部门要加强对该类幼儿园的监管与指导，确保各级各类幼儿园依法依规办园，保障幼儿身心健康。

三、评估结果

专家组认为，广州市×××幼儿园等 22 所幼儿园评估得分和必达指标达到省一级幼儿园标准要求，拟确定为省一级幼儿园。××市×××幼儿园的"幼儿园管理"得分和总分、必达指标等项目均未达到省一级幼儿园标准，建议不予通过省一级幼儿园评估。评估得分情况及结果详见附件。

附 件

2013 年下半年省一级幼儿园评估得分及结果一览表

序号	幼儿园名称	专家组评分情况								必达指标	专家组意见
		办学条件（150 分）		幼儿园管理（350 分）		加分	合计总分（500 分）				
		得分	占分值	得分	占分值		得分	占分值			
1	广州市×××幼儿园	142	94.7%	318	90.89%	0	460	92.0%		达到	达到标准报厅审批
2	汕头市×××幼儿园	143	95.3%	322	92.0%	0	465	93.0%		达到	达到标准报厅审批
3	韶关市×××幼儿园	139.5	93.0%	315	90.0%	0	454.5	90.9%		达到	达到标准报厅审批
4	韶关市×××幼儿园	141	94.0%	317	90.6%	0	458	91.6%		达到	达到标准报厅审批
5	佛山市×××幼儿园	145	96.7%	305	87.1%	0	450	90.0%		达到	达到标准报厅审批
6	深圳市×××幼儿园	138	92.0%	315	90.0%	0	453	90.6%		达到	达到标准报厅审批
7	深圳市×××幼儿园	141	94.0%	319	91.1%	0	460	92.0%		达到	达到标准报厅审批

续上表

序号	幼儿园名称	专家组评分情况								必达指标	专家组意见
		办学条件（150分）		幼儿园管理（350分）		加分	合计总分（500分）				
		得分	占分值	得分	占分值		得分	占分值			
8	深圳市×××幼儿园	141	94.0%	308	88.0%	5	454	90.8%	达到	达到标准报厅审批
9	深圳市×××幼儿园	142	94.7%	319	91.1%	0	461	92.2%	达到	达到标准报厅审批
10	东莞市×××幼儿园	139	92.7%	298	85.1%	18	455	91.0%	达到	达到标准报厅审批
11	东莞市×××幼儿园	142.5	95.0%	310	88.6%	4	456.5	91.3%	达到	达到标准报厅审批
12	肇庆市×××幼儿园	139	92.7%	311	88.9%	0	450	90.0%	达到	达到标准报厅审批
13	云浮市×××幼儿园	139	92.7%	311	88.9%	0	450	90.0%	达到	达到标准报厅审批
14	深圳市×××幼儿园	140	93.3%	320	91.4%	0	460	92.0%	达到	达到标准报厅审批
15	深圳市×××幼儿园	144	96.0%	308	88.0%	0	452	90.4%	达到	达到标准报厅审批
16	深圳市×××幼儿园	138	92.0%	326	93.1%	0.5	464.5	92.9%	达到	达到标准报厅审批
17	江门市×××幼儿园	135	90.0%	315	90.0%	0	450	90.0%	达到	达到标准报厅审批
18	江门市×××幼儿园	139	92.7%	316	90.3%	0	455	91.0%	达到	达到标准报厅审批
19	珠海市×××幼儿园	136	90.7%	314	89.7%	0	450	90.0%	达到	达到标准报厅审批

续上表

序号	幼儿园名称	专家组评分情况							专家组意见
		办学条件（150分）		幼儿园管理（350分）		加分	合计总分（500分）		必达指标	
		得分	占分值	得分	占分值		得分	占分值		
20	江门市×××幼儿园	138	92.0%	315	90.0%	0	453	90.6%	达到	达到标准报厅审批
21	江门市×××幼儿园	140	93.3%	315	90.0%	0	455	91.0%	达到	达到标准报厅审批
22	江门市×××幼儿园	138	92.0%	312	89.1%	0	450	90.0%	达到	达到标准报厅审批
23	××市×××幼儿园	130	86.7%	284	81.1%	0	414	82.8%	5条三级指标不达标	未达到标准，不予通过省一级幼儿园评估，报厅审批

二、评估专家怎样做

评估专家是幼儿园等级评估工作的具体实施者，评估的权威性、公正性主要由评估专家的工作来体现。他们的专业素质和业务水平在很大程度上决定了现场评估的工作质量，也直接影响着受评方对评估工作的印象。因此，评估专家组成员不仅要熟悉幼儿教育规律，具有丰富的幼教管理经验，在幼儿教育评估理论与实践方法上有一定的造诣，还应有勤奋扎实的工作态度和清正廉洁的工作作风，能够公正、客观、准确地分析与评价受评幼儿园的办园情况和效益。也就是说，评估专家应在业务、品格方面成为行业楷模，并在具体的评估工作中充分展现出个人能力与魅力。

（一）不断学习，与时俱进，具备评估专家的综合素质

评估专家受评估机构的委托开展工作，是代表机构行使职能，而不是代表其自身所在地区和所在工作单位。不管专家在什么组织机构、什么岗位、

从事什么工作，要当好评估专家，做好评估工作，都面临着对幼儿教育改革发展形势、新任务、新目标、新要求的再认识和学习的任务。要学习的内容包含有关法律法规、幼儿教育方针政策、幼儿教育的基本特点和保教规律以及科学方法、评估指标体系的本质和内涵、评估工作的基本原则和工作程序以及评估技术等。近几年，党和国家高度重视学前教育，学前教育形势发展迅猛，评估专家更要具备不断学习的意识与能力，关注新政策与业界新动态，更新陈旧的观念、知识和技能，保持高度的职业敏感性，与时俱进。

1. 省一级学前教育评估工作要求专家成为行业的引领者

评估机构一般是根据项目需要选聘专业人士担任评估专家，有一定的遴选条件。比如广东省教育评估协会学前教育评估专家的入库条件是根据2012年9月颁布的《中华人民共和国教育督导条例》，结合广东省教育厅相关文件，基于学前教育行业特点而拟定的。该专家库成员包括在学前教育机构任职的广东省督学、广东省一级幼儿园的正职园长和资深保健医生、地市或区县主管幼儿园保健卫生工作的医生、幼教教研员、教育行政部门幼教管理人员、大中专院校和研究机构中具有副高级以上职称的学前教育专业人员等，以在职人员为主，也有个别退休后仍从事学前教育工作的往届专家。入库通知中列明专家申报人的5项基本条件：①熟悉国家有关幼儿教育的方针、政策和法规；熟悉幼儿园管理、幼儿园教育教学及教科研业务、幼儿园保健卫生等实践工作；有一定的学前教育、儿童保健卫生、教育评估等方面的专业理论基础。②遵纪守法，品行端正，处事公正，原则性强，善于沟通与合作，乐意参与评估工作。③具有大学本科以上学历，或副高级以上职称，相关工作资历10年以上，工作实绩突出。④具有较强的教育评估业务能力、综合分析与语言表达能力和较丰富的幼儿园评估经验。⑤身体健康，能满足现场考查评估工作的实际要求；年龄一般在60岁以下。

这些条件涵盖了评估工作对专业人员德、能、勤、绩等各方面的要求，看似简单，实则不易。广东省教育评估协会在面向全省相关单位广发选聘学前教育专家通知后，有300多人报名申请，经过核查，最终符合条件入库的专家仅100多人，入库率不到50%。

广州市教育研究院的调研结果显示，受评幼儿园园长认为"一名合格的幼儿园教育评估人员最应具备的条件"包括"要了解幼儿园实践工作""要有正确的评价态度，如公正、客观""要有专门的评价技能和评价知识"。这直观地说明了被评对象对评估专家的期待：专家应具有相应的能力、态度、知识、技能和经验，才能胜任评估工作。

由此可见，无论是评估项目组织方还是被评对象，都期待专家有较高的综合素质，是行业的权威引领者。

2. 评估专家应内外兼修，树立专业形象

首先，评估专家要有以幼儿园发展为本的评估理念。只有具有基于发展性督导评估的先进理念，评估专家才可能摆正心态，以平等、尊重、合作的精神完成评估工作；才可能站在幼儿园的角度，提出适宜的、能被幼儿园所接纳的评估意见。评估主要具有判断、导向、改进等功能，可以从多方面推动和促进学前教育的发展。其中改进应是最主要的功能，也是评估的最终目的。专家应充分认识到"以评促改""以评促建"的价值，并身体力行，使等级评估与受评幼儿园保教质量的提升之间形成良性的互动关系，避免出现过于强调评估的判断功能而导致高高在上的"打官腔"以及各种心理偏差导致评估结果不客观、指导建议失效等情况。

其次，评估专家要有较强的学前教育相关业务能力。所谓专家，务必在专业领域有一己之长。如高校教师擅长学前教育理论引领，行政管理人员对政策非常熟悉，园长的管理经验丰富，保健医生对幼儿园保健卫生工作了如指掌，等等。幼儿园等级评估涉及幼儿园各方面工作，评估专家组由不同研究方向的专业人员构成，就是为了保证幼儿园各方面的工作都能得到专业指导。一名评估专家虽然不可能是幼儿园管理的全才，但应该是专才。广东省幼儿园等级评估中涉及的指标有教育教学（含课程）、设施设备与园舍环境、管理、家园与社区、队伍建设、卫生保健等 6 大块，作为专家库成员，应在全面了解不同板块基本要求的前提下，至少在某一方面有较深的造诣，拥有较高的专业水平。

再次，评估专家还要具备与评估业务相关的能力。一是语言表达与写作能力。专家在现场考查环节，不断与受评方以及专家组成员进行语言沟通，在短暂的时间内既要听明白他人的意思又要清晰地表达个人想法，因此需要具有言简意赅的口语表达能力。同时，要在很短的时间内用文字将评估意见表述出来，这就要求专家具有一定的书面语言写作能力。二是评估技术，包括现场考查所用方法的掌握与应用。如怎样观察与评价幼儿发展现状、怎样观察与评价保教人员的职务行为、怎样设计访谈问题并在现场进行有价值的追问、怎样处理问卷结果、怎样有效查阅并获取资料信息、怎样进行测验、怎样整理并核查采集到的信息、怎样处理相关信息、怎样向受评方提出有价值的建议等。

最后，评估专家应尽可能形成独特的个人魅力。专家的魅力往往是其人格素质的凝聚，人格素质包括人文素养、科学精神、心理素质、道德情操。拥有个人魅力的专家无疑是受人敬重的。学前教育专家应有优雅、亲和的外在形象和气质，衣着整洁得体，言行文雅端庄，态度大方自信；有丰富的精神内涵，对教育评估、幼儿园发展、学前教育事业有独到的真知灼见，并能娓娓道来，令人信服；待人接物谦逊有礼，善于妥善处理、协调人际关系；能尊重同行的不同意见，从善如流；有公正、公平、公道之心，有担当，有责任感和任务意识；还要有健康的身体，能够胜任紧张、繁重的评估工作；等等。

（二）统筹安排，温故且知新，做好评估工作的准备

幼儿园等级评估工作现场考查时间短、任务重。为了在有限的时间内高质量地完成评估工作，评估专家组在进入现场前，应根据个人在评估工作中的分工、职责，做好充分准备。

评估专家一般都是兼职的，有着较为繁忙的本职工作。在应承评估项目组织方的邀请后，专家要提前办理好所在单位的请假手续，安排好外出评估期间的本职工作以及家庭生活，尽量避免在评估期间受本职工作以及家庭事务的干扰。事实上，在评估期间，不断因为公务或私事而频繁接听电话或上网处理，既会影响评估工作质量和进展，也会影响受评方对专家的看法和印象，不利于专家的个人形象，还会有损受评方对评估机构的绩效考核。

专家在确认参与评估后，应做好业务准备：要研究并理解评价标准，熟悉评价工具，了解工作职责与分工以及流程；在可能的情况下，浏览受评方提供的资料，寻找自评材料中的不足之处和问题，确定现场考查的重点内容。广东省幼儿园等级评估因为不同等级幼儿园的评估主体机构不同，所以具体的评估工作要求也有所不同，主要表现在现场考查的日程安排、专家组成员分工等方面。幼儿园等级评估的专家往往是来自不同地市、不同区县的专业人员，在参与不同等级评估中积累的某些经验、做法并不通用，因此，专家在参与相应等级评估前务必再次学习当次评估组织方的工作要求。一般而言，评估组织方都会在正式开启现场考查前召开预备会，即使是经验丰富的资深专家也应按时参加，既能温故，也能了解评估方的最新要求，为高质量完成评估任务做好准备。

专家在出发前，应备好个人的衣物、生活用品、常用药等，尽量不要因为个人原因增加受评方的接待负担。

（三）深入现场，全面考察，收集、核实、整理相关信息

现场考查环节一般包括听取受评幼儿园自评报告和教育局推荐意见、察看园容园貌和设施设备、观看幼儿半天活动、对幼儿进行体能测查、查阅档案资料、专访部分行政干部和教职工、召开教职工和家长社区代表座谈会、对幼儿家长和教师进行问卷调查等形式。这些形式也是专家采集受评幼儿园办园效益等信息的主要手段和方法。

1. 听取自评报告和推荐意见，初步了解幼儿园基本情况

一般而言，现场考查的第一项工作就是参加自评报告会。受评幼儿园园长在报告时往往因时间有限，只能以图文结合的 PPT 形式展示自评报告的主要内容，在一些重点部分进行口头说明。其内容虽与书面报告大同小异，但生动的音像资料和补充说明是书面报告里没有的。因此，评估专家在参加自评报告会时，应该把精力集中在听园长的介绍和看 PPT 呈现的图文、音像资料上，并随着报告的进展翻阅文字材料、做好笔记。而书面自评报告，专家人手一份，可以在两天内随时翻阅。

评估专家在听取自评报告时，应准确判断出幼儿园的主要成绩、亮点和存在的问题，以及自评报告的结构与内容是否完整、是否准确。对于疑点，可以在自评报告结束后提出或做好标记，以便在采取其他方法收集评价信息时复核。

教育局对幼儿园办园情况的推荐并不仅仅是一种程序，更是一种评价。评估专家应该认真对待，了解教育行政部门对受评幼儿园的看法，在随后的考察中作为印证依据。经证实的部分内容，可以在评估意见中采用。

2. 借助实地观察，获取客观真实的第一手信息

第一，细致察看园舍环境和设施设备，了解园风园貌和办学条件。查看现场，有的是评估流程统一安排的集体行动，有的是专家个人行为。评估专家组成员在园方带领下对幼儿园环境进行实地察看，有助于快速把握园舍环境概况，对幼儿园办园条件、园容园貌形成整体印象。但因为时间仓促、陪同人员繁杂、干扰因素多，所以考查不可能深入细致，只能留下大概的印象以及对各种功能区域的位置感知。也正因为如此，专家可边走边看边提问，获取更多信息。在其后的一天内，专家还可以根据自己负责的指标评价需要，随时到现场查看，特别是条件组专家往往需要安排更多的时间，在现场深入细致地查看、比对、核实自评数据和提供的资料。

第二，有针对性地抽样查看幼儿半天活动，收集质性评价信息。幼儿园

评估过程中，一般要求评估专家观察幼儿入园、晨间活动、进餐、学习活动、幼儿与环境、师幼关系、户外活动、游戏情况等，从中分析幼儿园管理、师资水平、课程设置与实施、后勤服务等办园效益。但负责这一部分的专家往往只有两人，不可能对所有幼儿班级进行全面连续的实地观察，因此只能采取抽样的方法进行。抽样可以随机，但有针对性地抽样更有意义。一般是专家根据幼儿园提供的全园各班一日活动安排，结合自评报告的特色、主要成绩与亮点内容或者专家的存疑点，选择不同年级各一个班，随班连续观察半天。广东省一级幼儿园评估工作要求撰写评估意见的专家组组长也要到某一级组随班观察，确保受评幼儿园大、中、小班各有一个班接受实地观察。

半天活动的观察对象既有幼儿，也有保教人员。通过观察幼儿的情绪、神态、语言、动作、与人交往、身高、肤色、体形、行为习惯等，判断幼儿整体发展状况；通过观察保教人员的职务行为，判断师资是否达到专业水准。如入园环节，通过观察幼儿入园情绪了解幼儿是否愿意上幼儿园，通过查看幼儿入园打招呼、排队晨检了解幼儿习惯养成情况，同时也观察到保安的门卫行为和保健医生的晨检是否专业，大门值班行政人员或教师与家长及幼儿的关系是否融洽，等等。

在等级评估的半日活动考察环节，除了教学组专家要随班连续观察外，保健医生也要实地查看、核实幼儿园卫生保健指标的落实情况。如广州市教育评估中心拟定的幼儿园等级评估中关于卫生保健部分指标观测点包括：查看幼儿一日生活制度是否合理，午睡时间、进餐时间、两餐间隔时间是否合理，一日活动是否内容丰富、形式多样、过渡自然、符合年龄与季节及气候特点，户外活动与体育活动时间是否充足，教师和保育员的行为是否符合卫生保健规范，等等。这些观测点除了要通过查看文本资料进行评价之外，更需要通过实地观察予以核实，并以现场实施情况为评价依据。

3. 通过查阅资料，检索、阅读、收集档案信息

查阅资料是幼儿园等级评估的基础性工作，也是收集评价信息最重要的方法之一。在收集条件质量、过程质量、结果质量等相关评价信息时都会使用到这种方法。一般情况下，幼儿园等级评估中可查阅的资料多为制度性资料、计划性资料、总结性资料、业务工作资料、奖惩性资料、记录性资料等，以文字为主，也有图片、音像资料。

等级评估查阅的资料时限一般为最近三年，但因涉及幼儿园各方面工作，故资料数量较为庞大。评估专家组成员人数有限，时间短促，不可能每个人都全面查看所有资料，只能根据各自负责的评价指标进行适当分工，分别查阅相应资料。专家在查阅到所需资料后，要及时对资料进行整理，记录要点，复印一些重要文档，为后续的分析、评价、总结、反馈提供依据。专家还可以将需要使用的某些信息标明出处，以便在发现疑问时及时回溯查找，提高工作效率。

为了使评估结论准确，专家需要对资料的真实性进行核实，去伪存真、去粗存精。对于资料中信息矛盾的，要及时与幼儿园相关人员沟通，与其他专家收集的信息比对，确保从繁杂的信息中找出真相。对于受评幼儿园提供的虚假资料，专家应该指出其问题所在，在评价时不予采纳。

4. 以访谈形式佐证其他渠道收集到的信息

访谈是幼儿园评估中收集信息的常用方法。访谈往往能有效补充、印证专家通过实地考察、资料查阅等方法收集到的信息，看似随意，实则有针对性，是一种有目的、有计划的交谈。访谈对象有园长、教师、家长和幼儿，访谈形式分为个别访谈和小组座谈。个别访谈是专家通过与访谈对象进行口头交流以了解、收集相关信息的过程。专家应尽量在不干扰幼儿园正常工作前提下选择访谈对象，引导访谈对象轻松、自然地说出个人看法。在求证性的个别访谈中，最好能做到让访谈对象以为只是随机对话，而不是专项调研。

在幼儿园等级评估中，一般会运用小组座谈的形式，有教职工座谈会、幼儿家长和社区人士代表座谈会等。座谈会的访谈有较强的计划性，在座谈前，负责座谈会的专家应列出访谈提纲。提纲中的问题主要是专家组成员此前通过其他途径获取的信息中存疑或查询不到的内容。因此，在列提纲时，应征询其他不参与座谈会的专家的意见，将他们的问题罗列出来，并在座谈会上提出。

访谈中要适当运用追问技术。追问能帮助访谈专家进一步了解评价信息之间的内在联系，找出真相。要注意的是，访谈专家应把握追问的时机和程度，过多的追问既浪费时间又会使受访者反感。访谈专家要善于察言观色，注意受访者的神情和语言中的深层含义，判断是否适合追问。一般而言，访谈刚开始时不宜追问，相谈甚欢时才较为合适。

访谈过程中可能出现各种障碍，如偏见性障碍、习惯性障碍、顾虑性障碍、经验性障碍、环境性障碍等。幼儿园评估的访谈中出现较多的是经验性障碍，主要是部分专家的语言表达方式或提出的问题远高于该园的实际水平导致教职工和家长听不懂，出现答非所问、启而不发的现象。等级评估的座谈会上，还容易出现顾虑性障碍。即参与座谈的教职工、家长对敏感话题有所顾忌，轻易不发表意见或故意顾左右而言他，甚至谎报实情。

访谈能否收集到足够且有效的信息，很大程度上取决于访谈专家的专业水平和能力。无论是哪种形式的访谈，专家都要以平等尊重的态度以及亲和力营造轻松的心理环境，让访谈对象放下戒备之心，毫无顾忌地表达个人见解。访谈专家要使用清晰、简洁的话语，仔细倾听，适时引导，要控制个人观点的流露，更不能反驳或教导访谈对象。

刻意安排的专访容易让访谈对象紧张并产生防备心理，所说内容未必是真实的。因此，在受评幼儿园精心安排的座谈会上，对于访谈对象所讲述的内容，专家要善于辨别虚实真伪，从中采用的信息应该与其他途径所获得的信息保持一致。

5. 问卷调查可以高效地收集较为广泛、客观的信息

问卷调查能在较短时间内收集到广泛的资料，并在信息技术的帮助下，快捷地统计、分析出调查结果。因此，问卷调查是值得在幼儿园等级评估中普遍应用的方法。

问卷调查的有效性首先取决于问卷设计，评估组织方应提前设计好具有专业水准的问卷。专家在现场根据调查目的、内容确定接受调查的群体。在规模较小的幼儿园（如 8 个班以下）进行评估，问卷调查可以面向全体教职工和家长；如果幼儿园规模较大，就要采取抽样方法，选取部分人员参加问卷调查。如广东省幼儿园等级评估中，问卷调查一般是选取大、中、小班各 2 个班共约 180 名家长进行无记名问卷填写；根据不同岗位、性别、园龄，随机抽取 40 名教职工进行无记名问卷填写。

问卷的有效性还取决于回收率和真实性。回收率不低于 75%，问卷才是有效的。而无记名问卷才能保证问卷的回收率和可信度。广州市教育评估中心组织的幼儿园等级评估中，家长问卷是在网络系统中设置的，受评幼儿园在评估开始前一天才获悉相关登录信息，告知家长，让家长在网上无记名填写。这种操作便于统计，但需要幼儿园广而告之，家长也要高度配合，保证在系统关闭前有不低于 75% 的家长认真填写并提交。

通过问卷调查获取信息的工作效率高，被调查对象有充足的时间思考，能从容作答。问卷调查无须专家和被调查人员面对面，具有回避效果，调查对象能更真实地反映问题。一些不易当面交谈的问题，可以通过问卷形式进行调研。

6. 使用测验手段，了解幼儿发展水平

对幼儿进行测验是存有争议的评价手段，但在幼儿园等级评估中所使用的幼儿体能测查，作为正式的标准化测验，具有一定的科学性、合理性。测验的优势在于工具编制严谨，结果处理便利，可以直接与现成的常模进行比较，从而得出较为客观的判断；不足之处在于使用的灵活性较差，结果可能受练习效应和幼儿前期测验经验的影响。

对幼儿进行测验，要由专业人员实施。在广东省幼儿园等级评估中，幼儿体能测查与分析是由保健医生在幼儿园教师的协助下完成的。测评专家要提前熟悉测验程序和指导用语，准备好所需材料与工具，选择适宜的测验时间和环境，在测验过程中尽量减少外界干扰。选择的被试应具有一定代表性，年龄、性别要有不同分布。测验人员还要提前与幼儿互动，获得幼儿的信任与配合，以确保测验效果真实。

（四）充分讨论，系统分析，形成准确的评估结果

信息处理是评估工作的重中之重，信息处理的质量直接影响评估结论。信息收集在幼儿园评估中是由多名专家分工合作完成的。专家完成信息采集后，首先要对收集到的各类原始信息与资料进行初步整理，去除不正确的信息，修正似是而非的信息；然后对信息进行数量和质量上的核查，对数据信息要核准，对事实性信息要分析其真实性。对于错误的信息要摒弃，对于存疑的信息要考证核实。专家在处理信息时切忌先入为主地进行主观判断、选用符合个人意愿的对口信息、弃用与个人印象不合的信息，而应根据所有核实过的信息得出结论。

采集到的信息通过比对，一般会指向同一结论。笔者在参加对深圳市龙岗区龙城街道乐天幼儿园的省一级幼儿园初评时，发现各指标组都提供了幼儿园开展健康教育特色建设的信息，如条件组指出幼儿园在户外创设了体能大循环的环境并提供了相应设施；教学组发现幼儿园在课程设置、幼儿一日活动和班级环境上均凸显了健康教育；管理组从幼儿园的制度、顶层设计、园长专访、教职工座谈和家长座谈会上也收集到健康教育特色的信息；卫生保健专家从资料、幼儿体能测查等方面进一步佐证了幼儿园健康教育的实施效果。由此，最终的评估结论一致认可该园全方位打造了幼儿健康教育特色。

当然，专家个人收集到的信息以及通过信息处理得出的结论也可能存在以偏概全的错漏，需要和其他专家充分讨论、交流，形成的一致看法才能成

为专家组的最终结论。幼儿园等级评估工作流程中安排了多次工作会议，就是为了保证专家们有足够时间交换各自收集到的信息和个人的评估意见。因此，在指标组会议和工作组会议上，专家要知无不言，特别是持有异议时要把自己收集到的信息和看法毫无保留地说出来，克服从众心理、本位心理、晕轮效应、趋中现象等心理偏差，保持评价的独立性和客观性。

专家要充分认识到评估结论的准确性事关重大，要具有全局意识，除了保证个人负责的指标评价结论准确外，还要协助其他指标组达成评价准确的要求，最终才能确保整体评价的准确度。在幼儿园等级评估中，三个指标组的采集信息过程存在多项指标相互印证的情况。如教学组和保健组都会采集幼儿一日活动安排情况，得出的结论应该是"合理"或"不合理"，当两个组的结论不一致的时候，就要在工作会议上提供各自采集到的信息，由小组7人共同讨论，形成一致意见。幼儿园环境安全是非常重要的评估要点，各指标组专家在现场考查时都有义务关注这一点，并在工作组讨论时，把自己看到的安全隐患列举出来。

（五）以不同形式提出有针对性的评估意见，为受评幼儿园提供专业指导

1. 全面考虑，合理应用不同反馈形式

评估除了得出结论之外，最重要的是为受评幼儿园提出有依据、有建设性的指导意见。意见反馈形式分为三种：一对一的随机反馈、小组反馈和大组反馈。不同反馈形式的作用不同，对象不同，要合理使用，避免重复或造成疏漏。

随机反馈是专家个人随时随地与受评幼儿园相关工作人员进行的交流。针对幼儿园明显存在的与评估指标不符合的现象，专家确切地知道问题所在，即时指出并提出改进建议。这种形式的反馈内容往往非常具体、针对性很强，多数是岗位工作人员的操作性问题。

小组反馈一般以会议形式进行，以一小时为宜，不超过一个半小时。要求幼儿园的管理人员、上级业务主管如幼教专干、教研员、督学等参与。反馈的内容是专家在工作会议上经过讨论，一致认为有必要提出来的共性问题，多数是管理问题，有的甚至是地域性问题、上级业务主管部门的指导问题。小组反馈会上，可以就一些问题进行讨论，允许受评幼儿园进行简短的解释。专家的个人发言应具有概括性，避免罗列十几条甚至几十条细枝末节的意见。一般建议将个人意见概括成 3~5 个方面，以具体的现象来佐证说明。

这两种形式的意见反馈中，专家的态度非常重要，应尽量做到平等、友善地对话，不以地方标准去评价，不以自己的做法为标准，不以权威压人；在提出意见的同时要提出改进建议，并解释依据。反馈意见的基本程序和内容可以是先指出"问题是什么"，再根据法规政策、评价指标或学科知识与经验分析"为什么这是问题"，最后提出"应该怎么改进"的建议，做到以理服人。

大组反馈是以宣读书面评估意见为主要形式和内容的报告会，有基本流程和仪式感，显得严肃、郑重。参与省一级幼儿园评估意见反馈会的人员一般包括地市与县（市、区）幼儿园等级评估管理部门领导、幼儿园的举办者或举办单位领导、幼儿园管理人员和骨干教师、幼儿园业务主管如教研员和幼教专干、评估专家等。主持人一般为县（市、区）幼儿园等级评估管理部门领导（第一主持人）和评估专家组组长（第二主持人）。

评估过程中的意见反馈极其重要，专家无论参加哪一级、哪一类的评估，都要高度重视这个环节，在工作中尽显专家风采。

2. 字斟句酌，精心锤炼评估意见

在幼儿园的评估工作中，撰写评估意见是不可或缺的环节。幼儿园等级评估要求评估专家在较短的时间内写出有针对性的指标组评价意见。组长或副组长根据各小组意见，结合自己收集到的相关信息，写出一篇3 000余字的评估意见。

要想写好评估意见，需要评估专家不断提高个人的专业素养，以严谨、认真的态度对待这个环节的工作。一是要正确认识评估意见所产生的影响。评估意见是幼儿园改进工作的依据，甚至是幼儿园的发展方向；评估意见决定了幼儿园举办单位对受评幼儿园的看法以及此后的扶持，也为地方政府制定幼儿教育政策提供了参考等；评估意见还因为要求在网上公示而事关同行、社会各界对评估小组成员以及评估工作组织机构的评价。因此，每一位评估专家都必须以严谨、认真的态度写出有针对性的评估意见。二是树立撰写评估意见是共同责任的意识。作为评估小组意见撰写者，要主动配合组长开展工作，在组长提出的时间内优先完成提交意见的工作，并按照组长要求保证完成撰写的字数与标题等要求；总体意见的撰写者责任尤其重大，要在有限的时间里尽可能地全面了解幼儿园的情况，在小组讨论的时候能够提出自己的看法，不完全依赖小组提供的信息。三是在小组讨论的时候畅所欲言。每个小组成员要充分表达个人意见，并在对其他组情况存有异议时毫无保留地说出自身意见。小组意见不能相互矛盾，既要有重点、有针对性，也要兼顾全局。四是对似是而非的情况要进行充分验证，不能把有争议的数据、实例、结论放进评估意见中。五是要求评估意见符合撰写的格式要求，标题基本对仗工整，但不能因噎废食、本末倒置，重格式而轻内容。

在为期三天的现场考查中，拟定评估意见是重中之重。在评估意见反馈会前一天晚上，专家组应在组长的带领下一起逐字逐句地讨论评估意见，要充分肯定成绩，但不能夸大其词，与事实不符；要准确指出存在的问题，但不能以点带面、以偏概全。现场考查评估意见就是给受评幼儿园"画像"，要仅适用于这所幼儿园，而不是放之四海皆准的普遍性意见。因此，评估意见里的每一句话、每一个词都要符合幼儿园的实际情况，哪怕是一个标点符号，都要认真思考，特别是在使用程度副词的时候需要尤为慎重，要结合实际把握分寸，认真考量。经过这样的反复讨论和修改，一份真正属于受评幼儿园的现场考查评估意见才算完成。

同时，评估专家也要认识到，评估的目的不是用统一的标准去鉴定、评判幼儿园，也不是以评估来确认幼儿园的排名和等级，以及判定是否通过检查，而是促使幼儿园在原有的基础上得到提高。评估过程要求通过多种科学方法、技术深入幼儿园获得相关信息，评估手段更强调定性而不是定量，评估意见更尊重受评幼儿园的自我评价。根据地区发展差异，要看到受评幼儿园的客观条件所具备的水平，更要看到其通过主观努力所提高的幅度。对不同地区、不同办园类型、不同收费标准的幼儿园，要做到纵比看自身进步、横比看各园差距，分层次、分类型给予评价，提出对受评幼儿园后续发展有指导意义的评估意见。

总而言之，评估专家在评估工作中，要对相关政策烂熟于心，对评估对象实际情况了如指掌，对问题一清二楚，指导切实可行，反馈分寸得当，态度平易近人。

 **实例分享2**

关于深圳市南山区马荣教育机构海印长城儿童学苑
申报广东省一级幼儿园的评估意见

受广东省人民政府教育督导室委托、广东省教育研究院教育评估室委派，广东省一级幼儿园评估组一行7人，于2012年12月23—25日对深圳市南山区马荣教育机构海印长城儿童学苑进行了省一级幼儿园评估。评估组听取了邓××园长的自评报告、深圳市南山区教育局王××主任和马荣教育机构校监马荣女士的推荐意见，查看了园容园貌和设施设备，观看了幼儿半天活动，随机对 18 名幼儿进行了体能测查，查阅了幼儿园近三年的档案资料，专访了部分行政干部和教职工，分别召开了教职工和家长、社区代表座谈会，对 120 名幼儿家长和 40 名教师进行了问卷调查。在采集到大量信息的基础上，评估组依照《广东省幼儿园督导评估方案》的标准和要求，本着实事求是、客观公正的原则，对幼儿园各项工作情况进行分析、讨论，形成评估意见如下。

一、总体评价

深圳市南山区海印长城儿童学苑创办于 2004 年 9 月，是由马荣实业发展有限公司承办的一所全日制民办幼儿园。园舍完整独立，布局合理。活动室宽敞明亮、空气流通、光线充足、色调和谐，功能用房和设施设备齐全，为幼儿生活与学习、教师工作提供了优越的条件。

举办者马荣女士热爱幼儿教育，在多年的精心培养下，学苑建设了一个积极进取、团结合作的领导班子。学苑依托集团化发展的优势，不断完善管理体系，依法规范办园，依规科学治教；借助集团教育资源，以教育科研为先导，构建了"叙事性双语整合五态"园本特色课程体系，并以教科研提升教师专业能力，成效显著。学苑幼儿健康活泼、聪敏大方、自信快乐。

多年来，学苑办园特色鲜明，充分彰显集团化、国际化办学实力，赢得了广泛的社会赞誉。学苑先后荣获深圳市南山区民办教育专业委员会"优秀单位会员"、南山区办学"先进教育单位"、南山区"安全管理先进单位"、南山区"巾帼文明岗"、南山区"教育系统安全管理先进单位"、"深圳市卫生保健优秀幼儿园"等称号，2008 年 6 月通过了"深圳市一级幼儿园"评估。

评估组认为，海印长城儿童学苑是一所理念先进、环境优美、管理到位、特色鲜明、社会声誉较高，具有一定专业水准的学前教育机构。

二、主要成绩与经验

（一）依托视觉形象系统，营造优雅的育人环境

海印长城儿童学苑是小区配套幼儿园。园所占地面积 3 600 平方米，建筑面积 2 925 平方米，户外活动面积 1 844 平方米。生均建筑面积、生均户外活动面积以及绿化覆盖率均达到省一级幼儿园标准。园内有玩沙池、戏水池、游泳池、大型器械运动区、30 米直跑道等户外设施，户外活动场地规划

合理。功能用室、办公及辅助用房、设备设施基本能满足师生生活、学习和工作所需。

学苑以创建省一级幼儿园为契机，加大投入，根据集团的视觉形象系统（VIS）进行校园文化建设，为师生创设了一个高雅、具有审美情趣、富有时代感和生态化的美好环境。在创建省一级幼儿园的过程中，学苑先后投入120多万元，对活动室、走廊过道等进行装修改造，增设了世界生活体验馆，购置了大批的教学设备和游戏材料。在此基础上，学苑根据自己的办学理念，配备了大量能营造温馨、舒适氛围的设备设施、玩具材料，使校园成为家的延伸。

学苑还重视并努力改善教职工的工作条件与环境，按标准订购图书刊物、参考书、工具书，建立教育信息资源库，并为教师配备了办公电脑等设备，提高了教师的工作效率。

（二）依托集团化发展优势，推进科学有效管理

学苑举办者具有品牌意识与专业水准，潜心钻研，执着探索，专业思想扎实，专业水平较高，具有国际视野和高远的办学目标，将学苑定位为"办优质教育，创百年名校"，培养"高尚的地球人"。学苑拥有一支来自集团骨干力量的专业管理团队，继承了集团优良的传统，沿用集团多年办学经验，共享集团的优质资源，运用集团制定的各项规章制度，借鉴现代化企业管理的有效做法，全面推进科学高效的管理，体现了集团化发展的优势与特色。例如在集团视觉形象系统（VIS）的基础上进行校园文化建设、运用6S管理模式、引进ISO认证体系、利用集团网站进行管理等。

学苑依法依规进行制度化管理和民主管理，建立董事会领导下的园长负责制。园务委员会是学苑的决策机构。学苑实行层级管理，管理架构清晰、责权分明；各项规章制度健全、完善；实行全员聘任制，从园长到员工按时签订劳动合同，及时为全体员工购买社会保险和住房公积金。

（三）依托师资培训和课程改革，促进师幼共同成长

学苑重视对保教常规工作和教科研的管理与指导，注重教职工岗位培训，秉承"每个员工每时每刻都是教育者"的理念，倡导"培训是给员工最好的福利"，制定教职工培训计划和制度。目前，在集团的统筹安排下，学苑已形成有效运作的培训系统。通过有目的、有计划、分层次的培训，教职工业务能力和专业素养不断得到提升。

学苑还创造机会，让教师开阔视野，建立现代意识。通过集团姊妹园的互访与经验分享、聆听省内外专家及马荣校监等专业人士的讲座、接待来自

海内外幼教同行的观摩学习、派骨干教师出国访问考察等，让教师在与外界信息交流的过程中学习、反思、借鉴、运用，促进个人的专业成长。

学苑教师通过各种形式接受国内外先进的教育理念，努力贯彻《幼儿园教育指导纲要（试行）》精神；积极为幼儿创设尊重、开放、平等、自主、宽松、愉快、清洁、有序的人文环境，建立和谐的师幼关系；遵循幼儿的年龄特点和教育规律，设计出多个不同主题体验的活动室，让幼儿在耳濡目染中学习、发展；注重幼儿个体差异，因材施教；设计出富有特色的综合活动，如举办西方大型节日文化庆祝活动、科技节、祖父祖母节等，让幼儿学得轻松、玩得愉快；以集体、小组、区域活动等多种形式开展主题教学活动，努力提高保教质量。

学苑积极开展教科研工作，有意识地以教科研为先导，带动教育教学的改革。例如深入开展"叙事性双语整合五态课程"的研究，建构特色课程。该课程着眼于整体设计，以生活为基础、以故事为载体、以工作坊为形式、以环境为隐形课程、以户外活动为延伸、以国际化为起点，对在园幼儿实施全方位的教育，并进行动态评价，促进幼儿综合素质的提高。幼儿体能测查通过率有三项达到100%，一项达到94.4%，一项达到72.2%。

（四）依托家长和社区，形成教育合力

学苑把家长工作放在重要位置，建立了家长委员会、家长学校，并制定了相关制度。通过这些机构与制度实施，家长参与学苑的日常管理，了解学苑的工作，支持并帮助学苑的发展。家长们提供各方面的社会资讯，主动为学苑宣传，协调家园关系。科学实用的家长学校授课活动，提高了家长育儿的能力，让家长认同教育是家、园、社会共同的责任和义务，达成教育共识。

学苑还建立服务社区的合作意识，加强与社区相关部门的联系，积极参与社区文明共建。成立家长义工队，请家长义工、社区义工走进幼儿园协助组织大型活动，如中国风情文艺会演、"童心如歌、书香如蜜"图书漂流活动、国庆"祖国万岁"文艺会演、"感恩环保风铃展"、为汶川和玉树灾区捐款活动等，在社区中享有良好声誉。家长调查问卷满意率达100%。

（五）依托保教并重的落实，确保师生安全健康

学苑能够坚持保教并重的原则，建立、完善了一系列卫生保健工作制度。定期组织保育教师开展业务学习和专业保健技能的培训。常规工作目标明确，建立了相应的档案，较有系统地对卫生保健工作进行管理，提高了卫生保健常规工作的质量和效率。

合理安排一日生活作息，保证了幼儿每日2小时的户外活动时间。较好

地把幼儿年龄特点、生活习惯、自理能力结合在一起，安排了丰富多彩的生活、学习、游戏、锻炼等活动。以"我运动，我快乐"为宗旨，培养了幼儿参与体育活动的兴趣，增强了幼儿体质，幼儿生病率较低，出勤率达标。

重视儿童膳食的科学配制和食品卫生的安全管理。成立了膳食委员会，为幼儿制订营养均衡的带量食谱，精心制作幼儿餐点；按照食品安全管理的要求，对每餐食物进行留样；建立了食品进货台账，食物购买依规索证，检验手续完善。

学苑重视安全工作，完善了安全管理机制。制定各项安全制度及突发公共卫生事件应急预案；通过"四个安全法规、三个安全案例、两个安全制度、一份安全责任书"的形式，对员工和幼儿进行细化、常态化的安全教育；与教职工签订安全责任承诺书，安全工作落实到岗、责任到人；定期开展知识竞赛、消防逃生演练活动，提高了员工、幼儿在应急状态下的心理承受及自我保护能力。学苑还依规取得了"消防验收合格证"和派出所消防安全检查意见书。

三、存在问题与建议

（一）进一步改善办园条件

科学规划和改造户外活动场地、功能室、厨房、保健室，增设种植区，充实功能室的玩具材料和户外活动器材等。

（二）继续提升办学水平

注重原始资料的收集与归档，完善充实教育资源库和教师成长档案，采取更有效的措施促进保教队伍专业成长；完善课程建设，全面实施《幼儿园教育指导纲要（试行)》。

 **实例分享3**

关于深圳市龙岗区龙城街道乐天幼儿园
申报广东省一级幼儿园的评估意见

受广东省教育评估协会委派，广东省一级幼儿园评估组一行7人，于2017年1月5—7日对深圳市龙岗区龙城街道乐天幼儿园（以下简称"乐天幼儿园"）进行了省一级幼儿园评估的现场考查。评估组听取了乐天幼儿园邹××园长的自评报告和深圳市龙岗区教育局程××副局长的推荐意见，察看了园容园貌和设施设备，观看了幼儿一日活动，随机对18名幼儿进行了体能测查，查阅了幼儿园近三年的档案资料，专访了部分管理人员和教职工，分别召开了教职工和家长、社区代表座谈会，对178位家长和40名教职工进行了问卷调查。在大量采集信息的基础上，评估组依据《广东省幼儿园督导评估方案》的标准和要求，实事求是、客观公正地对幼儿园各项工作情况进行分析、讨论，形成评估意见如下。

一、总体评价

深圳市龙岗区龙城街道乐天幼儿园位于深圳市龙岗区中心城龙翔大道公园大地小区，创办于2010年9月，是一所全日制民办幼儿园，2012年通过了"深圳市一级幼儿园"评估。

幼儿园占地面积4 230平方米，建筑面积3 639平方米，共有14个班，在园幼儿440人，教职工74人，其中园长3人、后勤主任1人、保健人员2人。人员配备齐全、岗位设置充足，保教人员专业达标率为100%，各岗位人员均按要求持证上岗。

园舍完整独立，布局合理，环境整洁美观，绿化覆盖率高。活动室宽敞明亮、空气流通、光线充足，功能用房、辅助用房和设施设备较齐全，为幼儿生活与学习、员工工作提供了必备的条件。

幼儿园举办者王琪琪女士热爱幼儿教育，将积累了半个世纪的专业经验融入办园思想，为幼儿园奠定了较高的起点，建设了一个年轻有为、积极进取、团结合作的领导班子。

幼儿园以"让乐天人健康快乐每一天"为办园宗旨，坚持"快乐立园、规范办园、文化兴园、科研强园"的办园理念，以"完整"课程为基础，以健康教育为特色，提升队伍素质，促进幼儿园稳步发展。师幼关系和谐、融洽，幼儿健康活泼、聪敏大方、自信快乐。

幼儿园高效的办学业绩，赢得了一定的社会赞誉。幼儿园先后承接了珠江三角洲精品幼儿园参访活动、深圳市学前教育专业委员会组织的特色教学成果展示活动、龙岗区"幼儿园园长信息化"管理沙龙、龙城区"园长管理班"培训等，接待江门等地园长班跟岗学习，对龙岗区十余所姊妹园进行帮扶指导，被评为"深圳市教育系统先进单位""龙岗区民办教育先进单位""龙岗区教育系统先进单位""深圳市优质特色示范园"创建单位。

评估组认为，深圳市龙岗区龙城街道乐天幼儿园办园理念科学，环境舒适，特色凸显，是一所具有行业影响力的普惠性民办幼儿园。

二、成绩与经验

（一）因地制宜，创设富有教育意义的园舍环境

2013 年以来，幼儿园先后投入 166 万元，通过美化园舍环境、改造功能室、添置玩教具和图书、重建值班室、丰富户外拓展区器材等措施，不断优化办园条件。

在此基础上，幼儿园致力于营造融教育化、生活化为一体的环境，为幼儿快乐学习、健康成长提供有准备的环境。

幼儿园注重将环境作为重要的教育资源，精心设计、巧妙布局，因地制宜地把环境转换成教育载体。如种植了不同品种、四季有变化、能开花结果的多种植物。这些植物不但是绿化、美化环境的元素，更是幼儿观察、研究的对象。利用户外活动场地环绕型的特点，结合园本特色课程，开辟体能大循环、勇敢者道路、野战园地等户外体能活动区。结合主题教育活动，各班利用宽阔的阳台和走廊，分别设置了种植区、生物科学区、休闲吧、健康博物馆等，使环境为课程服务。

教师努力创设"有准备、会说话、能互动"的软环境，以期寓教育于其中。如在活动室和走廊设置幼儿学习经验展示墙，师幼共同记录幼儿的学习过程和结果，让幼儿成为环境的主人；鼓励家长参与环境创设，家长和幼儿周末轮流进园照顾动植物、制作环境素材等。

（二）文化管理，构建有归属感的教职工团队

幼儿园自开办以来，把握正确的办学方向，规范管理，重视校园文化建设，制度与民主管理双管齐下，着力营造平等、和谐、有认同感的团队氛围。

幼儿园实行董事会领导下的园长负责制，制定了"幼儿园章程"，成立了园务会、工会、共青团、家委会、膳委会等组织，每周召开园务行政例会，每月召开全园教职工大会，定期召开园务委员会，形成了较为完善的民主管理机制，使幼儿园管理在公开、公正、民主的氛围中进行。幼儿园还通过自下而上的民主程序形成了适合本园发展的乐天制度文本——员工文化手册。制度指引并约束着每个人的办事流程与职务行为，而民主治园的策略与形式，又激发了教职工对乐天教育的热情。

幼儿园倡导以人为本的"家"文化，全体教职工共同努力营造"和谐、进取、创新、务实"的园风，精心打造"幸福家、快乐园"。幼儿园领导班子关心教职工生活，重视与教职工的感情沟通，注重教职工的心理健康，开展了生日会、运动会、登山比赛、外出旅游、节日联欢、拓展训练等丰富多

彩的文化活动，让教职工在"乐天家园"获得归属感。

（三）研训结合，打造年轻的教师队伍

幼儿园教师队伍整体年轻化，有干劲、有热情，热爱幼儿教育，但缺乏经验。因此幼儿园将教师培训定为长期任务，把园本培训作为队伍建设的首要工作：对新入职教师进行办园理念、礼仪行为规范等培训；通过每周业务学习、热点专题讨论、邀请国内著名幼教专家开设讲座等形式组织教师学习教育法规和幼教理论，选派骨干教师赴北京市、上海市、厦门市、广州市等地参观考察，努力提高教师素质。

幼儿园支持教职工的个人奋斗目标与本园的发展目标相结合，为教师建立业务成长档案，采用教师自我评价、同事相互评价、管理者对教师等级分类评价、家长评价等多元评价形式，还设置了"单项考核""年度考核""奉献奖""进步奖""优秀学科奖"等奖项，使年轻教师在竞争与激励的氛围中迅速成长。

幼儿园坚持科研引领，鼓励教师参与学术交流、教学展示，有计划、有针对性地参与或申报省级、市级、区级课题研究。通过参与省级课题"建构性玩具对幼儿心理发展的促进研究"、区级小课题"如何有效利用户外环境的研究"等项目工作，教师们获得了一定的专业发展机会，初步形成了以园长为代表的骨干教师团队。目前幼儿园园长是深圳市"李春玲名师工作室"成员、龙岗区教研室幼教学科组成员、龙岗区第三届督学、龙岗区"甘露名园长工作室"成员。

（四）保教并重，促进幼儿健康成长

幼儿园以《幼儿园教育指导纲要（试行）》《3—6岁儿童学习与发展指南》为指引，把幼儿身心健康放在首位，为"让孩子健康快乐每一天"，努力践行保教并重。

幼儿园在传承与创新中，结合本园实际，致力于探索适宜的课程体系，基本形成了以"完整课程"为基础、"健康教育"为特色的园本课程。以"培养幼儿身心和谐发展的美好状态"为目标，从饮食健康、睡眠健康、生活习惯、身体认知和保护、身体运动、自我认知、社会适应、情绪调节、责任感以及同理心十个方面对特色课程进行规划与实践。构建了具有园本特色的八个"健康博物馆"，馆内健康知识图文并茂、生动有趣，模型、实物、生活场景展示丰富逼真，为促进儿童健康知信行的统一发挥了重要作用。定期开展防火、防震、防拐等全园性应急演习，让幼儿学习相关知识，提高自我保护和自救能力；开展"勇敢者的道路""定向寻宝游戏"等体能大循环

和趣味运动会等特色活动，发展幼儿体能；开展社会实践以及自我服务活动，培养幼儿的同理心和责任感。

幼儿园还积极发挥健康教育在促进幼儿身心和谐发展中的作用。从家庭日益增长的儿童身心保健需求以及健康促进工作的需要出发，重新认识现代健康观的完整内涵，调整与改进工作目标与课程。针对家长溺爱包办的教养方式、不科学的喂养方法、亲子关系不和谐等所引发的一系列幼儿身心发展等问题，以"身心健康、和谐发展"为目标，以"健美体格、健全人格"为导向，开展儿童健康教育。健康教育管理基本达到"五有"（有教师、有课程、有计划与总结、有教案、有评价）要求，健康教育涵盖幼儿身心，教师对儿童心理行为问题的教育指导有分析、有记录、有追踪。在多年的健康教育研究与实践中，幼儿园逐步积累经验，提高水平，成效明显。幼儿整体发展状态良好，体能测查达标率为98%。

（五）构建共同体，家长、社区工作初有成效

幼儿园自创办以来，本着"一切为孩子服务、一切为家长服务、一切为社会服务"的思想，坚持"热心、细心、耐心、真心"的服务准则，重视家长学校创建，发挥家长委员会作用，努力开创家长工作新局面。

积极拓展沟通渠道，促进家园联系。通过每学期参与式、体验式、家长沙龙等不同形式的家长会，以及家长开放日、接待日等活动，让家长近距离了解幼儿园各项工作，增进彼此的信任与理解。通过"每天一反馈"、电访、走访、面谈等不同形式，针对不同家长进行个性化交流，增进家园联系。利用宣传栏、互动网络平台，交流育儿知识、发布幼儿活动信息等，让家长及时了解幼儿园动态，获得最新资讯。

有效整合教育资源，搭建共育平台。组建家长助教团队和家长义工队，让具有一定专长的家长定期参与到幼儿园各类活动中，如爸妈故事团、晨会特约主持、图书漂流、亲子运动会、"六一"合唱大赛、园庆典礼等形式多样的家园活动的开展，增强了亲子感情，促进了家园合作，也丰富了幼儿园的课程建设。

幼儿园还重视与社区的合作与共建。邀请专家到社区开展公益讲座，带领幼儿参与社区游园活动、亲子活动等，与社区形成了良好的互动局面。乐天人还将"家文化"的美好概念和爱心辐射到社区，率先成立龙岗区第一支幼儿园"志愿者"队伍，并加入了"龙城街道志愿者联合会"，开展了一系列公益活动，为构建和谐社区做出了力所能及的贡献，龙城街道授予幼儿园"文明共建志愿服务站"。

三、后续发展建议

1. 进一步改善办园条件，为幼儿提供安全保障。按照卫生保健法规的要求改造班内卫生间，增加洗手水龙头和淋浴花洒；大班卫生间应实施性别分隔；幼儿活动室与寝室规范设置紫外线灯；配置合格的幼儿睡床；楼梯井应采取安全防护措施；消除走廊栏杆的安全隐患，保持班上大门的通畅性。

2. 进一步明晰幼儿园的文化建设思路，加强队伍建设，提高队伍的整体素质，继续完善园本课程，建设具有示范性的专业型民办幼儿园。

 **实例分享4**

关于东莞市光大爱弥儿外国语幼儿园
申报广东省一级幼儿园的评估意见

按照广东省教育厅的安排，广东省一级幼儿园评估组一行7人，于2014年1月7—9日对东莞市光大爱弥儿外国语幼儿园进行了省一级幼儿园评估。评估组听取了吴××园长的自评报告，董事会黎××先生的办园经验介绍，以及东莞市东城区党委委员陈×先生、东莞市教育局黄××副局长的推荐意见，察看了园容园貌和设施设备，观看了幼儿半天活动，随机对18名幼儿进行了体能测查，查阅了幼儿园近三年的档案资料，专访了部分行政干部和教职工，分别召开了教职工和家长、社区代表座谈会，对180位幼儿家长和58名教职工进行了问卷调查。在采集到的大量信息基础上，评估组依照《广东省幼儿园督导评估方案》的标准和要求，本着实事求是、客观公正的原则，对幼儿园各项工作情况进行分析、讨论，形成评估意见如下。

一、总体评价

东莞市光大爱弥儿外国语幼儿园是由东莞市新亚洲教育咨询服务有限公司与东莞市光大房地产开发有限公司，于2007年8月共同创办的一所国有民办幼儿园。

幼儿园园舍独立完整，以欧式风格为整体设计思路，注重环境的教育功能。董事会不断加大投入，优化办园条件，努力打造优雅、和谐的育人环境。园内设施设备齐全，学习材料丰富，为幼儿全面、可持续发展提供了有力保障。

　　自开办以来，幼儿园认真贯彻《幼儿园工作规程》《幼儿园教育指导纲要（试行）》《3—6岁儿童学习与发展指南》的精神，依法办园，规范管理。秉承集团的办园理念，以培养"健康、快乐、自信、探索、合作的现代人"为目标，不断深入开展教育实践，保教工作颇有成效，在学习环境的创设、精细化管理及幼儿自主性学习等方面积累了宝贵的经验。教师队伍年轻、有活力，整体素质较高，幼儿大方有礼、自信主动。

　　经过7年的不懈努力，幼儿园先后被评为"东莞市普教系统文明单位""东莞市先进民办学校"，多次获"东城区保教质量一等奖"，并于2012年顺利通过"东莞市一级幼儿园"的评估。

　　评估组认为东莞市光大爱弥儿外国语幼儿园起点较高，特色突出，办学水平稳步提升，办园效益日渐向好，是一所孩子喜爱、家长信任、健康发展的专业型民办幼儿园。

二、主要成绩与经验

（一）加大投入，建设优美的园舍环境

　　幼儿园布局合理、日照充足、空气流通、环境优雅。建园初期，举办者就以高投入、高起点、高标准定位园区发展。

　　园内创设了玩沙池、戏水池、种植园地、30米跑道、大型体育器械区等，各活动区域能按要求配备相应的体育器械，方便幼儿游戏和运动。园内设置了音乐活动室、综合游戏室、美工活动室、科学室等多个功能室，并按要求投放了相应的设备和操作材料。各班级活动室均配有数码相机、液晶电脑、42英寸液晶彩电等现代化的教学设备，各班根据幼儿的年龄特点设置了相应的活动区域，提供丰富的操作材料让幼儿发挥探索精神和想象力，还利用废旧材料制作了一定的玩教具，满足了幼儿学习与生活所需。

　　近三年，董事会投入了133万元对幼儿园的环境进行装修翻新，打破传统的设计思路，利用浓烈的色彩和别致的造型装修美术室，以温馨、舒适、随意的意境装修绘本馆，经过精心改造后的幼儿园环境更优雅、功能更齐全。

（二）规范办园，营造温馨的校园文化

　　幼儿园依法办园意识强，产权明晰，各类办园证照齐全，与审批机关和银行签订三方共管协议，确保幼儿园的经费渠道畅通、合法。按有关规定收取幼儿保教费，依法对各项经费实施管理。有足够的资金保证幼儿园各项工作正常运转，确保生均教育经费及教职工的工资逐年增长。同时，依法与教

职工签订劳动合同，购买医疗、工伤、养老等社会保险。幼儿园财务、会计制度健全、落实，幼儿与教职工伙食账目分开，独立核算，每月向家长公布。

幼儿园建立了董事会领导下的园长负责制。董事会与园长职责明确，做到决策权与执行权分离，园长能独立行使行政管理职权。幼儿园建立了规范的章程，健全了与之相适应的组织机构和工作机制，并把各项制度细化到教职工的岗位工作中，充分发挥了制度的导向和激励作用，使教职工对幼儿园工作充满热情，有效地促进了幼儿园各项工作的顺利开展。

幼儿园注重"营造家概念，打造家文化"。通过丰富的团队活动，依托集团优势，为教职工提供专业发展平台与上升空间，激发教职工工作积极性，建设了"热诚、合作、奉献、创新"的校园文化。

（三）精细管理，打造高素质的教职工团队

幼儿园在集团资源背景下，建立健全 ISO 9000 质量管理体系，使各部门的日常工作在质量管理体系的规范下有序、高效运作，尤其是制度化、精细化的管理理念得到了教职工的认同，能够在贯彻基本管理原则的基础上主动反思，落实整改，有实效性地进行纠正预防措施，达到持续改善、提升品质的目标，形成了"国际标准管理、平衡教学模式、尊重个性发展、个体精细服务"的管理模式。

领导班子结构年轻化、专业化，富有改革和创新精神，积极开展教改，善于总结反思，努力探索新的教学模式培养幼儿自主性学习。管理上做到园务公开，通过家长问卷以及提案的形式广泛收集教代会、团支部、董事会的意见和建议，及时研究并解决大家关心的问题。干群关系融洽，群众满意度高。

幼儿园注重开展有针对性的培训，抓好师德建设，提高专业水平，促进教师成长。如发挥集团办学的优势，组织入职前培训与在职培训等分类培训；开展对《幼儿园教师专业标准》《幼儿园教育指导纲要（试行）》《3—6岁儿童学习与发展指南》等政策的学习；组织到广州、香港、深圳等地的优秀幼儿园参观考察，帮助教师更新教育观念。

幼儿园注重人才梯队建设，支持教师自主发展。建立有效激励机制，措施得当。引导教师理性规划个人职业发展方向，使教师有清晰的目标并脚踏实地去追求；以"导师制"、竞争上岗制为平台，推行动态的内部职称评定、骨干教师评选及学历补贴等措施鼓励教师不断进取；以成熟的考核评价机制，激励教师完善自我、提高专业技能与工作质量。

（四）博采众长，构建适宜的课程模式

幼儿园通过各种渠道吸纳国内外先进的教育理念，强调幼儿的自主性学习，在高瞻课程、蒙台梭利教学法、学习中心课程模式的基础上，建立了区域活动、小组集体教学、社会活动相结合的园本课程。在小班级借鉴蒙台梭利教学法，强调幼儿的自我服务与生活自理能力的培养；在大班级建立资源中心课程模式，使幼儿的学习资源更丰富，探索兴趣更浓厚，同龄幼儿交往面更广。

幼儿园重视环境作为隐性课程的教育价值，充分利用园内的所有资源，为幼儿创设丰富的具有教育功能的视听环境。幼儿园装修风格温馨优雅、色调和谐，墙面布置兼顾功能性与审美性，设备设施精致舒适，区域材料丰富，功能室在美化、儿童化的基础上凸显不同的活动特性。特别是利用报废大巴设计的"探索之旅"科学活动室，富有童趣和创意，能调动幼儿探索与研究的欲望。幼儿园还注重听觉环境的创设，在不同时段播放不同性质的音乐，营造了柔美、轻松、愉快、温馨的氛围。

幼儿园积极为幼儿创设尊重、开放、平等、自主的人文环境，建立了和谐的师幼关系。幼儿参与活动的主动性、积极性得到充分发挥，专注投入自主活动，表现出高度的活动兴趣和较强的动手、动口、动脑能力。幼儿普遍健康活泼、聪明大方、自信快乐、乐于探索。

（五）预防为主，保障幼儿的身心健康

幼儿园严格执行《托儿所幼儿园卫生保健工作规范》，贯彻预防为主的工作方针，建立健全各项卫生保健制度，认真抓好疾病预防、膳食管理、安全管理等工作，保障了幼儿身心健康成长。

幼儿园根据幼儿活动兴趣、季节、年龄特点开展户外活动，活动形式多样，每学期对部分幼儿进行了体能测查，对全园幼儿开展了心理筛查，为心理、行为异常的幼儿建立了个案。幼儿园重视幼儿的膳食，每周制定营养均衡的食谱，有健全的留样记录，建立了由教师、保育员及家长代表参加的膳食管理委员会，定期召开膳食小组工作会议，并组织家长开展幼儿膳食观摩活动，听取家长提出的合理建议，不断提高膳食质量。

幼儿园规范执行晨检及全日观察制度，发现问题及时处理，注重对幼儿的生活护理，保证幼儿按需饮水。幼儿园重视保育、厨房工作人员队伍建设，每学期制订培训计划，每月组织业务学习，内容涵盖卫生消毒、传染病防控、幼儿事故处理、食品安全与卫生等多个方面，提升了相关人员的业务能力和操作水平。认真执行预防疾病制度，制订"生活老师清洁消毒作业指

引"，督促保育员做好卫生清洁与消毒工作。在传染病流行期间，幼儿园采取可疑病例早隔离，对缺勤幼儿进行跟踪，园内加强消毒，对家长、教职工进行宣教等一系列措施，有效地控制了传染病的流行。幼儿出勤率每学期达到93%以上。幼儿园对幼儿进行了既往病史和过敏史的调查，完善了幼儿健康档案，保证健康检查受检率达100%，体格生长发育达标率达95%以上。

幼儿园树立"安全工作责任重于泰山"的理念，成立了安全领导小组，与全园教职工签订了"安全责任状"，制定"保教工作指引"等安全制度，从细节入手，将安全工作落到实处，坚持"每日一小检"和"每月一大检"相结合，及时发现和排查安全隐患，并注重对师生进行安全防护教育，每学期进行紧急疏散演习，每年请消防队对教职工进行安全培训，为幼儿营造了一个舒适安全的环境。

（六）加强沟通，实现三维共育

幼儿园重视家庭教育，创新家园共育新模式，以"约访"活动形式，开展个性化教育服务。家长可以预约来园入班近距离观摩孩子的日常活动。同时，在活动中教师还给予家长专业化的指导，引领家长如何观摩、评价孩子的发展情况，帮助家长提升家庭教育能力。幼儿园注重与家长的沟通和交流，充分利用校讯通、微信等现代化的交流平台，向家长提供图文匹配的教育资讯；每周发放家园互动手册，让家长能清晰、全面地了解幼儿在园的情况。

在社区工作方面，幼儿园结合教育的需要为幼儿的发展寻求合理有效的社区资源，扩大学习和生活的环境，丰富幼儿经验，促进幼儿社会性发展。幼儿园同时利用自身资源服务社区，为社区的文明礼仪建设、社区的0～3岁早期教育机构提供指导和帮助。

三、存在问题与建议

1. 进一步加大投入，改善办园条件。控制办园规模，保证幼儿有充足的活动场地；加强安全建设，消除安全隐患；增加照明、紫外线灭菌仪等生活设施，保障幼儿健康成长。

2. 进一步结合幼儿园实际和教师自身发展需要，加大教科研力度，培养各层次骨干教师，促进教师将先进的教育理念转化为教育实践，科学保教，并发挥行业示范性与辐射性作用。

实例分享5

关于肇庆市封开县教育幼儿园申报
广东省一级幼儿园的评估意见

受广东省人民政府教育督导室委托、广东省教育研究院教育评估室委派，广东省一级幼儿园评估组一行7人，于2013年1月10—12日对肇庆市封开县教育幼儿园进行了省一级幼儿园评估。评估组听取了卢××园长的自评报告、封开县教育局聂××局长的经验介绍和肇庆市教育局罗××副局长的推荐意见，查看了园容园貌和设施设备，观看了幼儿半天活动，随机对18名幼儿进行了体能测查，查阅了幼儿园近三年的档案资料，专访了部分行政干部和教职工，分别召开了教职工和家长、社区代表座谈会，对161位幼儿家长和38名教师进行了问卷调查。在采集到的大量信息基础上，评估组依照《广东省幼儿园督导评估方案》的标准和要求，本着实事求是、客观公正的原则，对幼儿园各项工作情况进行分析、讨论，形成评估意见如下。

一、总体评价

肇庆市封开县教育幼儿园创办于1953年，位于江口镇贺江二路141号，是封开县教育局直属的全日制公办幼儿园。

幼儿园占地面积6 290.9平方米，生均占地面积29.67平方米；建筑面积4 036平方米，生均建筑面积19.04平方米；绿化面积2 085平方米，绿化覆盖率达66%；户外场地1 675.88平方米，生均7.9平方米。园舍完整独立，布局合理。活动室宽敞明亮、空气流通、光线充足、美观整洁，功能用房和设施设备齐全，为幼儿生活与学习、教师工作创设了良好的环境。

幼儿园现有教学班9个，在园幼儿212人，教职工46人，教职工与幼儿比例为1：4.6。幼儿园拥有一个作风民主、团结协作的领导班子和一支专业化、年轻化、实干、创新的教职工队伍。

近年来，幼儿园坚持"依法办园，民主治园，科研兴园"的办园方针，以"一切为了孩子，服务幼儿，服务家长，服务社会"为办园宗旨，形成了"团结、务实、敬业、奉献"的园风和"爱心、耐心、开拓、创新"的教风。幼儿园以"培养健康幸福儿童"为教育目标，开展"健康体育、快乐篮球"的探索，结合本土文化开展课题研究，成效显著。

幼儿园先后被评为"爱国启蒙教育全国示范幼儿园""广东省巾帼文明示范岗""肇庆市青年文明号""肇庆市幼儿教育先进集体""封开县先进基层党组织"。

评估组认为,肇庆市封开县教育幼儿园办园条件优越,管理规范,办学效益突出,在当地享有较高声誉和社会知名度,具有行业示范性和影响力,是一所拥有专业发展潜力的学前教育机构。

二、主要成绩与经验

(一) 政府重视,扶持到位,办园条件优越

多年来,封开县委、县政府和县教育局一直重视和支持该园的发展。特别是在该园被评为肇庆市一级幼儿园后,县委、县政府将创建广东省一级幼儿园列入县政府工作规划,把原河南幼儿园的土地和建筑附属物无偿划拨给该园,并投入重金建设新园。

封开县委、县政府在创建教育强县的过程中,把幼儿园创建省一级幼儿园作为一项重要工作来抓,成立以分管教育的县领导为总指挥、县教育局局长为组长的创建工作领导小组。县教育局成立了以局长为组长、分管领导为副组长、相关股室负责人以及幼儿园领导班子为成员的创建工作领导小组,制订了创建方案和工作计划,明确任务,责任到人,有序高效地推进创建工作。肇庆市委、市政府、市教育局对幼儿园创建工作也给予大力支持,市委常委陈××到幼儿园指导工作,市教育局领导从幼儿园新园区的选址到创建都多次组织幼教专家前往参与规划。县委书记张×、县长梁××、分管教育的县委常委卢××等领导多次到园调研和现场办公,想方设法使幼儿园搬迁重建的工作得到落实,并投入约600万元,实施幼儿园搬迁重建工程。封开县各部门全力支持幼儿园的建设,使幼儿园仅用三个月的时间就完成了高起点、高标准的改造装修及环境布置等各项工作。幼儿园面貌焕然一新,为师生的生活、学习、工作创设了温馨、舒适的环境。

目前,园内有供幼儿充分活动和体验的大型体育器械区、30米直线塑胶跑道,安全的篮球场、戏水池、玩沙池、饲养角、种植园地、小土坡等。幼儿园生均占地面积、生均建筑面积以及绿化覆盖率均达到或超过省一级标准。全园共有9个配套活动室,各班配备了电视机、VCD、钢琴等教学设备,常规设施设备和玩教具数量充足,并根据幼儿年龄特点适当设置相应的活动区域,提供较为丰富的操作材料。园内设有综合游戏室、美术活动室、音乐活动室、图书阅览室等,各功能场室设施设备较齐全,利用率较高。教

职工办公室、会议室、资料室等用房配套齐全。

幼儿园布局合理，建筑风格独特，文化氛围浓厚。园内环境以"环保性"为主线，注重美化、绿化、教育化、儿童化，营造了安全、温馨、健康、和谐的育人氛围，有利于幼儿快乐、健康成长。

（二）依法办园，以人为本，管理规范有序

幼儿园领导班子事业心强、团结协作、民主务实、以身作则、勇于创新。在"以人为本"管理理念的指导下，注重团队精神的建立，努力为教职工创设和谐愉快的人际氛围。尊重、信任教职工，在工作中发挥每个人的能力优势，调动教职工的积极性；关心教职工的生活，重视心理辅导，尽自己所能为他们排忧解难；开展多种文娱活动，丰富教职工的业余文化生活。这些活动，增强了队伍的凝聚力，形成了"民主、和谐、人文、创新"的良好园风。

幼儿园以《幼儿园工作规程》《幼儿园教育指导纲要（试行）》为指南，对幼儿实施全面的素质教育；办园思想端正，办学目标明确、思路清晰；坚持依法治园，建立了"幼儿园章程"，制定了近期、中期、长远发展规划；加强制度建设，在广泛征求教职工意见和建议的基础上，修订和完善了各类操作性较强的规章制度，岗位职责明确；每学期各部门均制订计划、撰写总结、有效落实考核与检查等制度。实行园长负责制，推行层级管理，建立了合理的组织机构，有教代会、园务会、工会、党团小组、教研组、家长委员会等，各机构职责分明、运作畅通，形成了相互支持、运转高效的工作机制。

幼儿园产权明确、合法，各项证件齐全，手续完备，按时年审。收费规范，符合省市有关规定。办园经费来源渠道顺畅、稳定，并有足够的资金保证幼儿园的正常运转和持续发展，生均教育经费和公用经费逐年增长。与教职工签订了劳动合同，教职工工资按时足额发放，并逐年提高；依法按规定为教职工购买了各类社会保险。

（三）班子高效，注重建设，教师敬业乐教

幼儿园坚持把打造一支高素质的师资队伍作为首要的工作任务。

一是注重领导班子的建设。园领导都来自教学一线，业务熟，理念新，团结协作，分工明确；注重自身素质和管理能力的提升，指导实践能力较强；作风民主，能按规章制度议事办事；能与上级领导做好沟通，获得领导的重视和支持。近年来，在县委、县政府和教育局的关心和支持下，幼儿园由差额拨款单位转为财政全额拨款单位，并争取了38个编制，面向社会公

开招聘高素质的幼儿教师和保育员，满足幼儿园发展的师资需求，为教师队伍的稳定和幼儿园的可持续发展奠定了人才基础。领导班子民主务实的工作作风和较强的治园能力，获得教职工的广泛好评。

二是注重教师队伍的建设。幼儿园倡导"用心启迪智慧，用爱润泽心灵"的理念，加强师德建设。通过每周例会，政策法规、政治时事的讨论学习，帮助教师树立正确的教育观和人生观，提高教师的事业心和责任感；注重教师的理念更新，采取"走出去，请进来"的方式加强队伍培养；努力创造更多机会，选派骨干教师到深圳、广州等地观摩和研讨；以开展乡土文化课题为载体，有计划地组织教研活动，促进教师专业成长。

目前，园内有 16 名教师分别获得市、县、教育系统优秀党员、先进工作者、优秀教师等荣誉，多篇论文在省、市一级获奖或发表。一支安教乐教、专业素质较高的队伍正在形成。

（四）积极探索，努力构建园本课程，教育教学特色初显

幼儿园持之以恒地贯彻《幼儿园教育指导纲要（试行）》，认真做好日常教育工作。注重养成教育，将行为习惯的养成、情感态度的培养渗透在幼儿一日生活的各个环节中，促进幼儿的身心健康发展。积极开展教育教学研究，围绕主题活动课程，挖掘本土资源，丰富和发展幼儿园课程内涵。幼儿园在广东省学前教育协会申报立项了"童心真韵美封开"课题研究，教师们积极收集有关资料，把乡情课程资源的内容整合为"秀美封开""魅力封开""家乡新貌""古老封开""多彩封开"等五个主题，并渗透到幼儿五大领域的教育活动中。结合课题的开展，开发出各种益智家乡旅游棋，在园内创设了本土化气息浓郁的教育环境，为幼儿的学习提供了充足的资源。课题研究的开展，有效激发了幼儿爱祖国、爱家乡的情感。课题于 2010 年 11 月通过广东省学前教育协会专家验收，顺利结题，并获得广东省学前教育协会颁发的课题创新奖。教师撰写的相关论文在 2010 年广东省学前教育学会论文评比中获奖并在《广东幼儿教育》刊物上发表。

幼儿园以"健康体育、快乐篮球"为切入口，加入了肇庆市幼儿教育研究会健康教育委员会"快乐篮球"的课题研究。幼儿园利用幼儿喜爱的、熟悉的篮球，在各年级开展篮球特色活动，成立了"活力宝宝篮球俱乐部"，组织了形式多样的篮球游戏活动。以"篮球让我健康，篮球给我快乐，篮球伴我成长"为理念的篮球运动，丰富了幼儿园的体育活动，培养了幼儿参与运动的兴趣。幼儿园独特的篮球文化氛围，深受家长、师生的喜爱，在当地有一定的影响力。

（五）关注保健，强化教育，确保师生安全健康

幼儿园重视安全工作，采取各项措施，确保师生安全。一是成立安全工作领导小组，把安全工作纳入岗位目标。二是健全安全检查制度，定期对园内各项设施设备进行检查，发现问题，及时整改。三是加强安全教育，如通过家长园地、校讯通等互动平台向家长宣传安全知识；将安全教育内容渗透到幼儿教学活动中，提高幼儿的自我保护能力。四是每年组织教职工和幼儿进行消防疏散、防暴、防地震演练，并进行灭火器的操作训练。三年来，幼儿园未发生重大安全责任事故。

幼儿园注重膳食管理工作，严格执行饮食卫生制度，确保幼儿饮食卫生安全。一是成立"膳食管理委员会"，每学期召开两次会议，收集幼儿喜欢和不喜欢的菜式，对厨房提出改进意见。二是每周制订科学的带量食谱，每学期进行营养评价，做到膳食搭配合理、形式多样。三是食物采购验收定点、定人，严把食物购买、储存、加工关，每餐有留样，每月向家长公布幼儿伙食账目。四是创造性地将厨房工作各环节的操作要求提炼成短语，张贴在相关墙面或设备设施上，时刻提醒厨房工作人员规范操作，确保流程安全。

评估组随机抽查了大、中、小班共18名幼儿进行20米快速跑、投掷、拍球等三项幼儿动作发展测查，幼儿表现活跃、有序，参与体育活动的兴趣高，测查结果全部达标。

（六）多方互动，践行共育，促进幼儿和谐发展

幼儿园重视家园合作，努力实现家园共育。一是建立家长工作制度。成立家长委员会，定期召开家长会；进行开放日活动，开展问卷调查，听取家长意见，不断改进保教工作；邀请专家进行专题讲座，帮助家长树立正确育儿观念，使家长的教育思想和行动与幼儿园的要求保持一致。二是多渠道加强家园联系。充分利用宣传栏、家园联系手册、家访、电访、QQ群等方式，与家长建立密切联系，形成家园共育平台。三是利用家长资源，开展家长助教活动，举办亲子运动会、亲子自制体育器械评比、自理能力比赛等活动，促进家园互动。

幼儿园重视挖掘和利用社区资源，开展乡土资源主题活动，将课堂延伸到社区。组织幼儿到大自然和社会中感受家乡的风土人情、传统文化，到消防大队、邮局、超市参观，引导幼儿掌握生活常识；到小学去了解小学生的学习和生活环境，以适应小学生活。

幼儿园重视行业示范性工作，积极开展帮扶活动。成立帮扶小组，制订

计划，落实帮扶内容和人员，采取结对子、送教下乡、专题培训、观摩交流等方式，对乡镇中心园的设施设备、环境创设、教学安排以及档案资料整理等给予指导和培训，发挥了很好的辐射作用，使十多所中心园顺利通过市一级幼儿园的评估，成效显著。

三、存在问题与建议

1. 进一步加大投入，完善办园条件。科学规划和改造户外活动场地、厨房、保健室，充实教师用书，增设资源库等。

2. 继续加强队伍建设，提升办学水平。凝练办园理念，采取有效措施促进队伍专业成长；立足乡土课程建设，全面实施《幼儿园教育指导纲要（试行）》精神。

三、受评幼儿园怎样做

迎接评估是幼儿园的一个中长期计划，不是一蹴而就的短期行为，需要若干年的准备。幼儿园应把迎接评估的准备工作融入办园行为和日常工作中，形成常态。也只有这样，评估才能真正促进幼儿园持续健康发展。

（一）以评估标准为管理依据确定岗位职责，完善办园行为

幼儿园的评估项目有很多，非专项的综合性评估指标一般会涵盖幼儿园的全面工作。例如教育部的幼儿园办园行为督导评估、广东省规范化幼儿园评估、广东省幼儿园等级评估，以及某些市、县（市、区）组织的保教质量评估，等等。这些评估的具体指标往往是根据相关政策法规文件拟定的，涉及幼儿园各个方面。因此，幼儿园的日常工作完全可以以评估指标为要求去完成，甚至以此作为各岗位工作达成度的检查、考核依据。这实际上是将迎接评估的工作常态化，使之成为日常事务。也就是说，评估前的准备工作并不需要刻意而为，应该是幼儿园依据评估标准所做的工作达到一定水准后自然呈现出来的结果。基于这样的评估才能以评促建，而不会单纯因为评估而忙得人仰马翻、怨声载道。

近几年，地方教育行政部门开始以检测、评价为抓手狠抓保教质量，各级评估项目同时进行，幼儿园迎接评估的任务很多，工作千头万绪。笔者认为，无论是哪一级政府的评估标准，无论是哪条线上的评估项目指标，基本上都是幼儿园日常工作所能够涵盖的，并没有超出学前教育的工作范围。

一般而言，一套评估方案往往由专家参与或主持研发，经过调研论证、

试用的，既能反映当前政策要求，也能体现专业精神和行业经验，因此完全可以作为幼儿园办园行为的指南。幼儿园如果能够严格遵照评估方案执行，就可以做到规范，甚至成为典范。例如，珠海市容闳国际幼稚园在办园 8 年之际，以高分好评通过了广东省一级幼儿园评估。笔者在参与该园的现场考查环节中，发现该园各项工作有条不紊，完全以平常心来准备、接待评估。自筹备办园之初，该园就把成为省一级幼儿园视为办园目标之一，将每一条指标分解到常规工作中，甚至高于指标要求去落实。这也说明评估工作要想达到预期效果，就必须早准备、早规划、早行动，结合实际情况，制定切实可行的幼儿园发展规划和阶段目标，不断改进、完善办园行为。

　　尽管当下有些新颁布文件的要求已经高于《幼儿园督导评估方案》，但只要按照最新要求的最高标准来规范办园，就能顺利通过任何一条线上的评估。幼儿园切忌把不同评估项目完全分开，分别做准备，而要统筹安排，整体运作，日常落实。

　　为了高效率地迎接各种评估，园长要组织成立由管理人员构成的工作小组，带领小组成员认真学习各类评估方案，正确理解各项评估指标，研究如何把评估指标变成工作标准。负责幼儿园不同业务指导的管理人员对各类评估方案中相应版块的指标进行比照、分析，将其中的最高标准作为幼儿园日常工作目标（对于必达指标要求务必达成），并将这些目标在园内公布，要求各岗位人员以此为标准完成日常工作。基于此，幼儿园的相关制度如需拟定或修改，则应按照程序进行，明确岗位职责，定期检查或考核个人职责完成情况。

　　综合性评估与幼儿园的每一个人息息相关，这不仅仅是领导干部的事，更不是园长个人的事。园长应高度重视，责无旁贷地成为工作的主持者、组织者，而且必须名副其实，负责项目工作的顶层设计，对其他管理人员进行督促与指导。园长还要组织全体教职工认真学习与评估指标整合后的工作要求，使大家的理解达成一致、没有偏差。日常职务行为能够促成不同评估项目各指标的达成。如广州市海珠区穗花幼儿园彭××园长在介绍迎评经验时所说，"园长要组织骨干人员，逐条分析、研究和理解评估指标体系的内涵，认真领会和把握其精神。要把指标分解，落实到每个部门、每个人。评估指标分解、细化后，每个部门、每个人容易仅仅从自我出发，看重具体的与自己相关的指标，而忽视对评估总体目标的把握，缺乏全局眼光。这时，园长还必须关注全局，把握总体，达到全面协调"。"作为园长或幼儿园的行政领导，要正面宣传评估工作的重大意义，营造良好的舆论环境，形成人人了解、人人支持、人人重视评估工作的良好局面，这对评估工作的顺利通过起着举足轻重的作用。宣传工作做得到位了，就能使教职工转变'迎评是少数人的事、靠短期突击就能解决问题'和把自己置于局外的思想；激发教职工关心幼儿园迎评工作的整个进展过程，积极主动参与迎评工作；就能让教职工树立起'千斤重担大家挑，人人肩上扛指标'的意识；能让教师们自觉对照评估要求，更新教育观念，积极投入到课程改革中去，提高保教质量，以实际行动迎接专家组的检查评估"。

（二）常态化自评自查自我完善，提高保教质量

幼儿园自评是迎接评估的基础性工作。通过自评，幼儿园才能认识到自身的现有水平，才知道接下来的工作重点是什么，才清楚该在哪些方面改进。

发展性督导评估极为重视自评，尊重幼儿园作为评价主体的自我评价与反思。现行的国内外幼儿园保教质量评估体系中，多数都设置了自评的程序和要求。很多国家和地区在对幼儿园进行外部评估时，都将被评对象的自评分按照一定比例计入总评成绩。2008 年出台的《幼儿园督导评估方案》在说明的第一条中就明确指出"本方案既是幼儿园等级评估（复评）申报书，也是幼儿园学年自评工作呈报书"，在第二条中又指出"全省各幼儿园在每学年结束时，应对照本方案进行自评，并将自评结果报当地教育督导部门备案"。这说明《幼儿园督导评估方案》不仅仅是等级评估的依据，更是所有幼儿园规范办学的依据。

在日常工作中，幼儿园的领导班子成员应牢记评估标准，以评估标准去衡量教职工的职务行为，指导教职工执行标准、按照标准改进各项工作。教职工也应熟悉并正确理解评估标准，自觉按照标准要求开展工作，对照标准检视、反思、调整、完善个人的职务行为。如此一来，幼儿园就形成了常态化的自评自查和自我完善。

幼儿园的整体性自评时间宜放在学年末进行。各业务板块的主管根据平时的观察记录、访谈与调查数据、资料、幼儿发展状况评价等信息进行定性定量分析，依据评估标准打分，与团队成员逐条商议自评结果，获得一致认同的自评结论。随后园长召集业务主管开会，逐项讨论，得出自评的总体结果，并分析存在的问题与原因，商讨改进策略和工作思路，明确下一学年的工作计划。

在专项评估前，幼儿园还要针对专项的具体指标进行自评，以便迎接正式的外部评估。这种有针对性的自评一般有具体的时间要求。比如广东省幼儿园等级评估，要求幼儿园在 3 月份或 9 月份上交自评材料，材料审核通过

后，大约在 6 月份或 12 月份接受外部评估，也就是说，自评是在外部评估前 3 个月进行的。这种自评主要是为了核查细节、填报数据与相关表格、评分、撰写自评报告。当然，对自评中发现的问题，在提交自评材料后的 3 个月内，需要幼儿园进行整改，而不是被动地等待专家来发现问题。其他没有要求提前提交自评材料的评估项目，一般要求幼儿园在外部评估前 1 个月进行自评，将最新的信息反映在自评材料里即可。

常态化的自评自查和自我完善是确保幼儿园保教质量提升的重要途径，幼儿园要高度重视。然而现实中，大多数幼儿园认为自评只是迎接外部评估的准备环节，不是常规工作。这与园长对于幼儿园质量评价的认识有关。在中国学前教育进入新的快速发展阶段的当下，保教质量才是幼儿园的生命线，需要幼儿园领导时刻把关，而不是被动被检。因此，评估必须成为幼儿园自觉的主动的行为，并将自评常态化。

幼儿园务必要认识到自评的意义，通过对日常收集整理的保教资料进行分析、调研、对照评估标准评分等多种方式进行自评，建立自我评估机制，形成自我评价、自主发展的现代教育质量管理模式。

（三）日常收集整理评估资料，规范档案管理

评估资料的准备是幼儿园普遍感到困难的工作。如何整理档案，高效地迎接不同的评估项目，是每一所幼儿园都在努力探索的事情。

1. 配置高素质岗位人员是优化档案管理的前提条件

档案管理是专业性工作，也是一项不容小觑的业务。政府的档案管理工作是由专门的事业机关来负责的，也有相应的政策法规予以保障。档案管理在大专院校有相应的多层次学科人才培养方向，在学术方面也有很多研究项目。

然而在现实工作中，幼儿园还没有意识到档案管理的专业性，基本认为档案管理是可有可无的、临时性的事务工作。除了少数参与档案管理达标单位验收的幼儿园配置了专门的档案管理人员外，一般的幼儿园都没有安排专人负责档案工作。即使配备了专职人员，也是以幼教专业为主，少有与档案管理相关的专门人才。这使得幼儿园的档案管理工作整体水平偏低，很难为评估做好迎检资料的准备。

此外，随着档案信息的电子化，档案管理人员除了要有专门的档案管理知识和技能，还要有较高的知识层次和技术水平，掌握档案、信息处理的信息技术，而不能仅仅满足于一般的计算机操作。从目前来看，档案管理部门

缺乏现代高水平技术人才，而复合型人才就更为奇缺，大部分档案管理人员的信息技术水平偏低，甚至存在现代"文盲"现象。尽管引进了现代化设备，但不能充分发挥作用，更谈不上档案信息电子化。

由此可见，高质量的档案管理对人员的素质要求不亚于时代对幼儿园教师的专业要求。但实际上，幼儿园往往把不能胜任教师工作、年龄偏大、能力弱或有疾病的教职工放在资料员、档案员的岗位上，把这些岗位视为可有可无、毫无专业性可言的养老型工作岗位。

无论设置专职还是兼职的资料员、档案员，都应该重视这个岗位人员的基本素质，比如思维的逻辑性强、记忆力较好、心细、责任感强、具有安全意识与服务意识、有学习能力等。在具备成为一名合格档案员的素养的前提下，幼儿园要安排其参加档案局（馆）组织的系统业务培训，掌握基本的法规文件精神、职业道德要求、业务知识和操作技能。

优秀档案员的素质要求堪比一名管理人员，是幼儿园事实上的"管家"。如果没有人员素质的保障，资料收集与整理都成问题，就更谈不上档案管理了。

2. 平时积累资料，定期整理成规范的系统性档案

资料的收集与整理不应视为在评估前才加班加点完成的临时性工作，而是要作为幼儿园的常规工作，重在日常工作中的积累。有了这样的认识并能身体力行，迎评资料的整理就不会那么艰难。资料的收集是每一个岗位的职责，幼儿园要培养教职工在资料收集与整理上的全员意识、全员能力。幼儿园领导班子和档案员要根据日常工作情况梳理出资料收集的目录，明确每个岗位在学期末或学年末要提交的资料类型、数量与质量要求，并以制度的形式告知教职工。在必要的情况下，负责档案管理的幼儿园领导还应组织全体教职工学习有关的制度及详细内容，让每个人心中有数，平时做个有心人，随时为自己的职务行为留痕，不遗漏任何工作记录。个人在提交资料前，应该严格按照资料目录分别整理成不同的文件夹，而不能不做分类、"一锅粥"地提交。

档案员在收齐个人应提交的资料后（一般是学年末或新年初），应按照档案管理的专业要求整理资料，即档案目录和分类按照专业档案要求梳理，内容按照幼儿园工作版块填充，形成系统性的档案。这就意味着幼儿园的档案是 2 个维度，而不是单一维度的。这样做的好处在于无论迎接哪条线上的检查和评估，只要对照评估指标从档案中找出相应版块的资料内容，就能形成迎检档案，而不需要重新整理评估资料。目前，幼儿园的迎评资料基本上

是单一维度的，即完全按照评估指标进行资料整理。这种单一维度的资料不能称之为档案。由于不同的评估项目要求提供的资料系列不同，因此，当面临的评估项目较多，需要按照评估指标一一对应地整理资料时，幼儿园就会应接不暇，忙碌不已。

档案是在工作过程中自然形成的，是工作的痕迹，而不是为了应付检查与评估临时补充的假资料。幼儿园日常所做的工作是很多的，平时注意资料的收集、归类、入档就足够了。迎检时匆忙补充资料的原因首先是平时不注重收集资料；其次是平时收集了资料，但是不懂得归类；最后才是真的没做相关的工作。

幼儿园文案资料的体例与格式因园而异。具体的工作情况、工作内容、工作要求不同，呈现出来的文案形式也会不同。千万不要为了建档案而设置各种文案体例和表格。

本书附录中提供了广州市教育评估中心、深圳市龙岗区人民政府教育督导室根据多年评估实践整理出来的等级评估资料目录索引。这 2 份目录仅供参考，而不是要求幼儿园完全按照其中的某一份来做，因为每个市、县（市、区）对幼儿园的管理都会有所不同，每一所幼儿园的日常工作也会有所不同，过程性资料和资料的分类也不同。真实的评估资料是"园本"的，没有任何两所幼儿园的资料目录会完全一致。要学会分析、判断、吸纳、改进，做好符合本园实际需要的档案管理工作，不仅将档案作为过去工作的总结，更要为幼儿园日后的工作服务。

3. 档案管理信息化是必然趋势

总体而言，多数幼儿园规模不大，办公用房紧缺，纸质档案的存放不便成为幼儿园档案工作的一大障碍，按照传统要求进行档案管理能够达标的幼儿园凤毛麟角。

信息技术在档案管理中的应用，能解决很多现实问题。

首先，办公自动化、无纸化的出现，使档案的生成与存储方式发生了很大变化。除了档案局（馆）要求要永久和长期保留的档案需要纸质存档外，其他的过程性资料和短期、临时性档案完全可以存储在磁盘中，磁盘容量非常大，这就解决了幼儿园档案资料存储空间不够导致资料难以保存的问题。

其次，优质的档案管理系统除了能够保管档案资料外，更主要的是可以改变工作方式，极大地提高工作效率，减轻幼儿园准备评估、迎接检查的工作负担。好的档案管理系统应该建立一个基本目录，所有归档资料都归集到基本目录中；同时与幼儿园办公自动化系统互联互通，在办公自动化系统上形成的过程性资料可以自动上传到档案管理系统，无须教职工在繁忙的期末集中提交资料。档案员也能随时整理，而不必集中在某个时段加班完成建档工作。迎接评估时，在系统内根据项目评估指标设置评估目录后，将其与基本目录里面的资料相关联，就能自动生成不同的迎评材料，下载打印或直接在屏幕上浏览。此外，档案管理系统内的每一次操作都会留下后台记录，对于核实每个人的工作情况有毋庸置疑的证据，便于管理。最重要的是，档案管理系统存储了大量信息，完全可以作为资源库使用，不同权限的员工在系统内搜索关键词，就能快速查阅到相关资料。这彻底改变了过去档案主要是作为历史印记存在的意义，真正实现了档案为当下工作服务的功能，充分发挥了档案的现实意义和使用价值。这对于构建园本课程的幼儿园来讲，也是非常有利的课程资源平台。

档案管理系统要注意保密性和安全性。一般情况下，可以采取物理隔断，使系统只能在内网运行，而不能通过互联网来访问。同时，开发系统的团队应该提供安全等级评估资质，确保系统符合国家关于网络安全的标准。此外，幼儿园要根据档案管理要求设置好查阅与下载权限，并对全体教职工进行保密意识的教育，涉及知识产权、肖像权、保密级别的档案资料等，不能泄露、外传。

在评估资料电子化方面，广州市教育评估中心几年前开始尝试要求省一级幼儿园将复评资料提前上传到网络平台，开启了广州市幼儿园档案资料信息化管理之路。广州大学计算机学院专业团队联合学前教育专家，针对幼儿园档案管理长期存在的现实困难，研发了宁馨档案管理系统，以课题形式带动实践研究，在多所省、市一级的公办及民办幼儿园应用，获得良好口碑。该系统除了实现前述基本功能外，还提供在线批量打印功能，将电子版转换为纸质版；扫描上传功能，直接将纸质资料电子化；视频、文档、图片等资料添加水印，水印可以是文字，也可以是LOGO；码课、码书功能，即幼儿在园内可以随时用平板电脑扫描二维码看到相关的电子书或视频、音频等。该系统提供实时异地备份功能，容灾性强，支持手机、平板电脑、个人电脑登录使用，只要用户身处内网，都可以直接使用系统。所有用户都可以使用系统内的资源库进行文件共享、定向分享到特定用户。资源库文件来源于档案系统或用户自主上传的电子文档。系统还支持自定义目录、文件排序，用户可自定义上传文档类型或引用系统档案文件要求；支持评估目录的复用和评估档案成册的导出。

从档案管理的历史来看，档案管理的发展是由非独立系统到独立系统、由简单管理到复杂管理、由经验管理到科学管理、由手工管理到计算机管理、由封闭系统到开放系统。信息技术在档案管理中的应用是必然的。幼儿园的档案管理工作只有使用先进的信息技术，才能从当前的困境中突围，解决迎评工作中档案资料准备的难题。

（四）全面兼顾、重点突出，准备有特色的自评报告

在发展性督导评估理念指引下，评估工作日益重视被评对象的自我评估。当前的教育评估项目基本都要求被评机构提交自评报告，在现场考查时，一般也要求受评方负责人进行自评情况的汇报。

幼儿园等级评估自评报告是指受评幼儿园对照评估方案及其具体要求，对本园相关情况进行自我评价而撰写的汇报性文书。自评报告对评估专家具有较强的提示与引导作用，有助于评估专家在短时间内了解幼儿园的基本情况，为后续的评估工作做好铺垫，体现了幼儿园在评估工作中的主动权。此外，在准备自评报告的过程中，幼儿园全面梳理评估的准备情况，有利于查漏补缺，将迎评工作做得更完善。因此，受评幼儿园应高度重视自评报告素材的收集与整理、文本的撰写和报告的呈现，用自评报告为评估工作的顺利开展奠定良好的基础。

为了完成一份有质量的自评报告，幼儿园可以成立一个写作小组。由一人主笔、统稿，多人分模块撰写各自平时负责的工作内容。小组成员经过多次讨论、修改，才能形成一份较为完善的自评报告。一般情况下，这个小组的成员都是幼儿园的管理者，统稿人多为园长。

1. 全面收集自评报告的基本素材，梳理文本应呈现的主要内容

自评报告的撰写人在动笔前，要熟知评估方案、评估指标的具体内容与要求，还要全面了解幼儿园的顶层设计、历史沿革、各方面工作情况、特色与成绩、存在问题与发展方向等内容，并收集相关的具体数据、实例、史实、图片、音像等佐证材料。这些材料的收集方式是多样的，需要团队合作，而不能仅依靠个人的力量。

申报等级评估的幼儿园，一般都有较长的办园历史，与评估相关的信息资料十分丰富。如何在庞杂的素材中梳理出符合评估要求的内容，并在有限的文本中呈现出来，需要经过团队集体讨论才能准确界定。

自评报告文本中需要呈现的内容应涵盖评估方案中涉及的一级指标、二级指标，根据这些指标，结合幼儿园的实际情况和写作框架确定报告的主体内容版块。一般而言，幼儿园等级评估自评报告中，成绩与经验部分基本上会包含幼儿园的办园条件、管理、团队建设、教育教学与课程、安全与卫生

保健、家长与社区工作情况、行业影响与示范性等。当然，如果在某些方面并没有突出的业绩，就不必填写，千万不能以虚假信息填充其中。如在县（市、区）一级幼儿园评估中，没有行业影响与示范性方面成绩的幼儿园是普遍存在的，因此这个部分不写是完全可以的。

2. 严格按照评估方的要求，撰写涵盖全面、重点突出的自评报告

成熟的评估项目往往对自评报告有一定要求，包括报告的文本结构、体例、篇幅、内容等。自评报告的撰写人要事先了解评估方对自评报告的基本要求，按照相应规定，撰写合格的报告文本。

广东省幼儿园等级评估中，不同等级初评和复评工作的组织机构不同，对自评报告的要求也不尽相同。这就要求受评幼儿园在申报不同等级评估或接受复评前，详细了解评估机构的相关要求，提交符合规范的自评报告。本节分享的实例就呈现了这种差异性。比如广州市教育评估中心要求省一级幼儿园复评的自评报告必须对上一次评估中专家提出的整改意见予以回应，说明整改方式以及整改效果，但佛山市人民政府教育督导室对此并无要求。

以广东省一级幼儿园初评的自评报告为例，幼儿园综合性评估项目的自评报告主要由标题和正文构成，全文以 8 000 字为宜，不超过 10 000 字，不少于 5 000 字。

标题由主标题和副标题构成。如"规范管理，凸显特色，走内涵发展之路——广州市天河实验幼儿园申报广东省一级幼儿园自评报告""以国际视野办优质名园——珠海容闳国际幼稚园申报广东省一级幼儿园自评报告""凝心聚力，固本强基，全力推动内涵式发展——民航广州幼儿园广东省一级幼儿园复评自评报告"。主标题是关键，要突出幼儿园的特色和亮点，对报告内容做到提纲挈领式的高度概括。主标题确定了，正文内容就要围绕这个标题来陈述主要做法和经验成绩，并验证标题。因此，主标题就像是画龙点睛之"龙眼"，是自评报告的聚焦点，需要反复斟酌，确保概括到位、表述精准。

自评报告的正文包括幼儿园概况、主要做法与成绩、存在问题与发展方向、自评情况等部分。"幼儿园概况"包括办园性质、历史变迁、园舍现状、当前规模、顶层设计、近三年的主要获奖情况以及荣誉等，要求简明扼要、高度概括、数据准确、层次清晰，一般在 800 字左右。"主要做法与成绩"是正文的主体部分，要求内容全面，涵盖幼儿园软硬件建设等各方面的工作情况，同时还要突出重点与亮点，不能为了面面俱到就泛泛而谈；行文逻辑要清晰，层次分明，不重复、不矛盾；小标题具有概括性，表述准确，尽量做到句式统一，但不能因追求形式上的工整而词不达意。"存在问题与发展方向"就幼儿园目前的主要问题和后续努力方向列举 2~3 条，一般表述为一个长句或一小段文字，前半部分说明问题表现，后半部分表明改进的路径；要求表述简洁凝练，问题提炼准确，改进方法可行。"自评情况"简述幼儿园的自评过程和自评结果。

3. 制作图文并茂、特色凸显的幻灯片，进行有吸引力的现场汇报

综合性评估一般会在现场考查的第一个环节安排自评报告会。该会议的主要内容就是由受评方负责人代表幼儿园进行自评情况的汇报。

广东省幼儿园等级评估自评报告时长控制在半小时左右。汇报内容主要来源于自评报告文本，但不能照本宣科，而是要将文本中最有代表性的内容精选出来，辅以图片、音像资料制作成幻灯片（以下称为"PPT"）。汇报人在播放 PPT 的同时熟练自如地介绍报告的主要内容，必要时可播放简短的录音、录像予以佐证。

有吸引力的自评报告会让评估专家有良好的第一印象。因此，自评报告文本确定后，制作一份内容适宜、图文并茂、画面精美、功能先进、有幼儿园文化特色的 PPT 显得非常重要。

自评报告的汇报一般由园长进行，汇报时最好能自己操作电脑讲述；如果不能独立完成，可以让他人协助操作电脑，但汇报人和操作者应提前演练，达到页面操作和讲述进度高度匹配、无缝衔接的熟练程度。事实上，汇报人只有对自评报告和 PPT 内容了如指掌，才可能以演讲的方式进行简洁流畅、清晰自然、重点突出、特色鲜明的汇报，给评估专家留下深刻印象。此外，汇报人也要注意个人形象的职业性，做到衣着得体、举止大方、语速适中、神情自若，尽量使现场汇报在轻松愉快、赏心悦目的环境下成为专家了解幼儿园基本情况的一块"敲门砖"。

（五）以方便专家工作为原则，做好简朴的评估接待

评估的现场考查环节涉及专家接待。接待原则是从简、从俭，便于开展工作。

一般而言，项目评估组织方对接待工作有相应的纪律要求和规范，受评幼儿园应严格遵照执行。如广东省教育评估协会对接受省一级评估的幼儿园提出："反对铺张浪费和形式主义，所有受评幼儿园不搞迎送仪式，评估期间不能影响幼儿园正常的保教秩序。评估期间，专家组不得接受任何影响公务的宴请。受评幼儿园不得安排与评估无关的活动，不得组织专家旅游或到营业性娱乐场所活动，专家组人员不得提出此类活动的要求。受评幼儿园不得以任何形式给专家赠送礼品、礼金，参评专家不得索取、收受此类礼品、礼金、有价证券等。评估结束后，专家评审劳务费由协会统一支付，受评幼儿园不得额外再行支付，参评专家不得额外收取。""评估专家劳务费由协会通过银行划拨到账方式付给评估、评审专家。现场评估餐费和市内交通费按照规定标准划拨给受评幼儿园统一安排，并要求幼儿园严格照此标准不得超标；按照 7 名评估专家、1 名评估小组秘书计，每所学校划拨经费，该经费由协会通过银行划拨到账。现场评估期间的住宿费按省内差旅住宿费标准执行，受评单位协助协会安排评估专家入住酒店，住宿费用由协会直接与酒店结付。评估专家在广州集中培训、前往受评单位、返回所在单位的市间交通费用，按省财政厅有关差旅费开支标准凭正式票据，在协会报销。"

在经费开支允许的范围内，幼儿园可以协助安排专家入住安静、干净、就近、能上网的酒店。组长的房间需要大一些，以便召集成员开会，但总费用不能超出住宿标准；用餐在幼儿园以工作餐的方式解决，且不超出用餐标准。

评估期间，园方应保持手机畅通，以便随时联系。评估小组评前工作会议结束后，园方要主动了解评估人员分工，安排幼儿园相应工作岗位的人员与评估人员对接；将家长名册提供给相应评估人员，选出次日参加家长座谈会的家长。小反馈会以提问与改进建议为主，受评幼儿园要做好思想准备，做好记录，在评估人员全部讲完后可以对不准确的意见进行解释，也可以就专业问题提出讨论，但应避免辩解与争论。此外，要提前落实自评报告会、社区代表座谈会、小反馈会、评估意见反馈会等会议的参会人员和会议地点。

评前准备的迎评资料主要包括自评报告、自评分及打分说明、指标对应的资料或档案目录、幼儿一日活动安排、评估工作日程安排、教职工花名册等，确保评估人员人手一份。

在评估接待方面，受评方应真实展现幼儿园的整体面貌，不虚张声势，不弄虚作假，不刻意为接待评估改变日常工作。应追求评估工作的简朴、便利，避免烦琐、铺张。严禁一切违纪违规的接待行为，严禁追求接待上的精细而浪费人力物力。评前不要请专家进行公关性视导。

在当下，评估工作既是教育行政部门对幼儿园实施的一种管理手段，更是幼儿园实现专业发展的一种路径。诚如广州市某省一级幼儿园园长所说："经历了这次的评估工作，我园各项工作前进了一大步，整体水平再上了一个新台阶。我们真切地体会到评与不评确实大不一样。专家的引领和指导，使我园的办学思路更加清晰，办学条件显著改善，管理得到进一步的规范和加强。可见，评估确实是一个机遇，只要扎扎实实地做好了，就能促进幼儿园的整体水平迈上一个新台阶。而且，迎评工作还是一项能锻炼队伍、凝聚人心的工程。"

 **实例分享6**

规范管理，凸显特色，走内涵发展之路

——广州市天河实验幼儿园申报广东省一级幼儿园自评报告

一、幼儿园概况

广州市天河实验幼儿园是广州市天河区教育局所属的全日制公办幼儿园，原名石牌幼儿园，创建于1952年。幼儿园在天河区委、区政府的关怀和区教育局的高度重视与支持下，于2005年更名并迁至黄埔大道中华翠街66号，2006年与位于华翠街11号的原天河区教师进修学校附属第二幼儿园合并，形成现有规模。园舍分为小托班部和大中班部，共11个班（幼儿班9个，托班2个），有346名幼儿，教职工66人，师幼比为1:5.2；占地面积2 880平方米，建筑面积3 210平方米，户外场地占地面积2 011平方米，绿化覆盖率达100%。

幼儿园紧邻天河公园，空气清新、日照充分；园舍布局合理，场地独立、完整，建筑造型和室内设计符合幼儿年龄特点；幼儿活动空间宽敞，各类游戏场所功能清晰，能较好地满足教育所需。幼儿园按照广东省一级幼儿园标准配备了玩教具、电教器材、图书、劳动工具、桌椅书架、体育器材、医疗保健器械和药品；每班配有电脑、钢琴、数码相机、电视机、实物投影仪等。

全园教职工66人：正、副园长共3人，保教主任、后勤主任、行政助理（兼报账员）、教研组长、后勤组长各1人，专任教师26人，保育员11人，保健医生和保健员各1人，厨工5人，其他人员14人。各岗位人员均持证上岗。大专以上学历27人，占教师人数（含中层干部）的87%。现有中学高级教师1人，幼儿园高级教师13人。

我园坚持"促进幼儿身心全面和谐发展"的保教目标，认真贯彻《幼儿园教育指导纲要（试行）》《广东省幼儿园教育指南（试行）》，积极开展保育保健、教育教学研究，深入开展园本培训与教科研，在校园文化建设、

家庭教育、环境教育、传统文化教育等方面初显成效。我园在广东省学前教育协会立项的课题"传统文化与民俗在幼儿园的实践"现已完成阶段性研究；2008 年向中央教科所"中国奥尔夫音乐教育实践研究课题组"申报的"通过奥尔夫音乐教育提高幼儿音乐素养"子课题，正处于结题阶段；2009 年两位骨干教师申报了区级小课题，现在即将结题；2010 年我园园长向广州市教育局教研室成功申报"构建社区家长学校亲子教育课程，提高幼儿入托适应性"的特邀教研员课题，现正处于第一阶段的研究中。

2008 年 11 月，我园通过广州市绿色幼儿园的评估，同时被评为"广州市学校民主管理工作三星级单位"；2009 年 6 月被评为"天河区好园所"；2010 年 1 月通过广州市一级幼儿园的评估。我园还是天河区《幼儿园教育指导纲要（试行)》试点园、教研片片长园、天河区学前教育协会会长单位、广州市低龄幼儿教育环境创设试点园。

在各级领导的关怀、指导下，幼儿园秉承半个多世纪的优良传统和丰富经验，认真贯彻、落实《幼儿园管理条例》《幼儿园工作规程》，信守"让爱与智慧的光辉沐浴着每个孩子"的办园宗旨，积极营造"诚挚、尚美、尊重、向上"的园风，一如既往地开拓、进取，努力建设成具有示范性的学前教育专业机构。

二、主要做法与成绩

（一）整体规划，系统设计，营造美好的校园文化

1. 专业的视觉形象识别系统为建设和谐校园奠定了基础

我园委托广东工业大学工艺美术系的教授及其专业团队，根据我园的历史传统、章程、办园特色、社区环境等综合因素，历经半年设计了全套幼儿园视觉形象识别系统（VIS），并编印成册。这套系统将幼儿园的办园理念、文化内涵及精神，通过物化形态传递给社会大众，突出了幼儿园的个性，塑造了幼儿园的形象。这套系统已经成为我园品牌建设不可缺少的组成部分，也是一套现代管理规范，为我园的科学化、标准化管理提供了有力的保证，为和谐的校园文化建设提供了系统的审美支撑。

2. 加大经费投入，加强硬件建设，初步形成了优美的校园环境

三年来，我园按照《广东省幼儿园督导评估方案》标准，根据幼儿生活与学习所需、教职工工作所需，争取财政支持，有计划地进行园舍改造、设备购置与更新，投放了大批玩具、图书、教学具、乐器、生活设施等，投入资金累计达 298 万元。先后改建并装修了活动室、厨房、幼儿厕所、楼道、

天台、音乐室、围墙、门厅、图书室、美术室、阅览室、体育游戏室、档案室、办公室、会议室等，并为两个厨房安装了煤气管道，配备了合格的消防设施，重新铺装外墙与地面等，完成了规划中硬件建设的大部分工作。

近三年来，我园在大门改造、建筑外墙铺装、绿化、校园景观制作、功能室装修、设备购置等方面，尽量以专业的视觉形象识别系统为设计依据，统一风格，初步形成了和谐的、具有经典美感的校园环境。

3. 重视教育环境的创设，体现隐性课程的价值

在硬件建设的同时，我园高度重视教育环境的创设，以发挥环境的渗透性教育功能。以《广东省幼儿园教育指南（试行）》为行动纲领，在园本培训中系统学习了"幼儿园教育环境的创设"，分批安排教师参加了天河区教师进修学校和天河区学前教育协会组织的相关培训，选派教师到不同幼儿园观摩学习，在园内也多次组织园本教研活动；聘请了广州市幼儿美术教研会理事为幼儿园业务副园长，指导教师创设适宜的教育环境；从管理角度拟定了相应的制度，使教育环境体现出隐性课程的价值。

美术专科教师根据园区的保教工作计划、预设课程方案等对公共环境进行布置，并定期更换，营造氛围；班室根据主题活动进展和班级常规管理的需要布置墙面、调整空间，并投放大量不同的玩具、教学具，以及利用废旧物自制的材料和从公园捡回来的自然物等。在这种视觉环境的创设中，我们尽量做到让幼儿成为主动的参与者，教师形同编辑，将幼儿作品进行简单加工、排版，创设出充满童趣、让幼儿感到自豪的有着原始美感的空间环境。

从优化幼儿全天生活出发，每天在晨间活动、早餐及餐后自选活动、下午起床和户外活动、大班和中班的大区域自选活动等环节，都由园区统一播放相应的音乐、儿童歌曲或童谣等作为活动的背景乐，既能作为活动信号，又能活跃气氛，还能让幼儿在不知不觉中感受不同风格的音乐。班级则根据需要在午餐时、午睡前，操作活动、环节过渡时，播放相关乐曲、故事、诗歌等，将幼儿对歌曲旋律、故事内容、诗歌初步了解的目标渗透其中，使幼儿学得自然、轻松，同时也渲染了愉悦的氛围。

4. 营造宽松、愉快的氛围，确保幼儿健康成长所需的精神环境

我园重视各个岗位工作人员的职业道德建设，倡导"博爱、乐业、合作、创新"的教风，敬业爱幼，为人师表，营造安全、温馨的心理环境，建立以爱为核心的情感氛围和校园文化。我园开展过"微笑在校园""党风廉政进校园"等活动，大家一致认同"让爱与智慧的光辉沐浴着每个孩子"，并身体力行。

从优化幼儿全天生活出发，我园安排了更多的自选活动、自由活动。如

每天混班晨运、早餐后班级区域自选活动、大班和中班每周三个下午的混龄大区域自选活动等，都让幼儿兴奋不已、全情投入，在活动中自主学习。

我园结合传统文化的课题研究，选择有意义的传统节日、纪念日开展丰富多彩的园区活动，让幼儿时常沉浸在节日的欢乐中。后勤人员提供的应节食物和周一特色餐对幼儿也具有很大的吸引力。

全体教职工无论在哪个岗位，见到幼儿都会主动问候。我园还从制度上规定了幼儿一天不回园，班主任要电话访问，幼儿生病较长时间或住院，班主任要上门探望，让幼儿感受到幼儿园的关爱。

5. 关爱教职工，建立快乐的教职工队伍

为了提高教职工的幸福感、增强队伍的团体认同感，使他们带着愉悦的心情投入工作，将快乐和幸福传递给幼儿，我园想方设法为教职工营造关爱、信任的工作环境，认可教职工的潜质和努力，提供公平的事业发展和专业成长机会，组织大量团队活动，并尽最大努力提高教职工的福利待遇。

我园对教职工实施以奖励为主的管理措施，拟定了多项奖励制度。其中每年教师节前全体教职工着正装参加、现场揭晓的年度单项奖颁奖典礼，已经成为我园激动人心的盛事。教职工个人根据当年设置的奖项及评比条件，撰写不少于 2 000 字（后勤人员 1 500 字）的申请报告，于 8 月 1 日前投放在电子公示栏，如群众无异议，即成为候选人，由评委于 8 月 30 日前评出获奖人员。于教师节前举行颁奖典礼，颁发荣誉证书和奖金，个人发表获奖感言；申报材料作为专项总结供同事学习，其中业绩突出者进行专题报告或经验介绍；每次设置 10～20 个奖项，每年的奖项可以有所不同，同一人可以申报多项；奖项可由教职工或业务主管提议，经园务委员会审核确定。该典礼已经举行两届，每次都有获奖者流下激动的眼泪，发表感人肺腑的获奖感言。这一活动充分体现了教职工自我评价的重要意义，也集中反映了我园的校园文化精神：诚挚、尚美、尊重、向上。

每学期，我园工会都会安排多次形式各异的教职工活动，如团队训练、登山比赛、养生疗养、旅游、"爱心教工"大义卖、团拜、聚餐、卡拉 OK、健身运动以及参加天河区合唱节比赛等，既丰富了教职工的娱乐生活，开拓了教职工的视野，又对幼儿园建设和谐的精神环境起到积极作用。

为了使优秀教职工安居乐业，我园在保教费多年未上调、人员经费日渐紧缺的情况下，通过多种渠道筹措资金，做到年年上调教职工的福利待遇，尽量缩小外聘人员与在编教职工的收入差距。

（二）研训结合，以点带面，建设专业的师资队伍

我园是天河区最早正规、系统地进行园本培训的幼儿园之一，也是天河区园本培训的实验基地。目前我园的培训形式既有园内组织的集中培训，也有选送教职工代表外出参加其他部门、机构、社团组织的培训，还有与日常工作结合起来的研训一体化式培训。每学期我园都拟定整体培训计划，向天河区教师进修学校申报园本培训实验基地，经过审核批准后在教师进修学校相关工作人员的指导下开展工作。

1. 开展集中培训，积累专业知识

根据教职工的现状和幼儿园的工作需要有计划地集中进行专业培训，是每学期队伍建设必不可少的环节。培训内容涉及职业道德、教学技巧、教育方法、观念更新、课例观摩等，形式有讲座、讨论、辩论、看录像、经验介绍等，主持或主讲人员以我园业务主管领导、中层管理人员和骨干教师为主，兼有外聘专家。学期中，我们也会根据需要结合相关内容安排培训。每次培训结束，教师们都要写心得体会，业务主管将其中优秀的反思张贴出来，供大家交流。三年来，教师集中培训过的内容有幼儿进餐指导、有效家访、教育小技巧、丰富多彩的晨间运动、奥尔夫音乐教育法、环境教育与保护、校园安全防范、幼儿园安全教育、防火与消防技能、传统文化在幼儿园的实施、特殊孩子的教育、评估方案解读、苏霍姆林斯基教育、教师的行为对幼儿的影响、如何保证幼儿吃好、幼儿绘本阅读指导、教育环境的创设、华德福教育、幼儿安全法律知识、幼儿保健等。后勤组的培训内容有食品从业人员卫生培训、《学校食堂与学生集体用餐卫生管理规定》等文件和烹调技能。组织观看的录像有《幼儿园》《蒙台梭利幼儿园》《看上去很美》《广州市优秀共产党员先进事迹报告会》《幼儿园优秀课例选》等，管理人员还观看了 MBA 课程录像。这些分层次、分岗位的培训使幼儿园积累的经验得到传承，提高了教职工的专业水平，帮助他们解决了岗位工作中的实际问题。

2. 坚持研训一体化，在工作中学习、成长

在园本培训中，我园坚持"教研与培训相结合"，在工作中发现问题，在教研与培训中解决问题。事实上，每一次教研都能澄清一些疑惑或提出解决问题的具体办法，使个人有所获益。比如 2008 年我园引进了幼儿创意学习课程和奥尔夫音乐教学，大部分教师对于教材的灵活使用存在诸多困惑，于是我园组织了系列教研与培训活动，总结出基本做法，很好地解决了教师们的疑难问题。我园保教主任撰写的案例"如何灵活运用教材"被广州市幼教教研员选为广州市幼儿园开展园本教研的优秀案例，并带到广东省专业研讨会上进行交流，获得一致好评。

3．支持外出学习，开阔眼界，激发灵感

每学期我园都会分批安排教职工外出学习。三年来，我园先后安排2人到韩国考察首尔、济州岛的名幼儿园，1人到南宁市参加第五届幼儿音乐教育研讨会，2人分别到武汉市、江西省考察当地教育情况，2人到长沙市参加早期教育研讨会，2人到深圳市参加后勤工作研讨会，4人到杭州市、上海市考察当地幼儿教育情况，15人到长沙市参加第六届幼儿音乐教育研讨会，1人到香港参加园长培训，15人次到顺德区、珠海市、深圳市观摩当地省级幼儿园等。我园还组织教师积极参加广东省学前教育协会、天河区学前教育协会、广州市和天河区教研室组织的讲座、培训班、教研和教学观摩活动等。教师人均每学年外出参观学习近10次，每次外出学习回来，都要进行不同形式的汇报、交流，做到学以致用。

经过多年的园本培训，我园逐渐建立起有一定专业水准的教职工队伍，其中"广东省南粤优秀幼儿教师"2人，"百千万人才工程区级名校长培养对象"2人，市级骨干教师1人，市级特邀教研员1人，区级骨干教师1人。三年来，我园先后有1人被评为"广州市优秀教师"，2人被天河区政府嘉奖，1人被评为"天河区优秀教师"，2人被评为"天河区好园丁"，1人被评为"天河区优秀片长"，1人被评为"天河区教育系统师德师风建设活动先进个人"，1人被评为"关心下一代先进个人"，1人被评为"广州市创建绿色学校先进个人"；共有20人次在省、市、区级专业竞技比赛中获奖。幼儿园面向香港和广州市幼教同行进行过近30人次的公开示范活动和经验介绍。

（三）科研领先，常规紧跟，开展有特色的保教工作

我园一直高度重视立足于幼儿园现状而开展的科研工作，力图以科研为先导，以科研为基石，办出特色。我园不但延续前几年研究出的创造性语言教育成果，而且进一步探讨符合我园实际情况的课程，形成了现在以"幼儿创意学习课程"为主要框架（涉及各领域），内含奥尔夫音乐教学、传统文化教育、环境教育等特色内容的课程。其中"幼儿创意学习课程"和奥尔夫音乐教学有固定的教材和资源库，另两项则以园本课程的方式融入其中。课程目标以主题为线索，通过集体活动、分组或小组学习、区域或个别活动、家庭教育等形式落实。

1．立足幼儿的年龄特点，开展适宜的传统文化教育

基于幼儿特有的认知规律，我园选择了较为贴近幼儿生活、易于他们理解和接受的优秀民间文化作为研究的内容，主要包含蒙学经典作品、民间儿童游戏和传统节日三大部分。

（1）渗透式经典教育，重在感知。根据幼儿的年龄特点，我园选取的蒙学经典作品有《千家诗》《唐诗三百首》等，以及一些中国经典音乐、美术作品，开展以听赏为主要形式的渗透性经典教育。蒙学作品的听赏形式又分为三种：第一种是整体听赏，听赏内容为录音机播放的原文诵读，由专业人员诵读并配有优美的民族音乐，主要是为了让幼儿感知标准的普通话语言和领悟其中蕴含的民族文化；第二种是分段听赏，由班上教师诵读其中的部分内容，加深幼儿的印象；第三种是听赏相关内容的讲解，由教师讲述与蒙学读物内容有关的故事，解释其中的意思或蕴含的道理，加深幼儿对听赏内容的理解。这几种听赏一般安排在幼儿午餐前、后和午睡前、后。此外，每周一的升旗仪式上也安排了古诗欣赏和诵读环节。

音乐和美术方面的欣赏活动主要渗透在一日生活和环境中，使幼儿对这些传统文化产生"印刻"现象。我园每天定时播放不同民族、不同乐器、不同作者的经典音乐，如早晨入园、早餐后的自选活动、下午的混龄自选活动这些时段，不刻意要求幼儿坐下来听，而是以音乐作为背景，让幼儿做自己喜欢做的事情，在潜移默化中加深对音乐的记忆，提高感受乐曲的能力。每学期换两组音乐，每组音乐含有30多首乐曲。这样幼儿在幼儿园学习、生活三年，就可以听赏300多首乐曲。我园还选择了国画等图片陈列于幼儿园的公共环境，让幼儿在一日生活中可以随时看到。图片每两个月更换1次，每次陈列多幅，幼儿每年可以欣赏几十幅带有中国传统风格或元素的美术作品。

（2）收集、改编民间游戏，丰富游戏内容。我园首先发动教职工和广大家长，通过多种渠道帮助班级搜集民间游戏；同时让幼儿也加入，回家向爸爸妈妈学习他们小时候玩过的游戏，带到幼儿园，教给班上的小朋友，大家一起玩。其次，班级将收集到的游戏进行初步整理后交到课题组，进一步选择和修改；在运用中注意总结、反思与交流，并进行必要的改编或创新。现在大、中班每天的户外活动都有传统游戏，在大区域自选活动中还设置了一个传统游戏区域。

（3）以中国传统节日为载体开展生动的主题活动。我园根据幼儿在园时间的实际情况，确定可利用的节日主要是春节、元宵节、清明节、端午节、中秋节、重阳节等。园区业务主管在节日来临前半个月就搜集相关资料放置在教师办公室，提醒主班教师设计相关主题计划；节日前一周美术专科教师要布置相关的公共环境，为整个园区营造节日的氛围；各班在节日前后一段时间内进行相应的主题活动；节日当天厨房安排一次应节食物，园区根据需要组织全体师生甚至家长参与的大型节庆活动。如清明节期间组织亲子到烈士陵园扫墓、踏青；中秋节开展亲子灯谜会、亲子灯笼制作比赛；重阳节邀请退休教师、社区老人、爷爷奶奶观看小朋友们的敬老表演活动，赠送自制小礼物或亲子登高秋游等活动。丰富多彩的节日活动让幼儿感受到传统文化的存在。

2. 立足托幼园所，开展3岁左右儿童的科学教养

（1）面向小班、托班新生开办暑假亲子班。我园开办的针对新生入托适应的暑假亲子班，受到家长、教师、孩子们的欢迎。在亲子班，家长通过陪同孩子游戏和参加专家讲座，进一步了解我园的教育观念，尽可能树立科学的育儿观，与幼儿园教育协调统一，促使家园教育同步，使幼儿的成长具有最优化、最和谐的环境；同时，幼儿在1～3周的亲子游戏中，熟悉了幼儿园环境，接触了同伴，入托时能大幅度降低分离焦虑。参加亲子班已经成为我园幼儿从家庭散居状态向幼儿园集体生活过渡的有利形式，也是家园沟通的一种有效途径。

（2）面向即将入托的幼儿开办社区家长学校亲子班。2009年我园受天园街委托，与专业机构合作开办了社区家长学校亲子班，为社区提供优质的早期教育和专业的家庭教育指导。亲子班采用现代育儿的科学理念设计课程：通过专家系统讲座和咨询传授早期教育的科学知识和方法，内容包括婴幼儿心理发展和教育、动作发展与训练、语言发展与训练、游戏与玩具、生活能力和行为习惯的培养、膳食营养与健康等；按月龄特点设计，由合格育婴师指导、组织的亲子游戏，让家长在与孩子活动的过程中，掌握游戏要领、教育意义以及在家庭中运用的变通方法，帮助家长切身领会家庭教育是"生活中的教育""父母即教师"；亲子游戏前后各半小时的户外自由活动，提供了家长育儿心得交流、师生交流、婴幼儿交往的机会。

（3）面向3岁左右的幼儿开办半日制托班。为了幼儿的身心健康，我们经过多年的观察与研究，结合国际上大多数国家、地区幼儿园的做法，率先在幼儿园为社区3岁左右的幼儿开设了半日制托班。几年的尝试取得了非常好的效果：保证了幼儿既有半日在园的丰富的集体活动，又有半日在家的自由的个体生活；幼儿不易生病，出勤率明显高于同期的全日制小班。因此，我园一直坚持为社区低龄幼儿开设半日班。半日班是继亲子教育后的又一种早期教育形式，为幼儿进入全日班提供了更有利的过渡方式。

目前，社区家长学校亲子班、半日班、全日班构成了我园具有创意的阶梯入托模式，也是我园保教工作的一项特色。

（四）改革创新，优势互补，实现高效的资源共享

将教育延伸到围墙之外，与社区、家庭相互取长补短、资源共享，是我

园致力研究并颇有成效的一个方面。

1. 建立友好家庭，拓展亲子社会交往范围和业余生活

除了常规家园联系工作之外，我园创造性地开展了友好家庭活动，深受好评。每学年开学初，班主任在第一次家长会上，根据家长的意愿、家庭住址、幼儿性别和个性，将5～10个家庭组成一个友好家庭小组，选出热心、有能力的家长作为组长，由组长在节假日组织几个家庭的亲子进行有意义的群体性活动。家长们充分利用个人的资源，开展了各种各样、生动有效的小组实践活动，弥补了幼儿园集体生活的不足，也给家长们提供了一个客观了解孩子、交流育儿经验的机会，丰富了独生子女的家庭生活，拓展了家长和孩子的社会交往范围。

2. 改善家长学校，帮助家长建构育儿知识体系

我园结合社区家长学校的开办，将过去散点式的家长培训改为系统的家庭教育课程。每学期聘请一位专家就某个方面的教养问题开设六次专业讲座，每次授课两小时、咨询半小时。这些课程都安排在双休日，家长自愿参加。目前已聘请了蔡伟忠博士讲授育儿技巧、袁爱玲教授讲授早期智力开发、郑福明博士讲授家庭教育、李麦浪副研究员讲授早期教育、马烈辉副主任医师讲授幼儿身体发育与疾病防治等系列。

面向新生家长，我园设计与安排了有针对性的系列讲座和新生家长会，例如如何为幼儿选择适宜的幼儿园、如何提高幼儿入托适应性、如何降低幼儿的入托分离焦虑、天河实验幼儿园办学情况介绍、幼儿伤害事故处理的法律常识、幼儿园后勤管理须知、家园联系制度与方法等。针对大班家长，我园每年都会安排至少两次关于提高幼儿入学适应能力的讲座、会议或咨询活动。

3. 挖掘公园价值，组织有效的教育活动

我园十分重视充分利用天河公园这块有着丰富内涵的教育资源，安排各班组人员分别到公园不同方位查看地形，了解植物种类、安全情况、设施分布情况等，拍好照片，回来后集中交流，介绍本小组观察的情况，并讲解自己对此地块资源运用的初步设想。我们要求每班一周至少到天河公园进行一次活动。经过多年的尝试，我园已形成了相关的公园活动制度，如幼儿园为所有教师购买天河公园年卡，教师根据教学所需，向园区业务主管申请登记后，就可带领幼儿到公园里开展活动。天河公园不但解决了我园户外场地不充足的困难，更重要的是其丰富多样的自然资源和人文资源为我们的教育提供了生动的"教具"：幼儿在宽阔的草地上奔跑，在竹林里嬉戏，在山坡拾级而上，在广场上写生，在草丛里试探含羞草、吹蒲公英，在民族英雄邓世

昌衣冠冢祭奠，在粤晖园感受岭南园林……

天河公园不但成为我园各班常规性活动场地，而且在节日时成为两个园区和分园进行大型亲子活动的首选之地。如 2011 年元旦，我园在天河公园11 个点利用场地已有资源设计传统游戏，开展了趣味盎然、民风浓郁的"迎新年亲子游园活动"，深受幼儿喜爱，也获得家长和社区人员的高度评价。天河公园已经成为我园不可或缺的教育资源。

4. 珍惜社区资源，提供真实的学习环境

我园周边的社区资源种类繁多，为顺利开展主题性活动提供了有利条件。教师们带领幼儿到员村消防教育基地接受安全教育、实地演习；到小学去参观，了解小学生活，为升学做准备；到菜市场认识蔬菜、水果等食物；到超市认识日用品，学习分类、购物、合作、整理；到餐厅了解服务员、顾客的角色分工；到理发店观察理发程序；等等。这些利用社区资源开展的实践活动为幼儿开展角色游戏、结构游戏提供了直接的生活经验，也为他们学习知识、锻炼能力提供了直观环境。

（五）规范管理，突出细节，落实标准化后勤服务

作为一所公办幼儿园，我们在后勤管理上严格执行各级行政与业务主管部门的文件和会议精神，做到照章办事、规范管理。

1. 探讨适宜的后勤管理模式

幼儿园的后勤工作繁杂而忙碌，每一项都需要用心去做好做细。我园不断尝试、调整，力争有计划、有步骤地开展后勤管理工作。制定了后勤管理工作指引，实行后勤管理人员工作责任制，设置了后勤管理工作完成情况登记表，确保责任到人，并通过组织相关的管理理论学习，探讨后勤管理的有效途径。通过后勤公告栏、短信通知、公共邮箱公示等让全园教职工了解后勤工作的要求、内容，从而提高后勤工作的实效。同时，通过开展后勤工作意见调查使后勤工作人员充分认识到后勤工作的重要性，树立起明确的服务意识。

2. 落实严谨的采购制度

我园严格按照天河区教育局物资采购及零星工程的管理要求完成各项工作，落实标准化的管理。成立物资采购小组，每学期根据上级批复的年度预算计划及幼儿园的工作计划，经过园务委员会及采购小组讨论，严格按照《天河区教育系统物质统一采购工作的意见》要求，落实准入商采购制，货比三家，及时备案、采购，确保幼儿园各项工作的顺利开展。

3. 规范财物管理流程

我园首先组织教职工学习幼儿园财物管理的制度、流程，明确幼儿园财物领用、购买、报销、保管的要求及责任。编制了物品领用、购买登记表，以便于检查各种物品的使用情况。根据"五常法"的理念，指导教职工规范物品管理的方法，如合理利用层柜摆放、所有物品有名有家、班室物品无杂物等。现在我园财物管理的流程已形成，财物管理工作进一步规范。

4. 倡导节能减排的行为

我园抓住创建绿色幼儿园的契机，引导全体教职工从身边的小事做起，把节能、节水、节材视为自觉的习惯性行动。设置了环保纸、废旧物品回收点，拟定了"剩余食物处理办法"，制定了节能减排实施方案，还通过开展征集节能小窍门、评选节能减排先进班组等活动，及时引导大家注重反思个人在日常工作中的细节，在保证常规工作、保障幼儿身体健康的同时，将节能减排有效贯彻到各项工作中。

（六）教育在先，预防为主，确保师生的安全与健康

我园通过拟定详尽的制度、组织形式多样的活动，帮助教职工树立把师生安全和健康放在首位的意识，并时时、事事、处处落实。

1. 坚决执行"安全第一，预防为主"

我园坚持有计划、有组织地开展多种形式的安全教育，提高师生的安全意识、安全防范技能。如结合每学期的消防安全周活动，利用光碟、宣传栏等形式，全方位宣传安全工作；各班把安全教育目标纳入主题活动和周工作计划中，每月至少开展一次安全教育活动。每学年组织幼儿进行消防演习、地震逃生演习等，让幼儿学会如何在灾害中自救。在日常工作中，注意加大宣传与检查力度，强化教职工安全保卫意识，确保安全工作顺利进行。同时，我们还通过对家长开设专题讲座、发公开信、开会、组织家长安全管理义工队等，加强家长的安全防范与教育意识，与幼儿园保持一致，共同维护幼儿的安全。多年来，我园未出现任何重大安全事故。

2. 群策群力，保证幼儿吃好，增强体质

我园采用了广州市妇幼保健院推荐的营养计算软件，每周先计算好幼儿的营养量，再制定出食谱，保证四周不重样，不断地完善幼儿食谱的制定工作。我们设置了幼儿食谱调查表，由分餐教师对当天食品的味道、幼儿各餐的进食量、幼儿对食谱的喜好程度进行记录反馈，以便医生及时调整食谱。同时，为了提高幼儿膳食的质量，我们每月召开膳食委员会会议，听取班级与家长对膳食工作的意见，群策群力，科学制定幼儿营养食谱，尽全力做到膳食搭配合理、品种多样、花样新颖、营养均衡。每月一次的自助餐、包饺子等特色餐更是幼儿津津乐道的活动。2010 学年，园务委员会将"让孩子们吃得更好"作为全园高度重视的工作之一，希望通过后勤服务、班级教育、家庭配合，进一步增强幼儿体质。

3. 加强宣传，全方位配合，确保疾病防控的效果

保健人员将在日常巡查工作中发现的问题以及季节性流行疾病的有关知识，通过张贴小提示、宣传栏公告、制定幼儿园预防流行性传染病紧急预案等途径提醒大家做好预防工作，确保幼儿的健康。我园还根据园区幼儿的不同年龄段及日常工作中家长的疑问开展保健工作宣传。如穗东园区为小托班部，开学时新生家长多，我们便向家长宣传新生的入园制度、幼儿园的常规保健工作、幼儿园的营养膳食情况；又如根据秋季多发疾病的特点，提醒家长做好秋季腹泻的预防与护理；根据家长对孩子心理问题的关注，引导家长保持孩子的心理健康等。我园还定期向教师开展心理健康宣传，让教师了解心理减压的方法及调整自身心理状态的方法，以便更好地投入到工作中。

三、存在问题与发展方向

（一）进一步加强校园文化建设，创建品牌幼儿园

完成视觉形象识别系统（VIS）中应用部分的实物制作，并以此为依据对仙湖园区进行园林式环境改造，使幼儿园成为师生共同的乐园。

（二）进一步加强园本培训和教科研工作

努力建设一支高素质、高水平的教职工队伍，把我园建设成具有示范性的专业的学前教育机构。

四、自评情况

对照《广东省幼儿园督导评估方案》进行打分，我园自评分情况如下：26 项必达要素全部达到 A 级以上；自评办园条件 135 分，占其分值的 90%；管理与效益 335 分，占其分值的 96%；加分 7.5 分；合计 475.5 分，占总分值的 95.5%。

我们认为广州市天河实验幼儿园已具备广东省一级幼儿园的办园条件和办学水平，特此申报广东省一级幼儿园的评估，请批准。

实例分享 7

以国际视野办优质名园

——珠海容闳国际幼稚园申报广东省一级幼儿园自评报告

一、幼儿园概况

珠海容闳国际幼稚园（以下简称"幼稚园"）创办于 2008 年 8 月，由珠海华发实业股份有限公司投资创建，现隶属于珠海华发教育产业投资控股有限公司。幼稚园融中西方教育之精髓，主张"给孩子一个快乐童年"的教育理念，营造"民主、平等、开放、自由"的教育生态环境，倡导"关注个体、尊重差异、培养性格"，致力于成就容闳宝宝三大特质——"健康快乐、富有创意、国际视野"，让孩子的笑声传得更远，让孩子的思维变得奇妙，让孩子的视野越过国界。

幼稚园位于珠海市香洲区世华路一号，占地面积 25 000 平方米，建筑面积 16 000 平方米，园林及户外活动场地 12 000 平方米。建筑高贵典雅，户外生态自然，室内设施完备，有专为幼儿设计的足球运动场、篮球场、轮滑场、大沙池，有充满无限创意的芝麻街、恒温游泳馆、陶艺堡、森林木屋、创意美术室、格林书屋、感知觉体能室、体验式 DIY 餐厅……幼儿在充满新奇趣味的环境里游戏、探索、发现，快乐成长。

幼稚园拥有一支面向国内外招聘的高素质中外籍教师队伍。现有教职工 172 人，其中专任教师 100 人，均为大专以上学历，达标率 100%。其中博士学历 1 名、硕士学历 9 名、本科学历 84 名，占 84%；男教师 24 人，占 24%。现开设有 30 个班，在园幼儿 707 名。

二、主要做法与成绩

自办园以来，我园以"给孩子一个快乐童年"为理念，建立了创新管理、专业人才、AH-HA 课程、家园共育、安全保障、后勤服务六大体系。主要做法包括以下几方面。

（一）创新管理体系，激活幼儿园发展的原动力

1. 明确办园定位，国际化教育长远规划

随着经济社会的快速发展，人们对优质教育的需求越来越高。人们期望珠海不仅适宜创业、居住，还能为他们的子女提供与国际接轨的高质量学前教育。顺应人们对学前教育多元化的需求，秉承容闳先生开创的国际化教育事业，我园以超前的思维、大胆的构想、大手笔的投入，确立了大规模、高起点、高层次、高品质、国际化的办园定位和发展目标。

我园坚持以国际化理念、现代化手段、本土化管理为办园三大支柱，通过务实的培养目标、科学的课程方案、多元化的教育手段以及开放合作的态度，与社会、家长密切配合，力图把容闳国际幼稚园办成一所融中西方文化之精髓于一体的国际品牌幼儿园。

2. 精心创设环境，演绎"不一样的国际幼儿园"

我园主张"大环境观"，即一切孩子们可以看得到、触摸得到的环境都是教育资源，都对孩子的身心发展起着潜移默化、不可估量的作用。具体做法如下。

（1）"教育理念"融入环境。我园能有今天的魅力童话国环境，不是仅仅用钱就可以堆起来的，而是从一片荒地开始设计时，就倾注了教育理想、教育追求，融入情怀、智慧及创意。例如，建筑中融入"办百年老校"的理念，欧式风格、高贵典雅；装修设计融入"品质细节决定成败"的理念，功能完善、专业艺术；园林设计融入"大自然中的孩子"的理念，自然童趣、回归生态。正因如此，我园的环境才有鲜活的生命力和强烈的震撼力。

（2）"多元文化"融入环境。我园的定位是国际化幼儿园，因此环境的点点滴滴都凸显了国际化的特点。如印有各国文字的欢迎地贴、充满异国情调的装饰、中英文对照的门牌、中外籍教师的融合、全球采购的玩教具等。

（3）"互动、体验"融入环境。如果一个环境只有观赏的价值，那只能兴奋一次，不能激发幼儿持续的兴趣。我园的环境强调"能与孩子持续互动"：鱼乐园、攀爬营、水帘洞、大沙地，以及各类墙面互动游戏……在设计的时候，"互动""好玩"成为首选。

（4）"安全、细节"融入环境。安全是环境创设的首要条件。我园从"地面用材""门把手的细节""棱角的软包""卫生用品的归位""护栏的高度""各种安全标识"等多方面打造安全细节，为幼儿营造了一个安全、舒适和温馨的环境。

3. 创新管理流程，实行"六有"管理模式

我园通过管理设计和管理创新，实行"六有"管理模式。即人人有职责、事事有程序、工作有标准、过程有记录、绩效有考核、改进有保障。

（1）人人有职责。我园成立了董事会，实行董事会领导下的园长负责制。结合规模大、班级多的实际情况，设立了4个中层职能部门：教学部、国际部、行政部和后勤部。明确各部门、各岗位人员的职责，使每个人在其位、明其责、做其事。

（2）事事有程序。我园对庞杂、烦琐的幼儿园工作全面进行了梳理，根据每一项工作的特点制定了工作流程。每一项流程都严格规范、科学合理，既规范了管理，又提高了效率。

（3）工作有标准。高标准、严要求，注重每一个细节，越完美越追求完美，是我园每一位员工的行动准则。我园制定了完善的管理制度和实施细则，如内务管理采用"五常法"标准、环境卫生须达到五星级酒店标准、幼儿伙食达到广东省 A 级标准等。

（4）过程有记录。我园强调过程记录，如每天的工作日志、每周的周计划、消防器材更换记录、紫外线消毒记录、幼儿在园情况记录、安全教育等。同时利用现代信息技术，用摄影、摄像等多种方式记录幼儿园的各项事务，便于反思总结，做到有备可查。

（5）绩效有考核。以考核为导向，通过考核倡导正确的价值观、科学的教育观，提倡"好好干不行，干好了才行"，不仅按劳分配，更要按效果分配。建立了科学系统的绩效考核机制，从时间上分有月考核、学期考核、年度考核，从范围上分有个人考核、班级考核，还有环境创设、课程实施、大型活动等专项工作考核。考核成绩与薪酬、奖励挂钩，大大激发了教职工的积极性、主动性和创造性。

（6）改进有保障。我园发挥党（团）支部、工会、教代会、园务委员会、家长委员会、伙委会等组织管理机构的监督作用，对教职工提出的议案认真答复处理，对家长的合理建议及时采纳，及时改进。

4. 倡导容闳"家"文化，实现内涵式发展

我园的教职工来自多个国家和我国多个省份，学历层次、文化背景、年龄结构差异较大。怎样让来自五湖四海、不同国度、不同地区的教师和幼儿组成一个中西文化交融汇集的国际大家庭，是管理者面临的挑战和难题。为此，我园提出容闳"家"文化建设，其核心理念用五个关键词、四句话来概括。五个关键词即尊重、包容、感恩、创新、专业；四句话即"四为"——为孩子创造幸福快乐童年、为员工搭建事业成功舞台、为家长提供高端教育

服务、为社会贡献优质品牌教育。

在容闳"家"文化的引领下，我园建立了定期或非定期的、集体或个别的、正式或非正式的交流沟通机制和渠道，通过形式多样的活动增强"家"文化的氛围和内涵，如不一样的教师节、"我们约会"吧、容闳故事大讲堂、团队拓展训练、休闲茶吧、容闳"达人俱乐部"等，凝心聚力，打造幸福容闳、快乐容闳。

5. 提升品牌价值，塑造大爱容闳

我园始终把品牌建设作为一项重要工作来抓，通过举办符合幼儿兴趣和发展的多元文化活动，扩大幼稚园的知名度和美誉度。例如：举办不同主题的"六一国际嘉年华"；每年世界读书日都举办读书节，至今已举办了八届；在新年到来之际举办幼儿美术作品慈善拍卖会和文艺晚会，从 2009 年起连续七年共筹善款 579 800 元作为"容闳慈善基金"，由容闳家委会先后捐赠给了珠海市儿童福利会、徐特立教育基金会、阳光少年书屋，并用于支持"我到珠海看大海——雅安儿童夏令营"、到斗门区乾务镇慰问贫困孤寡老人等活动。

6. 分享智慧、共赢未来，发挥示范引领作用

（1）开展学术文化交流，搭建与国际接轨的平台。我园一直本着开放的态度，热情接待来自国际、国内各界人士的参观和交流。先后接待了中国科学院院士、原北大校长许智宏先生，杨利伟、翟志刚等四名航天英雄，不同国家的 18 位驻华外交官夫人，中国学前教育研究会原理事长冯晓霞教授，中国学前教育研究会秘书长会议代表、广东省教育厅原厅长罗伟其先生，英国"国际小学校长论坛"主席以及日本东京藤幼儿园园长加藤先生一行，美国、奥地利、德国等国的国际友人和领导嘉宾。

从 2010 年开始，我园每年举办两期学前教育国际研讨会，现已成功举办十届。先后邀请了美国、日本等国家的国际专家学者和我国台湾、香港等地区的国内专家学者来园开办学术讲座，来自全国各省市的两千多名学前教育同行参加了交流研讨，分享容闳教育智慧。伴随着园刊《魅力童话国》的创刊和《环境的力量》《每一朵童年都灿烂》等图书的出版，容闳架起了一座园际交流、沟通的桥梁。

（2）进行对口帮扶，发挥示范指导作用。近年来，我园共接待了广东省第九期、第十期园长高级研修班学员，珠海市幼儿园园长任职资格培训班学员，园长工作室成员以及广东省中小学新一轮"百千万人才培养工程"第二批幼儿园名教师培养项目教师近百人的跟岗研修。同时，我园教师经常到乡镇幼儿园进行帮扶指导，帮助基层幼儿园上等级、提水平。

（二）专业人才体系，夯实幼儿园发展的基石

我园注重"软实力"建设，从六个方面建立了教师专业人才体系，积极为每一位教师创设良好的成长环境，促进教师专业发展，打造了一支高素质的中外籍教师队伍。

1. 人才引进工程

我园重视专业人才的引进，每年都面向国内外招聘优秀人才。外籍教师主要面向英国、美国、加拿大、澳大利亚等以英语为母语的国家招聘，并要求其具有学士学位和 TEFL 资格证书，入职后进行严格培训和考核，逐步向专业教师迈进。我园不拘一格选拔多专业、多领域人才加入教师队伍，如从景德镇陶瓷学院引进陶艺专科教师，从中国美术学院、广州美术学院引进专业美术教师，从广州体育学院引进专业体育教师，等等，教师的专业化、多元化保证了我园的办园品质和办园特色。

2. 定向培养工程

从 2010 年开始，我园与北京师范大学珠海分校教育学院合作，建立北京师范大学珠海分校教育学院教学实践基地；与湖南师范大学、长沙师范学院建立了优秀师资选拔机制；与广西桂林职业教育中心建立保育员培训实践基地。在此基础上，拓展人力资源渠道，与美国北卡大学教堂山分校教育学院建立合作机制，美方每年派国际学生来我园实习，安排教师来我园进行课题研究和培训指导。灵活的机制为我园后续人才的储备提供了保障。

3. 出外培训工程

当今社会是学习型社会，我园主张终身学习，为教师提供大量出外培训学习的机会。"给教师视野""给教师平台""培训是最好的福利"成为容闳教师共同的信仰。从 2009 年开始，我园先后四次派教师赴美国高瞻课程总部参加 HighScope 系统专业培训；近年来，共有 50 人次的管理人员和骨干教师先后赴美国、英国、德国、日本、新加坡、印尼等国考察和培训。有 5 名教师获得了美国高瞻学前课程体系国际认证培训（PCC）证书，有 2 名教师获得美国高瞻婴儿课程体系国际认证培训（ITCC）证书。

4. 园本培训工程

我园的园本培训可谓独树一帜，系统、深入、专业并且趣味性强。教师反映，在容闳最大的福利除了薪资优厚外，就是培训到位。在培训内容方面，我园主张"两手抓"，既注重职业道德修养的提升，又强化专业素质的培养。在培训形式上不断创新，有别于传统的灌输式培训，注重教师的参与、研讨，通过情景表演、角色互换、小组讨论、故事分享、专业引领等形

式，让每一位教师真正参与到培训中来。容闳故事大讲堂、容闳教师电影日、"寻找孩子王"师幼互动实训、"自由与规则"辩论赛、"中西文化碰撞中的教师合作"分享会等培训内容和形式有趣、有料、接地气，大大激发了教师参与的兴趣。教师的师德修养、专业知识、专业技能得到全面提升。

5. 科研培训工程

容闳倡导做"研究型"的教师。2010 年，我园成为"中国·加拿大·美国教育合作项目——英语浸入式教学研究实验基地"；2012 年我园课题"高瞻课程的本土化研究""多元文化背景下第二语言学习方式的研究"获得了中国学前教育研究会"十二五"研究课题立项，并于 2015 年顺利结题。2015 年 11 月，我园教师胡小芬主持的珠海市教育科研立项课题"幼儿园主流课程模式下师幼互动策略的共性研究"正式开题。2016 年 9 月，我园参与 University of North Carolina at Chapel Hill 教育学院的"外籍英语教师的文化适应性问题"研究，并成为该研究的实验基地。

长期的教科研工作结出了丰硕的成果。八年来，我园教师勇于改革实践，善于反思总结，共有 20 多篇论文、教育笔记发表于《中国教育报》《中国教师报》《幼儿教育》等报纸杂志。2013—2016 年，多名教师撰写的论文获中国学前教育研究会、广东教育学会学前教育专业委员会、珠海市学前教育协会论文评比一、二、三等奖。

6. 名师培养工程

为加快培养骨干教师队伍，我园成立了环境创设、AH-HA 课程、绘本阅读、数学、好习惯培养等六大名师工作坊。名师工作坊的主持人由对各领域有兴趣、有研究、有经验的教师担任，其他教师采取自愿报名的方式加入，研究课题紧贴一线，研究方式多元互动，特色突出，成效显著。

2011 年 10 月，我园被广东省教育厅评为首批"广东省幼儿园园长培训实践基地"；2011 年、2014 年，李毅园长先后被珠海市教育局授予第一、第二批"珠海市幼儿园园长工作室主持人"称号；李毅园长担任广东省人民政府第十届督学、珠海市人民政府第四届督学；饶慧莉、刘亮亮老师被珠海市人民政府授予"珠海市先进教师"称号；胡小芬、饶慧莉老师被珠海市教育局授予"幼儿园教师工作室主持人"称号等。

（三）AH-HA 课程体系，增强幼儿园的核心竞争力

AH-HA 课程是我园经过多年实践研究建构起来的园本课程，以皮亚杰的建构主义理论、维果斯基的最近发展区理论为基础，吸取现代教育学和心理学的研究成果，融合瑞吉欧方案教学、项目教学、高瞻课程三大课程模式，以区域活动为基本形式，以主题探究为主要线索，核心理念是主动学习，让幼儿在探究、工作中获得有益于身心发展的关键经验，促进核心素养的发展。

1. 爱上 AH-HA，爱上探究

我园制定了 AH-HA 课程的一日生活流程：欢迎时间、计划—工作—整理—回顾时间、小组活动、大组活动、户外活动等。教师根据儿童发展的 58 条关键发展指标、八大领域、34 个儿童发展观察点对幼儿进行观察记录，每周对每个幼儿重点观察 2 个领域，并及时将观察记录反馈给家长，同时通过多种方式与幼儿互动、提供支持，引导幼儿主动学习。

2. 浸入式英语课程，体验英语学习的快乐

我园的幼儿来自 13 个国家和地区，是一个国际化的生源群体。为此，我园实行双语教学，主张幼儿像学母语那样学英语，每班配备一名外籍教师。外籍教师带给幼儿的不只是第二语言，更重要的是多元的异国文化。我园通过趣味英语早操、国际文化节、化装舞会、感恩节、圣诞节、"六一"国际音乐季、万圣节"小鬼当家"等活动，让幼儿在日常生活和游戏中潜移默化习得英语，让跨文化沟通的能力在环境的熏染下，深深植根于幼儿身上，使幼儿成为真正的国际人。

3. 倡导"十大好习惯"培养，让好习惯成为容闳幼儿的标志

我园十大好习惯包括：①学会感恩；②文明礼貌；③健康饮食；④守时；⑤爱运动；⑥爱读书；⑦讲卫生；⑧守规则；⑨爱科学；⑩爱劳动。我园制订了《十大好习惯具体培养方案》，各年级组针对十大好习惯，每学期重点落实一项，注重活动的持久性和合作性，邀请家长一起参与到好习惯的培养过程中来。经过幼稚园十大好习惯的培养，幼儿越来越懂礼貌，也越来越爱运动和读书……逐步养成良好的习惯。

4. 关注个性发展，为幼儿提供展示平台

"关注个体、尊重差异、培养性格"是我园一直以来遵循的教育理念。我园开设了创意美术、陶乐吧、DIY 餐厅、小木工、合唱、舞蹈、轮滑、足球、篮球、围棋等多项自选课程，鼓励幼儿在自主、自愿、自发的情况下参加。中班以上的幼儿每个学期可以选择两门课程，打破班级界限开展活动。丰富多样的活动扩展了幼儿的视野，使他们的兴趣和潜能得以发挥；每月一次的"容闳宝宝明星秀"，每年一次的"寻找莫扎特"器乐表演赛、新年音乐会，更是给幼儿提供了展示自我、发展个性的机会。

（四）家园共育体系，搭建幼儿园、家庭、社区"三位一体"平台

家园一致的教育才是最有效的教育。我们主张跟家长、社区建立起密切

的伙伴关系，既服务家长、社区，又帮助家长、社区提高科学育儿水平。

1. 开展家教沙龙，培养专业家长

我园倡导"不仅办孩子的学校，还要办家长的学校"，定期举办"与孩子一起成长"家庭教育沙龙，邀请在园家长和社区家长参加，引领家长关注孩子、科学养育，成为"专业型父母"，现已举办了 31 期。先后邀请了董青华、刘良华、郑委等专家教授，还有儿童性教育专家胡萍老师举办专题讲座，传播科学育儿理念和知识。专家与家长们进行现场互动，解答家长们的问题与困惑。

2. 成立家长委员会，发挥桥梁作用

珠海容闳国际幼稚园家长委员会已历经九届，在其领导下，成立了"家长义工队""家长委员会伙委会"，形成全方位、立体化的教育格局。在幼稚园的各类大型活动、格林书屋管理、十大好习惯培养、幼儿外出参访等活动过程中，都有家长义工服务的身影。特别是青海玉树地震发生后，家长委员会发起"为玉树灾区募捐"活动，成立了"家长教师故事剧团"，首场义演引起很大轰动，共募集善款 74 000 多元，全部捐给了珠海市红十字会。

3. 创立特色沟通，增强家园共育

我园坚持通过家长工作坊、家园互动 QQ 站、个体关注一对一家长会、班级家园论坛、家长开放日、班级特色亲子游、家访等多种家园合作方式，充分挖掘家庭教育资源，实现教育资源最大化。多样的沟通形式，让家长充分参与到孩子的教育过程中，家园沟通更加紧密，教育的有效性得到了充分提高。

4. 提供个性化服务，满足不同文化背景下家长的需求

家长群体的国际化、多元化给我们带来挑战，有时甚至是观念与文化上的冲突，引发我们的阵痛和思考。为此，我园摆正心态，打破固有的观念，改变惯性的做法。首先是尊重家长的文化、价值观；其次是沟通了解家长的需求；最后根据不同幼儿的特点、家长的需求，提供个性化的服务。例如，为满足法国家长的需求，班级教师每天中午轮流陪法国孩子学中文；尊重德国家长每天下午 3 : 00 来接孩子的请求；接受从加拿大留学回国的家长要求的一对一、一对多的沟通方式；等等。为每个幼儿量身定制个性化的教育方案。

不同的文化背景、观念碰撞所产生的互动效应，是一种强大的推动力，并最终成为推动我们进步和发展的动力。容闳国际幼稚园就是在这样一个模拟的国际化环境中不断接受挑战、不断成长起来的。

（五）安全保障体系，架设坚固的幼儿园安全网

安全是幼儿园开展一切工作的前提。我园高度重视安全工作，明确工作职责，强化安全意识，近三年来无重大责任事故发生。

1. 强化体系建设，提供制度保障

我园建立了安全工作的组织体系、责任体系、制度体系、风险控制体系、教育体系、监督保障体系等六大安全管理系统，从制度上保证安全，做到无责任事故，杜绝重大意外事故发生。

2. 完善安全设施，防范校园安全事故

我园安保器材设备齐全，园内安装了 168 个摄像头，全方位、立体式、无盲点地对全园进行全天候 24 小时监控，对重点时段和重点区域加强保安员巡逻，做好全方位的安全防卫措施。同时严格执行家长接送制度，严格控制外来人员出入，制定了《容闳国际幼稚园应急预案》，确保在园幼儿的安全。

3. 严抓园车管理，保障乘车幼儿安全

我园开通了 9 条园车线路，覆盖珠海市主城区，接送量大、线路长、责任重，有近 300 名幼儿乘坐园车。我园管理严格、制度健全，司机都是专职司机，技术全面、责任心强，每台车都安排两名员工接送，近三年做到了无一例交通安全事故发生，保证了幼儿乘车安全。

4. 加大安全教育力度，提高师生安全防护意识

我园设立了"容闳安全教育日"，规定每月的最后一天为"安全教育日"，以班级为单位，每月举办不同主题的安全教育活动。相继举行了"乘车安全教育日""地震安全教育日""防拐安全教育日""食品安全教育日""上下楼梯安全教育日""玩具安全教育日""防火教育日"等。通过多媒体教学、情景扮演、知识竞猜、实地演习等方式帮助幼儿树立安全意识，提升安全防护能力。同时，定期开展各类安全演习活动，如消防演习、歹徒入园演习等，从幼儿到教师，从保安到后勤人员，从安全保护常识到应对技巧……进行立体式、全方位的模拟现场演练，提升全体人员的应急防范能力。

（六）后勤服务体系，提升幼儿园的品质与效率

我园后勤工作实行"制度、流程、检查、考核"四位一体化管理，强调制度健全、流程科学、检查到位、严格考核，制订各部门工作细则，着力于精细化管理。

1. 严格卫生保健制度，有效降低发病率

我园严格贯彻"预防为主"的方针，督促家长做好计划免疫工作，预防

各类疾病发生，规范传染病发生时疾病上报、病例跟踪等工作；坚持晨检和班级教师日常检查，对疑似患有传染病的幼儿进行隔离。利用保健宣传栏、家园联系手册、幼儿园网站、幼儿园微信公众号等平台开展幼儿口腔保健、视力保护、儿童心理健康及性教育等卫生保健宣传教育工作。幼儿生长发育达标率在 95% 以上，缺点矫正率 90% 以上。由于工作成绩突出，我园被评为珠海市幼儿园保健工作示范点。

2. 科学合理膳食，保证幼儿健康

我园成立了由家长、教师、厨师等组成的伙食管理委员会，定期开会研究膳食管理工作，每周制订营养均衡的带量食谱，并及时在网站、微信公众号等平台公布，接受家长的监督。每天给幼儿提供两次牛奶，每天午餐三菜一汤，上午的水果餐由过去单一的品种改为配备两种水果、一种坚果，营养更丰富、全面。厨房工作不断创新，通过"厨艺大 PK"，评选出"首席厨师""首席点心师"，经常变换不同的菜式激发幼儿的食欲。注重幼儿个体差异，对少数民族幼儿和对某些食物有过敏史的幼儿，进行登记造册，并专门制作特殊餐，每天制作的特殊餐数量达到 80～90 份，以满足不同民族、不同体质幼儿的需求。我园先后被评为珠海市"A 类"厨房、珠海市文明餐桌食品安全示范单位，广东省食品药品监督管理局评定的餐饮服务安全等级为 A 级，并获得广东省餐饮服务食品安全示范建设工作办公室颁发的"广东省餐饮服务食品安全示范单位"挂牌，等等。

3. 重视体格锻炼，培养健康快乐的容闳宝宝

"健康快乐"是我园首要的培养目标。我园十分重视幼儿的体格锻炼，充分利用户外活动场地宽阔、资源丰富等独特优势，让幼儿与沙、水、泥土、阳光、空气等亲密接触。KA、KB 年级组的感统游戏，KC 年级组的体能大循环运动，KD、KE 年级组的幼儿足球循环赛都开展得有声有色。

4. "五星级"标准，精细化管理

我园提出用"五星级"标准管理环境卫生，有专业的保洁队伍，制定了严格的卫生检查标准和专人专项负责的管理制度，坚持每周三进行全园性的卫生检查，不留死角。严格进行卫生消毒，保证环境干净整洁。

三、存在问题与发展方向

珠海容闳国际幼稚园一路走来，经历了孕育、磨砺、成长三个时期，如今已成为珠海市学前教育的标杆，在学前教育领域有较大影响力，在社会上有一定知名度。但未来的路还很漫长，与国际一流学前教育机构相比还有不少差距，为此，我们将努力做好以下几个方面的工作。

1. 融中西文化，办国际名园

幼儿园国际化不是简单的课程复制，也不是文化节庆的移植，更不能止步于"拿来主义"。他山之石，可以攻玉，本土经验，弥足珍贵。我园将努力探索在拥抱国际化的同时，立足本土化，在吸收借鉴西方先进教育理念、模式的同时，植根民族文化，挖掘东方智慧，用世界听得懂的语言和能够理解的表达方式，打造一所融中西方文化之精髓于一体的国际品牌幼儿园。

2. 加快人才培养步伐，扩大优质教育资源

幼稚园经过八年的发展，现已走上规模化发展的轨道。怎样让人才培养跟上规模发展的速度，让优质教育惠及更多儿童，是我园正在思考的问题。未来几年，我园需大力加强教师队伍建设和人力资源储备，为幼稚园的后续发展提供源源不绝的动力。

四、自评情况

对照《广东省幼儿园督导评估方案》的评估标准和条件，我园认真进行了自评。办园条件自评得分 148 分，占分值的 98.67%；幼儿园管理自评得分 339 分，占分值的 96.86%；合计得分 487 分，占总分值的 97.4%。达到广东省一级幼儿园的要求，现正式向广东省教育评估协会申报广东省一级幼儿园评估。

 **实例分享8**

凝心聚力，固本强基，全力推动内涵式发展

——民航广州幼儿园广东省一级幼儿园复评自评报告

一、幼儿园概况

民航广州幼儿园创办于 1960 年，隶属广东省机场管理集团公司下属的广州白云机场生活服务中心，是一所企业办（公办性质）幼儿园。1996 年被评为首批广东省一级幼儿园、广东省绿色幼儿园，2006 年被评为广州市示范性幼儿园，2015 年被评为广州市安全文明校园，2016 被评为广州市健康校园、广州市餐饮服务食品安全示范单位，2017 年被评为白云区特色幼儿园。分别于 2001 年、2005 年、2011 年通过省级幼儿园的第一次、第二次、第三次复评。

幼儿园占地面积 10 011 平方米，生均占地面积 10.9 平方米；建筑面积 9 721 平方米，生均建筑面积 10.6 平方米；户外活动场地面积 6 478 平方米，生均户外活动面积 7.1 平方米。园舍环境优美、布局合理，设有音乐室、美术室、科学活动室、阅览室、蒙台梭利活动室、陶艺室、游戏区、建构区、沙水区、种植区等 13 个功能室或区域，另有小小运动馆、30 米直跑道、大型体育器械区、感统区、草地、小土坡等多处户外体育锻炼的场地，所有场室均按省一级幼儿园督导评估标准配备设施设备和玩教具，能满足幼儿身心发展的需要。现有教学班 29 个（其中小班 9 个、中班 6 个、大班 6 个、混龄班 8 个），教职工 162 人，幼儿 930 人，教职工与幼儿比例为 1∶5.7。领导班子成员 5 人，均具有本科学历及幼儿园高级教师资格，取得园长岗位培训合格证书；教师 87 人，专业合格率为 100%，大专以上学历教师占 100%；保健人员 7 人，均经岗前培训，取得上岗证。所有教职工均符合广东省一级幼儿园岗位人员的任职条件。

在白云区教育局、广州白云机场生活服务中心等各级业务主管部门的正确领导和亲切关怀下，民航广州幼儿园秉承"天地人为本，和合求共进"的办园理念，形成了"和、乐、雅、信"的园风，为"六灵"（灵动的眼、灵巧的嘴、灵活的手、灵健的身、灵慧的脑、灵秀的心）儿童的培养创设了良好的成长环境。近年来，幼儿园以科学发展观为指导，凝心聚力，固本强基，全力推动幼儿园内涵式发展。幼儿园在队伍建设、教科研工作、卫生保健、社区工作、辐射示范等方面取得了显著的效果，先后被评为教育部、财政部幼儿教师国家级培训计划教学实践基地，全国妇联"三优家长学校"实验基地，中国心理学会幼儿心理健康教育实验基地，白云区幼儿园园长培训实践基地，广东省书香幼儿园示范基地。获得全国民航五四红旗团支部、广东省国资委青年文明号、机场集团公司青年安全生产示范岗、先进女职工集体、先进党支部等荣誉称号；1 人获"全国五一劳动奖章""全国五一巾帼标兵""南粤建功立业女能手"荣誉称号；86 人次获得上级单位的嘉奖；连续 5 年家长满意率为 98% 以上，机场集团公司客户满意度为 9.6 分以上。

二、第三次复评后的整改情况

（一）复评组提出的意见、建议

2011 年 1 月 6 日，评估组莅临我园进行了第三次省级幼儿园复评。评估组对我园管理体系、师资配备、办学特色、卫生保健、幼儿发展及省级幼儿园复评以来的整改效果和办园成绩给予了充分肯定，也实事求是地提出了存在的问题和建议，主要如下：

（1）进一步加大经费投入，优化育人环境，改善办园条件。

（2）进一步加强园本教科研的针对性和有效性，在上一阶段复评的基础上，继续完善课程建设，"建立更全面科学的幼儿园课程体系，对课程的完整性、科学性等问题进一步深入研究"，使之更好地促进幼儿的发展，促进教师的专业化成长。

（二）整改情况和效果

我园高度重视评估组意见，认真对照有关评估标准，针对复评组指出的问题，从提升硬实力、软实力两个方面双管齐下，迅速制订整改计划，大力推进落实整改。经过不懈努力，评估意见得到落实，办园水平进一步提高，幼儿园实力有了新的提升。具体整改情况及效果如下：

1. 提升硬实力方面，核心在于加大投入，夯实发展根基

2013—2016 年，广州白云机场生活服务中心投入 2 600 多万元、白云区政府（教育局）投入 560 多万元，用于翻新南、北两个园区的 4 栋教学楼外墙和室内升级改造，建起了能容纳 400 多人活动的多功能厅、小小运动馆，建设两座大型消防水池、泵房，设置自动报警系统，完善排水、视频监控系统，优化园区户外活动场地，改造园林绿化，设计了艺术区域，改建了各个功能室，丰富活动材料，添置大型体育器械（材）、多媒体教学设备及办公设备等。三年间，园舍园貌进行了一场升级换代的蜕变。如今的幼儿园硬实力大幅度提升，发展根基更加牢固。

2. 强化软实力方面，主要在于丰富教研形式，不断完善园本课程

我园通过级组教研、领域教研、园本课程教研和专项教研活动等四种教研形式的合理穿插，从不同层面有效提升教师专业素质与能力，促进教师的专业化成长。级组教研除了年级工作的布置或小结外，要求各年级主任根据幼儿年龄特点、教师发展需求和年级重点工作，设计组织某一主题的教研活动。通过教研过程的公开，展现级组教研成果，有效提高教师参与度与教研实效性。领域教研则从 2014 年 3 月起，以"特长教师工作室"的形式开展，灵活有效地满足了不同教师的学习发展需求，并充分发挥了特长教师的示范辐射作用。园本课程教研包括蒙氏、心本和安全课程。蒙氏课程保持每月一次的频率，心本和安全课程则根据需要每学期不定期安排。专项教研注重主题系列性，也更强调教师个人、团队的参与和在集体中的分享，每个主题利用 2～3 次教研时间完成，充分的研讨和交流使教研活动开展得更深入、更有效。

通过教研，我园不断丰富园本课程，探索更自主的课程模式。先后开展了晨间区域活动、大区域体育活动、快乐活动日、主题教学与区域活动相融合、户外（室内）自主游戏活动的探索，使课程体现出更多的自主性和游戏性。同时，在实践中不断积累，编写了"幼儿生活、卫生常规规范园本课程"以及不同年龄段的"蒙氏作业纸"，结合广东省教育厅立项课题的研究，初步搭建了安全教育、体育锻炼、心理健康教育等课程框架，不断丰富和完善园本课程。

三、办园新经验、新成绩

（一）加大投入、调整布局，优化育人环境

近年来，幼儿园主办单位广州白云机场生活服务中心和主管单位白云区教育局投入资金共计3 160万元，用于改造、完善、升级我园的硬件条件，优化育人环境，提升办园水平。在升级改造的过程中，我园结合本园的办园理念，充分利用现有两个园区的区域优势，优化园区布局，着力打造具有特色的幼儿园。南园区运用西式古典文化建筑的元素，显得大气、开放、包容，体现国际视野；北园区融入中国古典传统建筑的精髓，秀气、内敛、灵动，彰显中国情怀。两者相得益彰，互为衬托，书院气质的大门、苏州园林式的长廊、童话城堡般的欧式建筑等随处可见，经过一点一滴的细心雕琢，幼儿园面貌焕然一新，赢得了家长的"芳心"和师生的"点赞"。同时，我园努力使环境成为文化载体，让办园理念及园风在幼儿园每个角落都得以体现。如以"和、乐、雅、信"的园风命名4座教学楼；在大门厅、走廊（梯间）张贴师生照片，悬挂亲子作品，展示教师收集的名家名言；进行园徽、园旗、园歌、园树、园花、吉祥物等品牌形象设计，统一幼儿园视觉形象，规范视觉文化，让品牌文化真正融入园本环境，深植于心，使师生和社会形成文化认知。

（二）文化引领、建章立制，打造和谐共进团队

1. 始终注重校园文化建设是关键

我园提炼出民航幼儿园独特的文化基因，使之成为幼儿园发展底蕴。如以园风为基点，建立起幼儿、教师、家长的日常行为规范，促使他们从内心产生文化认同；结合文化理念，塑造出富有民航特色的幼儿园形象文化识别系统；通过网站、微博、微信公众号等平台，发挥文化辐射性，提升文化品牌价值等。组织开展"五讲"（讲学习、讲团结、讲正气、讲奉献、讲感恩）、"五爱"（爱校园、爱幼儿、爱同伴、爱父母、爱自己）、"四有好老

师"、"两学一做"等特色教育活动，提出"以员工队伍建设为核心，以保教质量为中心，把德育教育放在首位"的理念，以及"视质量为生命、视家长为朋友、视幼儿为子女、视员工为亲人"的"四视"工作精神，实施"以人为本"管理模式，形成了"感恩奉献、和谐共进"的校园文化和能量氛围。

2. 加强制度规范、打牢管理基础是保障

我园依法治园，建立规范的幼儿园章程，落实园长责任制。实行严格的目标管理和层级管理，建立健全了幼儿园行政会议制度、职代会民主管理制度、政治和业务学习制度、教职工岗位责任制和考核评价制度，切实执行园务公开制度、情况通报制度、情况反映制度和重大决策征求意见制度，保障了教职工及家长对幼儿园工作的知情权、参与权和监督权。坚持"以人为本""严爱相济"的管理策略，制定了"优师优班评选方案""班主任竞岗方案""专业技术人员任职期满年度考核方案""教科研奖励方案""安全考核方案"等，与全体员工签订了"师德责任书"，实行月考核、学期考核、学年考核、绩效考核，坚持考核与合同签订、岗位聘任、奖金分配、评先评优等挂钩，做到有章可循、有规可依、管理规范、运作畅通。

3. 营造尊师重教氛围，确保员工敬业乐业是基础

我园通过教师节表彰、名师优班评选、先进事迹报告等活动，激发员工对职业的认同感和自豪感。同时，通过学习培训、专业技术能力认定、职业发展、志愿活动等多种渠道，帮助广大员工成长，激发其爱岗乐教的积极性。通过提升福利待遇、实施同工同酬等政策，给予教师敬业乐业的保障。此外，我园倡导并力行"家文化"，把员工当作亲人，开展涵盖医疗帮扶、困难帮扶、助学帮扶三大方面的"暖心工程"活动，建立"爱心妈妈小屋"，开办女性心理健康讲座，组织生日慰问，为年长员工购买"住院二次医保"等，以细小而入心的家庭般关爱，让每一位员工内心产生强烈的认同感、归属感。

（三）构建体系、以研促教，促进教师专业成长

我园通过"设轨道——形成运行机制""燃动力——形成激励机制""提速度——形成交流机制"培养体系的构建，为教师的成长铺设螺旋上升的轨道，通过规律性的周而复始的运行实现教师的专业化成长。

1. 设轨道——形成运行机制

主要是构建以培训做基石、以研究做主线、以评价做导向的培养体系，达到研中有培、评中有研。以培训做基石，通过新员工培训帮助新员工全面

了解幼儿园文化、制度，熟悉工作职责，掌握岗位技能，为上岗后顺利开展工作打下良好基础；在职培训通过教师换岗体验、观摩研讨等举措加强工作经验的交流，创设互相借鉴学习的机会；外派学习则采用选派和自主报名相结合的方式，到北京师范大学实验幼儿园等办园条件好、管理水平高、科研能力佳的幼儿园对标跟岗学习。以研究做主线，通过级组教研、领域教研、园本课程教研和专项教研等四种教研活动的合理穿插，从不同层面有效提升教师素质能力。以评价做导向，采用常规检查、随机检查、专项检查三管齐下的方式，全面覆盖保教人员所有工作职责，让评价发挥鉴定、诊断和导向的功能。

2. 燃动力——形成激励机制

主要是以科学发展的眼光看待教师间的差异，有效利用差异优势，让教师各取所需、各展所长、各得其所，最终有差异地、和谐地发展。一是激发自主性。给予教师自主报名参培参赛、承担接待任务、参加课题研究的机会，把"被动接受"变为"主动选择"，让教师感到"发展"不是"集体要求"，而是"个体需求"。二是唤醒进取心。通过"换岗体验"、"特长教师工作室"活动、组建"喜阅童话剧团"等举措让教师认识并发挥自己的长处，了解并通过学习缩小与别人的差距，使不同水平、层次、特长的教师都获得专业提升。三是满足成就感。给予教师多种形式的奖励，使教师把心理上获得的巅峰体验转化为对成功的渴求，进而激活发展动力。

3. 提速度——形成交流机制

通过采取活动交流与成果交流并驾齐驱的双交流机制，即一方面邀请同行进园进行活动展示，同时主动派人员走出去进行经验宣讲；另一方面，对内及时进行经验汇编，对外积极争取成果发表。

以上举措有效提高了教师的专业水平。近三个学年，我园共计有72人次在区级以上业务评比（比赛）中获得奖项，39人次在片、区级以上的接待、教研、培训活动中介绍经验或讲学。自编了各年龄段的"蒙氏作业纸"、幼儿日常生活常规规范、教师自制教学具荟萃、保育员清洁卫生规范等资料。在纸媒上共发表文章35篇次，其中在专业刊物上发表9篇；"以人文关怀为核心的幼儿良好品行的自我养成研究"课题研究成果获广州市第八届教学成果三等奖。

（四）传承创新、扎实探索，积极打造园所品牌

围绕办园理念和培养目标，我园传承创新、扎实探索，精心打造富有民航幼儿园特色的蒙氏教育、混龄教育、心理健康教育、安全教育。这四张名

片已成为校园文化建设的有效载体，推动了我园的品牌建设。

1. 蒙氏教学和混龄教育

我园在蒙氏教学基础上融入主题教学模式，选取了自然、人文、科学三个不同的角度，结合各年龄段幼儿的兴趣和能力水平，编写了园本混龄课程。在继承传统蒙氏教具简明、单纯、准确、清晰地物化学习目标的特质同时，积极吸纳本土深厚文化资源，如具有中国文化特点的织布、印染、刺绣、剪纸、品茶等，研制了一系列符合我园幼儿经验水平和发展需求的蒙氏学具。

2. 心理健康教育

我园自 2009 年引进心本课程，在全园范围内开展幼儿心理健康教育。2016 年 1 月起与专业团队签约，合作开展"师生心灵守护"项目。专业团队定期来园举办教师、家长专题讲座，开展心理沙龙和沙盘团体成长活动，通过增强教职工幸福感，构建基于爱、尊重和信任的师生关系和家园关系，为幼儿身心健康和谐发展提供更优质的心理环境。

3. 安全教育

有效的安全教育，是集身体素质、心理素质、道德规范、知识技能于一体的全领域教育；完整的安全教育，是家庭、幼儿园及社区、社会三位一体的大教育体系。我园通过广东省基础教育课程体系改革实验项目"全面立体的安全管理、教育体系构建初探"课题的研究，邀请了企业安监部人员、社区人士、家长等共同参与安全管理和教育工作，初步搭建起安全课程、体育课程、心理健康课程的基本框架，形成以区域游戏形式开展安全教育的活动模式。

除了确立课程特色，我园还通过一系列彰显园本文化的活动达成"六灵儿童"的培养目标，打造幼儿园品牌。如以"区域自主体育活动"发展运动爱好、增强身体素质；以"喜阅系列活动"培养阅读兴趣，开眼界长见识，滋养人文情怀；以"我和大树交朋友"活动萌发热爱、亲近自然的情感，培养科学态度，发展观察能力；以"礼仪宝宝"值勤活动帮助幼儿学习以礼待人、培养责任意识；等等。

（五）安全至上、科学保健，促进幼儿身心发展

我园牢固树立"红线意识，底线思维，安全第一，预防为主"的理念，坚持"五个意识""四个不放过""三个严防"的工作方针。构建了"园长（书记）领导、分管领导监管、全体员工参与"的三级网格化安全工作格局，建立了严密的组织机构和专项工作小组，形成纵横交叉的管理网络群，

确保安全工作定人、定岗、定责，保证各项工作开展和落实。通过开展"专项安全技能培训""安全、应急演练""安康杯劳动竞赛""安全生产月""安全活动日区域游戏"等专题活动，进一步强化师生安全意识、规范安全操作，提升应急处置能力和安全救援水平。

一是全面梳理完善各类安全制度与应急预案，制（修）订了"幼儿活动安全管理制度""消防安全管理制度""水电安全管理制度""饮食卫生安全管理制度"等各类安全制度23份、应急预案9份，让广大教职工"把责任放在肩上，让标准植于心中"。二是强化责任传递和监督检查。实行目标化管理、层级管理责任制，园长分别与各级（组）、全体员工（包括外聘人员）签订"安全责任书"，明确各部门、各岗位的安全职责，责任到人。同时，通过日常安全每人每天一自检，行政每周一抽查，考评小组每月一考核、反馈等方式将安全隐患查找工作变成常态，把隐患在源头掐灭，确保安全工作万无一失。三是把握关键领域环节。如针对膳食营养成立膳食工作领导小组，定期召开膳食委员会议，制定营养均衡的每周带量食谱和特殊儿童食谱，确保幼儿吃饱、吃好。把好"七关"（索证关、采购关、验收关、加工关、储存关、留样关、备案关），确保幼儿饮食安全卫生。2014年2月，我园通过"餐饮服务量化A级"评审，获评为广州市食品安全A级单位；2016年3月被评为"广州市餐饮服务食品安全示范单位"。针对日常健康管理严格执行入园、上岗前健康检查制度和定期体检制度，教职工及幼儿每年的健康检查率达100%，全体教职工均有健康证；认真落实晨检制度，做到入园幼儿零漏检，并对幼儿进行全日观察，加强巡视，及时掌握幼儿健康情况；督促落实幼儿户外活动情况，确保每日不少于2小时的户外活动时间、1小时的体育活动时间，加强幼儿体育锻炼，提高体质。针对传染病防控严把"三关"（检查关、跟踪关、消毒关），坚持"四早"（早发现、早隔离、早诊治、早报告），做到"十八字"（常通风、晒衣被、洗净手、多喝水、吃熟食、勤锻炼）；不断完善防控预案和工作指引，总结出一套符合我园实际情况、操作性强的"传染病防控工作指引"。在高压严管、齐抓共管态势下，我园近三年无安全责任事故发生，获得"广州市安全文明校园"称号，在广东省公安厅、教育厅等安保督导检查中多次得到好评，安全管理工作访谈刊登在《广东安全生产》杂志2016年5月号。

（六）资源整合、和谐互动，实现家、园、社区共生共长

我园注重搭建幼儿园、家庭、社区三位一体的教育网络，探索多种形式的家园共建方式，以丰富幼儿的生活内容，拓展幼儿园的教育空间。

1. 家园互动

一是公开信息，让家长知情。通过制定"信息公开通报时间执行表"，印制、发放家长手册，建立各类信息公开的模板等途径，力求做到公开信息的全面、及时和规范。二是开放校园，促家长参与。从 2010 学年开始坚持每周一次家委视学活动，让家长了解幼儿园各方面工作的真实状况。另外鼓励家长自荐成为"家长助教人才库"及"家长义工队"成员，广泛参与幼儿园安保、保教、后勤工作。三是尊重民意，邀家长共议。我园重大工作都通过问卷调查或召开家长委员会、恳谈会等方式征询、收集家长意见，作为园方决策参考信息。"六一"儿童节、迎新生等大型活动的策划、联系、组织均采取以家长委员会成员为主，教师或园方为辅的方式完成，使家长作为幼儿园合作伙伴的主体地位得到进一步确立。

2. 社区联动

我园充分利用资源，加强社区联动管理，构建"大教育"体系。一是走出去。根据季节特点及社区、家长需要，定期到社区开展服务日活动；每年两次开放园区，邀请社区幼儿及家长参加亲子活动；组织全体毕业班幼儿前往民航子弟学校参观、观摩升旗仪式；等等。这些贴合需要的服务内容和丰富的活动项目大受欢迎，赢得良好的口碑。二是请进来。聘请街道、武警、公安、消防和子弟学校等单位作为幼儿园社区委员提供专业指导。如接送时段派出所安排警车、警员镇守门口，维持安全、交通秩序；卫生防疫专家到园宣讲传染病防控知识；小学校长到园进行幼小衔接专题讲座；等等。打造教育共同体，发挥社区资源的最大效用。

（七）搭建平台、帮扶引领，发挥示范辐射作用

我园发挥白云区龙头园的作用，在区培训、教研工作中承担着领航者的角色，积极在省、市、区范围内承担接待、带教、展示任务，近三年共接待 2 678 人次。先后 9 次承办广州市教育科学研究所中心教研组、广州教育学会幼儿教育专业委员会组织的专题培训、研讨与观摩活动；接待广州市学前教育名师工作室，广州大学教育学院"幼儿园骨干教师培训班""幼儿园园长任职资格培训班"学员，以及华南师范大学教育科学学院、广东女子职业技术学院学生观摩教研、跟岗实践与见习实习工作。与英德机关幼儿园、从化区街口街幼儿园开展结对帮扶活动，6 次选派教师参加广州教育学会幼儿教育专业委员会健康研究分会组织的支教活动。多人次在广州市教育科学研究所举办的"幼儿园品牌建设的理念与实践"师资培训活动、广东教育学会学前教育专业委员会岭南幼儿园园长论坛、广州市幼儿师范学校名师讲坛等

市级以上的培训、研讨活动中讲学或介绍经验，积极发挥省级示范园的引领、示范、辐射作用。

四、存在问题与发展方向

在复评过程中，我园在上级部门和复评小组的指导帮助下，取得了一些进步和成绩，但是仍然存在着一些薄弱环节，与上级要求和社会期待还存在着差距。未来一段时间是民航广州幼儿园的战略机遇期和发展加速期，我园将牢牢把握，不负责任、使命，争取更大进步。

一是继续加大投入，进一步优化办学条件，提升管理质量。着重完善北园厨房改造、完成大型活动区域规划；加快幼儿园信息数字化建设，搭建信息、资源共建共享平台。

二是进一步加强园本教科研的针对性和有效性。继续丰富、完善混龄、安全教育的园本课程；深入挖掘资源、创设条件，支持幼儿的自主游戏活动。

五、自评情况

对照《广东省幼儿园督导评估方案》，我园进行了认真细致、实事求是的自查和自评，得分情况如下：办园条件得分 145 分，占分值的 96.67%；管理与效益得分 339 分，占分值的 96.86%；加分 5 分。三项合计得分 489 分，占总分值的 97.8%。

根据自评情况，我园保持了省一级幼儿园水平，特请广州市人民政府教育督导评估组的领导和专家给予督导评估。

 **实例分享 9**

协助生命成长的教育

——深圳市梅林一村幼儿园广东省一级幼儿园复评自评报告

一、幼儿园概况

深圳市梅林一村幼儿园创办于 1991 年，是由深圳市投资控股有限公司出资举办，并由深圳市深投幼教运营有限公司负责管理的一所市属公办幼儿园，坐落在深圳市福田区梅林路梅林一村住宅区内。1999 年，经广东省人民政府教育督导室评定，以高分通过被评定为"广东省一级幼儿园"，并通过了 2005 年和 2011 年的复评。

幼儿园总占地面积 4 718 平方米，户外活动场地生均面积 11 平方米，园舍建筑总面积为 3 599 平方米，生均占地面积 9 平方米，绿化面积 2 600 平方米，绿化覆盖率为 100%。园舍建筑秀丽雅致，操场、儿童乐园、生态园、体能运动、教学楼、综合楼井然有序，幼儿园绿树成荫，校园环境优美，实现了幼儿园园林化。幼儿园除了设置符合标准的活动室、幼儿寝室、盥洗室、办公室、音体室、厨房等外，还有体能室、图书室等。幼儿园建有多媒体教学平台、教学资源库，各部门实现电脑办公。园内设有幼儿戏水池、大型玩沙区、淘气堡、大型攀爬玩具等促进幼儿体能发展的各类体育设施，专门为幼儿开发了 80 平方米的种植园地和小动物饲养角，还建了塑胶运动场和跑道。

我园现有教职工 97 人，其中在编教职工 32 人，临聘人员 61 人（其中 4 人为社会购买服务人员）；行政管理人员 6 人，其中中学高级教师 1 人，有中级职称者 4 人，保健医生 2 名（包括营养师 1 人，心理咨询师 1 人）；在岗教师 55 人，其中幼儿园高级教师 29 人；保育员 16 人，高级技工 5 人。教师全部为大专以上学历，其他人员配备、岗位设置、人数比例符合规定。现有班级 13 个，全园共有幼儿 502 名，师生比 1∶5.5。

建园 20 多年来，在深圳市教育局和深圳市投资控股有限公司的亲切关怀下，在历届领导班子和全体教职工的共同努力下，我园有了高速的发展，办园条件日臻完善，办园水平逐年提高。特别是近年来，我园脚踏实地、稳步前进，得到上级、同行、社会的充分认可和高度评价。我园连年被评为深圳市"卫生优秀幼儿园"；1997 年承担《广东省课程指南》第一批试点园的牵头园；2002 年获得"广东省教育科研黄华奖"；2003 年获"深圳市办学效益奖"；2006 年 12 月承担中国学前教育研究会立项的"十一五"课题"学习型组织的创建"；2010 年被评为"深圳市先进单位"；2011 年被评为广东省"绿色幼儿园"；2015 年承担广东省《3—6 岁儿童学习与发展指南》实验园；2015 年成为首批深圳市优质特色示范园。多次获得市级教职工、个人先进优秀奖，幼儿活动比赛一、二、三等奖奖；等等（详见附件梅林一村幼儿园获奖情况一览表）。为此我园收到了良好的社会效益，赢得了社会的高度评价。

我园在省一级幼儿园的基础上，再接再厉，以创办全国一流幼儿园为目标，加大改革力度，规范各项工作，使幼儿园面貌焕然一新，实现了幼儿园发展目标，成为示范性、实验性、现代化的幼儿园。

二、整改过程与自评

我园将本次复评视为推动幼儿园内涵发展、提升教育品质的良好契机，在深圳市人民政府教育督导室和深圳市深投幼教运营有限公司的直接领导下，发动全体教职工积极行动起来，按照 2011 年省级园复评时专家组提出的整改建议，对照《广东省幼儿园督导评估方案》，制定周全计划，采取得力措施，分步落实，扎实开展自查整改工作，以主动、良好的心态迎接省一级幼儿园第四次复评。

我园的广东省一级幼儿园复评整改过程可概括为三点：确定目标、找出差距、积极整改。

（一）确定目标

在 2011 年通过第三次省级幼儿园复评时，我园就深知幼儿园只有不断地改革现状、明确目标、合理规划、扎实措施，才能取得长足的进步，才会有更高更好的发展。因此，我们鼓足干劲，一鼓作气，立即认真研究，多方调查，明确提出幼儿园发展的总体目标：为把我园建设成为一所名副其实的学习型、研究型、示范型幼儿园而奋斗。

（二）找出差距

2011 年 6 月，深圳市人民政府教育督导室对我园复评的报告中指出：我园办园思想正确，创设品味高雅、童趣温馨的环境。锐意进取，改革创新，以科研为引领，坚持不懈地建设学习型组织和探索课程研发，培养了一支高素质的队伍，实施 0～6 岁一体化教育的课程模式，促进幼儿、教师、家长三大人群的健康、和谐成长等。同时指出了几点不足：一是要进一步梳理园本课程。0～6 岁一体化教育课程体系的探究过程中，课程目标和组织形式变化较大，需进一步梳理，寻求稳定发展。二是要进一步扩大科研成果的运用，加大幼儿园的示范作用。我们把这个意见向全体教职工通告，并依据意见，组织大家认真学习评估细则，检查对照，找出差距。成立了以园长为组长、各部门负责人为成员的"省级幼儿园复评整改领导小组"，由园长统一指挥，教研室负责协调，各职能部门分类进行，逐步推进。在具体操作中，将幼儿园的整体目标化解为各职能部门的分项目标，并定期召开领导小组会议和各部门专项会议，及时反馈和研究执行情况，实施过程监督，强化目标的达成。

同时，我园组织全体教职工认真学习广东省教育督导室制订的幼儿园等级评估方案和实施细则，对照标准找差距，提出规范化的要求，将各条款内容落实到人，激发大家的集体荣誉感，使复评整改工作成为每一位教职工关心、参与的工作。

（三）积极整改

我园主要从以下五个方面抓整改。

第一，完善幼儿园设备设施，力争硬件达标。2012 年，我园在上级主管部门的大力支持下，增建图书资料室、塑胶操场和跑道。2011 年开始，我园在上级主管部门的大力支持下，积极筹集资金，对幼儿洗手间进行了大面积的改造和维修，全面整改，包括更换厨房炉灶设施，安装和维修教学楼消防水管和消防栓，更换全园的灭火器，在大堂地面和楼梯安装防火、防滑、防磨地材，增建幼儿图书室，改造医务室等十多项工程。这些建设项目不仅消灭了我园存在的安全隐患，而且大大改善了办园条件。

第二，抓好班子建设，夯实思想基础。根据《广东省幼儿园督导评估方案》要求，我园认真抓好行政领导班子建设，立志建立一支"务实、开拓、专业、合作"的高品位领导班子。我园领导班子现有园长 1 人，副园长 2 人，教研员 1 人，兼职工会主席、团支部书记各 1 人。我园从创建开始，以第一任园长赵淑芳为核心的领导班子（1993 年 3 月—2009 年 7 月）就把评估上等级以及打造一流幼儿园作为幼儿园发展目标，使幼儿园不仅各项工作得以规范建设，而且迈向优质特色示范园。现任园长姚艺承先启后，积极建设新班子，把办园目标定得更高，共同制定出新的幼儿园发展指导思想：坚持"尊重平等、自由责任、和谐快乐"的办园理念，强化文化品牌意识，面对新挑战，拓展新思路，创建新模式，确保办园目标的实现。

第三，抓教育观念的转变，落实《幼儿园教育指导纲要（试行）》和《3—6 岁儿童学习与发展指南》精神。正如教育部基础教育司前副司长朱慕菊所说，"变化是全方位的，但观念的变化是最关键的，也是最深刻的"。为了积极推动幼儿园复评工作，我园结合工作实际，反思开展课程改革实验的经验，认真扎实地学习《幼儿园教育指导纲要（试行）》和《3—6 岁儿童学习与发展指南》，加深理解，积极落实，真正使其成为每个教职工的教育改革行动纲领。

第四，抓幼儿园园本课程开发，努力提高教育质量。近几年，我园以第三次复评中专家提出的有关园本课程建设方面的建议为切入点，不断反思我园 20 多年来在课程建设上走过的路，积极开展幼儿园课程改革，取得了较大进展。各部门同心协力，明确课程建设的目标，加快课程建设的步伐，建立了科学、完善、具有特色的梅林一村幼儿园园本课程教育体系。为了完善幼儿园课程体系，推动创建工作向更高层次发展，我园成立了幼儿园"园本课程"研发及方案编制课题组，推进新课程师资培训计划，加强与社会的联系，积极发挥园本课程的示范作用。

第五，重视校园文化建设，发挥环境育人的作用。校园文化在幼儿园教育中发挥着重要作用，对教职工和幼儿有着潜移默化的影响。为了推动创建工作的高标准运作，我园把营造和培植梅林一村幼儿园文化确定为建设现代化幼儿园的一个重要内容，把幼儿园文化看成是打造高品质幼儿园的一个不可缺少的要素，积极倡导和培植"尊重平等、自由责任、和谐快乐"的校园文化，明确我们肩负的工作使命是多么神圣与庄严，使每一个教职工在工作中树立正确的世界观、人生观和价值观，把对生命的理解和追求倾注在对教育工作的热情中，让每一个幼儿在这样和谐、宽松、科学的教育环境中度过他们幸福的童年。

通过自查、整改，对照省级幼儿园评估方案46条评估指标，我园得分情况如下：办园条件得分，自评144分，占分值的96%；管理与效益得分，自评346分，占分值的98.8%。总分490分，占总分值的98%。

自评结果表明：我园的办园条件和办学水平达到《广东省幼儿园督导评估方案》中省一级幼儿园的要求。现特向省、市人民政府教育督导室呈报复评申请，请予以审定。

三、主要做法与办园成绩

（一）追求文化品质，创建特色适宜的教育环境

1. 以儿童为本，创建温暖幸福的儿童之家

在《幼儿园教育指导纲要（试行）》《3—6岁儿童学习与发展指南》的指导下，我园以幼儿发展为本创设良好的办园条件，坚持统筹规划，分步实施，勤俭办园，开源节流。每班常年设置废物收集箱，仅废物利用制作的玩教具、体育器材（如轮胎、软梯、滑板车等）就多达200多件，节省了大量经费。经过几年有计划的投入，幼儿活动室、功能室及室内设备趋于完善，配置科学，功能齐全适用，符合幼儿学习、生活活动的需要。利用现代技术手段，我园已实现办公自动化，建立了现代化办公管理系统、内部校园网和"太阳宝宝大型幼教网站"，各班都建有自己的班级博客和家长QQ群，实现了亲、师、生多方位、多渠道互联互通。幼儿园大型网站配置服务器2台，每班配备1台电脑，教师办公室配备多台电脑，其他各行政办公室共配备了13台电脑。现代科技在教育管理中的运用，给我们的工作带来了便捷和高效

率，为实施现代化教学打下扎实、良好的基础。同时，为了满足教育教学发展需要，我园还建立了资源信息中心，内有书籍 15 000 余册，师生总数与藏书量比例为 1：25，是深圳市各级各类幼儿园中藏书量最大的，每班还配有数码照相机、录音机、钢琴及各类智力开发玩具，这些都极大地满足了幼儿学习发展需要，也满足了教师学习、创新的需要。

2. 以发展为目的，创设丰富有内涵的教育环境

幼儿园环境既是一种隐性的教育资源，又是一门隐性的课程。"一个好的环境连墙壁都会说话"，坚持以促进幼儿发展为目的，我园对有教育内涵的环境进行着持之以恒的追求与实践。

幼儿园学习环境能充分利用和创设空间，追求天真自然的美，让幼儿接受大自然的熏陶，感受自然的抚摸。班级自然角、建构区都设置在班级花园阳台处，让幼儿在游戏中感受、运用自然之美；充分利用墙面环境，让幼儿成为环境的设计者和制作者，教室考究的幼儿作品展示、像家一样的幼儿相片置放，使身在其中的幼儿时刻感受到安全、温暖、接纳。在有内涵的教育环境创设中体现立体化、平衡化和动态化，表达着幼儿立场的审美效果，一切以幼儿为本，透过外显的物品，材料的摆弄、操作，让幼儿的学习过程看得见，真正使环境成为幼儿全面发展的支持系统和第三位教师。

3. 以品质为目标，营造尊重民主的文化环境

蒙台梭利曾经说过："教育的首要任务，就是为幼儿提供一个良好的环境。"我园从 1999 年开始成立环境创设领导小组，对幼儿园的环境进行全面布局规划，把环境创设与环境育人结合起来，对幼儿园的外围环境、校园人文环境、班级环境都进行了有计划、有目标的改进。

首先，优化外部环境，营造教育氛围。

其次，以创建学习型组织为核心，建立良好的人文环境，营造校园文化氛围。

再次，环境创设中充分体现出梅林一村幼儿园文化的核心理念。我园的主色调是褐红色。褐是大地的原色，昭示着厚德载物，代表了母亲，代表了生命，代表了希望，代表了未来。褐色涵盖着柔绒的小草和满墙的绿藤，褐红色的园子寓意擎天大树。小草、绿藤、大树的成长离不开阳光、空气和水分，预示着师幼、课程、环境、管理形成的成长共同体。

最后，在幼儿园的园徽、园歌、园服设计上彰显幼儿园文化的内涵。

（二）实践学习型组织，运作高效务实的管理模式

我园自 1994 年开始进行学习型组织的研究，几十年来一直用学习型组

织的理念指导幼儿园各项改革，已积淀了学习型幼儿园的文化和特色，形成了学习型组织的管理模式，该模式于2006年12月被中国学前教育研究会立项为"十一五"课题，2010年顺利结题。经历了十几年探索，在学习型组织的引领下，幼儿园管理工作不断改革和创新，呈现生机勃勃的景象，从优秀走向卓越。

1．建设一个"专业、务实、开拓、高效"的好班子

加强修养，身正为范，是领导班子建设的目标。开展幼儿园课程改革，实施素质教育，有赖于广大教职工的辛勤耕耘和创造性工作，但办好教育的关键在于领导。只有好的领导班子，才能带领教职工积极而有创造性地实施和推进素质教育。领导班子的每一位成员努力做到自觉学习，经常反思，不断提高政治敏锐性和鉴别力；加强自身修养，克己奉公，培养高尚的人格；转变管理思想，树立"以人为本"的理念，变"控制"为支持和服务，变指挥为指导和交流，真正做到"专业、务实、开拓、高效"。

2．实行绩效工资管理模式，建立激励机制

从2009年初开始，为了推动幼儿园更好更快地创办"全国一流幼儿园"，激发教职工活力，吸引更多的优秀人才，在幼教管理中心的统一部署下，我园全面实行了以绩效工资改革为切入点的人事薪酬和管理改革。首先，激励教职工，调动他们的内在积极性，是我园实施"以人为本"管理思想、尊重信任教职工之根本。其次，在幼儿园的绩效管理中，我园实行分级考核聘任制管理，基本步骤是：出台章程，统一认识；健全组织，协调步骤；合理设岗，科学考核；双向选择，竞争上岗。

3．加强团队建设，形成集体的向心力与凝聚力

集体的力量是无穷的。我园在管理中，思想统一，目标明确，力图打造梅林一村幼儿园品牌，争创全国一流幼儿园。在支部大会、教职工代表大会和园务委员会上，对中层干部、全体教师，要求全园上下紧紧围绕幼儿园的工作目标，齐心协力，共同努力。出现问题时及时沟通提醒，工作遇到困难时及时提供帮助，取得成绩时予以由衷的赞赏，工作失败不如意时予以积极的引导和鼓励。全园上下一致，彼此鼓劲，体现一种愉快的合作精神，形成一支优秀的团队。

（三）强调持续学习，成就有创造力的专业教师团队

随着时代的发展，教育的功能正在发生巨大的变化，并对教师的作用赋予了新的内容。为了实施《幼儿园教育指导纲要（试行）》，提高教师队伍的整体素质和专业水平，我园坚持把管好队伍、建好队伍、带好队伍作为实

现教师队伍专业化、办好幼儿园的关键。

1. 建设善于反思的研究型教师团队

唤醒每一个教师的自我成长意识，发挥每一个教师的潜能与智慧，让教师沿着自己的个性轨迹成长，积极主动地自我发展，在不断进行的教育实践中形成具有个性与个人风格的教学经验。

2. 帮助教师在先进的教育理论指导下成长

我园借助行动研究不断对教师的教育实践进行反思，积极探索和解决教育实践中的问题，努力提升教育实践的合理性，使教师逐渐成长为研究型教师。具体的做法是：在教师培训学习成长中，将教师研究型培养工作放在教职工队伍建设的首位，有计划、有目标、分阶段予以实施。

3. 提出目标，让教师在实践中获得专业成长

《幼儿园教育指导纲要（试行）》中特别指出了教师的专业成长问题。我们认识到：促进教师的专业成长，首先要加强教师教育能力的培训。我园立足本园，充分与北京师范大学、华南师范大学合作开展幼儿园科研活动，以此对教师进行培训，提高教师的教育理论水平及能力，真正实现"孩子发展，我发展；幼儿园前进，我提高"的目标。

（四）建设特色化课程，彰显以儿童为本的优质教育

几年前，我园就明确了"以科学发展观为指导，以建构学习型、研究型、示范型幼儿园为出发点，以管理和组织文化为核心，以课程研发、实践为载体，实现全环境支持系统教育的课程模式，促进幼儿、教师、家长三大人群的健康和谐发展"的发展方向。我园成立了以业务副园长为组长、教师为成员的教研组，专门管理和指导全园教研工作，并与北京师范大学、华南师范大学等高校合作，充分利用大学特有的资源优势，开展信息收集、师资培训、引进课题、指导教学等活动，使我们的科研工作走上优质高效的道路。目前，我园大力引进先进的幼教理论，开展科学实用的课题研究，大大促进了幼儿园教育教学改革的进程。我园现有国家级重点课题"儿童意外伤害防范研究"、深圳市教育科学研究院立项的"十五"重点课题"幼儿园家委会自主运作模式研究"。同时，我园还是教育部信息中心确定的教育网站示范基地、广东省教育厅确定的"广东省幼儿园园长研修班"实习基地、福田区体育局指定的"国家儿童身体素质测查"基地、广东省落实《3—6岁儿童学习与发展指南》实验园、广东省"幼儿园一日生活策略研究"课题组成员。我园积极开展幼儿园各项课题研究，为园本课程建设和形成幼儿园优质教育品质奠定基础。

1. 跟随孩子，优化课程

在现代教育理念引领下，我园结合办园宗旨和教育哲学思想，学习、借鉴和整合了先进的学前教育模式，进行课程的改革和建设，使课程理论基础、课程目标、课程内容与方式、课程评价都发生了根本性的转变。首先，明确了课程改革和建设的目标和意义，完成我园特色的全环境课程体系建设，并在课程实践中取得了明显的教育效果。其次，确立了我园的课程内容是以儿童活动为中心，全环境课程是以促进幼儿主动学习为价值取向，以直接感知、实际操作和亲身体验为主要学习方式，强调全环境支持系统对幼儿学习与发展的重要性。在全环境支持系统中，幼儿在对话、互动、建立关系的基础上积极、主动构建对事物认知和理解的过程。全环境课程包含"提供有秩序的一日生活""创设有准备的学习环境""成就有创造力的专业教师""支持有准备的优秀家长"等四个课程实施途径。最后，制定了涵盖"对儿童学习与发展的评价""对家长学习与成长的评价""对教师的专业素养和各项教育能力的评价""对环境、材料适宜性的评价"和"对课程本身（课程目标、课程内容、课程组织与实施）的动态评价"等五大方面的课程评价体系。

2. 开展课程体系下的师资培训

我园通过各种培训，积极提升教师的学习能力和思考能力。选派教师到意大利、新西兰、澳大利亚等国家和中国香港参加蒙台梭利教育培训和学习、环境与策略的观摩培训；每学期派教师到南京、成都参加中国蒙台梭利教师培训；每学期请中国台湾和北京师范大学的蒙台梭利教育专家来园开展教师培训；积极借鉴学习实验室的方法开展多样化的园本培训，举办全环境课程开发意义与目的专题讲座。根据课题开展情况，开展"论幼儿园全环境教育课程的目标与内容""幼儿园学习环境的有效性"等培训活动，并组织教师研读蒙台梭利教育原著及多元智能的理论图书。通过有计划、专业性强的学习与培训，帮助教师明确课程改革和建设的意义和方向，树立正确的儿童观、教育观和教师观，使教师积极参与到幼儿园园本课程改革与实践中。

3. 基于课程体系下的园本教研

在园本课程研究的带动下，其他日常教研工作也全面推向纵深。随着园本课程体系的不断构建，园本教研中的行动研究策略更加支持教师专业化发展。首先，支持每一位教师成为设计思考者，教师在与幼儿、家长有关的工作中对以"班"为基点的主题拥有选择与决定权，能参与计划自己的工作内容，对自己的专业发展作决定。其次，让教师在日常园本教研工作中获得专业认同感，帮助教师持续修正专业思考。最后，建立"教学相长"、有创造力的学习共同体。幼儿园把建课程、带队伍、学理论、抓落实、重实效作为教育教学常规工作来抓，根据教师的个性特点和教育特长组成了各种团队，如学科教研小组、读书小组、问题研讨小组、策划创新小组等，形成共同分享、合作支持、共同成长的氛围和平台。

（五）创建家园共同体，打造自主参与的家长工作特色

近几年来，在学前教育课程不断发展的过程中，加强家园合作的呼声一直没有停歇，愈来愈多的研究和实践告诉我们，虽然影响课程的因素不断推陈出新，但是家长参与和家长教育资源的整合始终是课程成功的重要因素。

我园将实现家园相互配合、同步教育，促进亲、子、师三大人群的共同成长作为办园宗旨之一，将家长工作的探索与实践纳入课程体系，以各种活动促进家园、社区的同步教育，形成园本课程体系下的新特色。具体如下：

1. 达成共同愿景，建立新型的家园关系

幼儿园的品牌和优质的教育，需要家长真心认可、口碑相传。因此，一方面要将抓观念转变作为突破口，引导和激发每一位教职工敢为人先的创新意识，使他们牢固树立服务意识，从管理优质到教学优质、从各项活动的优质到伙食营养优质，都严格要求，精心组织，讲求一个"优"，落实一个"品牌"。同时，让教职工换位思考，认识到幼儿园的教育质量体现在为家长服务、为幼儿发展成长服务上。

另一方面，幼儿园开放各种途径，以开放和接纳的心态让家长真正走进幼儿园，从教育教学、卫生保健、安全设施、营养膳食等各个方面对幼儿园的工作进行检视、督察。如我园每学期都组织"家长督察日""家委会轮值日""家长助教"等活动，让家长近距离地接触幼儿园，创造家园之间真实的沟通渠道，为构建新型家园共同体奠定坚实的基础。

2. 紧贴课程需求，引领家长全面、多角度、深层次参与

（1）引领家长，了解和接受课程和教育的理念。随着我园课改力度的加大，在引领家长参与的过程中，我们打破以往单向的传授型方式，转为多向互动型方式，借由多元、深层次的参与活动，建立教师与家长之间、家长与家长之间、家长与孩子之间相互学习和双向沟通的环境与平台。

（2）开放平台，创设多元化的家长参与途径。我园创设多种家长参与课程的途径，有固定的"参访日"的开放，家长助教、家长导师、家长义工、羊爸羊妈安全护卫队、家长督察日、蒲公英亲子读书会、亲子种植小分队等形式，让家长有计划、有目的地参与到具体的课程实施中，引领家长多方参与幼儿在园学习，为课程的实施和发展添柴加薪。同时，为了让家长真正走

入课程，我园采用多种策略，从不同的层面帮助家长。例如，事先与家长助教交流，简单地介绍活动程序、参与时的注意事项等，避免家长因无明确目标导致在参与过程中产生挫败感，降低参与的价值；开展有关幼儿园课程模式的讲座，帮助家长正确看待幼儿的学习；等等。我们还鼓励班级开展特色课程参与活动，如"妈妈故事团""周五全家秀""熊爸、熊妈在一起""妈妈晨读会""爸爸温暖日"等。

（3）有效参与，促进亲、子、师三大人群的共同成长。家长对于亲职教育以及幼儿园课程、事务都缺乏相应的了解。幼儿园创造各种渠道，积极引领家长参与到幼儿园的教育过程中，给家长提供了重要的学习机会。家长在参与的过程中，提升了亲职教育的技能与理念，改善了亲师、亲子的关系，增强了教育能力，提升了自信心，随之产生了教育的愉悦感，家园关系呈现出崭新的状态。

3. 满足家长不同层面的科学育儿需求，提高亲职教育有效性

亲职教育并不是一个新话题，在幼儿的教育上要形成幼儿、家长、教师的亲和伙伴关系。目前我园在开展亲职教育上已经能够关注到两个点：首先注重区分各个年龄层的亲职职能，目的比较具体化；其次内容和形式比较重视参与者的个别性需求，有明确的步骤，形式多元，注重活动的延伸和教育内容在家庭中的实践与运用。我们的做法是：

（1）建立亲子育儿咨询室。

（2）提供家长之间学习的机会。组建"正面管教学习小组""摄影爱好小组""植物大发现""心理援建"等小组，利用家长资源组织形式灵活多样、内容贴近家长需求的学习成长机会，既改善了家长的教育观念，又增强了家长的教育实践能力。

（3）为家长提供"菜单式"亲职培训。

4. 依托课题，创建自主运作、自治管理的家委会运作模式

幼儿园的家委会是家长工作的核心力量，我园有效地发挥家委会的力量，转变"配合"，导向"责任、义务"，让家委会能够自主、自助良性运作。我国于2011年承接了广东省教育科研课题"促进家委会自主、自助的家委会运行策略"，近些年来在不断的探索和实践中获得了宝贵的经验和成果。以下是我们的一些做法与成果：充分沟通，达成对家委会工作意义的再认识；信任与接纳，提供家委会茁壮成长的沃土；尊重、支持，协力家委会自主运转；赋权与放手，助力家委会"唱主角"；承上启下，家委会自主顺利开展换届交接；家委会自主运作，打造幼儿园阅读特色。

（六）注重健康教育，确保卓有成效的卫生保健工作

儿童健康是卫生保健工作的首要任务，我园认真贯彻"预防为主、科学育儿"，为在园幼儿提供充足的营养素，控制传染病，降低常见病的发病率，坚持组织幼儿进行体格锻炼，增强体质，培养幼儿良好的生活习惯、卫生习惯和独立生活能力，促进幼儿身心正常和机能的协调发展。

1. 树立服务观念，开展卫生保健工作

树立明确的服务观念、服务意识，以尊重、平等、协作为原则，视家长和幼儿的需要为己任，视一切有利于幼儿身心健康和发展健康的工作为核心，使优质服务的精神深入到卫生保健工作的每一个细节。例如，为增强家长在幼儿园卫生保健工作中的责任感，幼儿园实行开放式管理，与家长共同协商、制订幼儿卫生保健工作计划；每学期定期在园内进行幼儿身高、体重、血色素的体检，给予每个家长一份通知，告知应注意的喂养事项。

2. 科学制定生活制度

为确保幼儿生长发育，科学地制定幼儿生活制度，培养幼儿良好的生活习惯和独立生活的能力。制定"幼儿一日生活常规和作息制度""幼儿进餐注意事项""使用空调时幼儿保育要求""幼儿午睡保育要求""五官科保健制度""体弱儿管理制度"。每学期初，组织保教人员认真学习，根据季节变化编制每周幼儿带量食谱，计算营养量，平衡膳食，合理喂养，加强膳食管理，提高膳食质量，充分满足幼儿营养需要。近三年，各项营养调查显示，各类营养素的供给量均达90%以上。在近期体格检查中，缺铁性贫血幼儿发病率逐步降低到5%以下，有效矫治率为95%，营养不良率为零。

3. 注重幼儿心理健康

我园在完成常规保健工作的基础上，开展幼儿心理健康教育和研究。具体做法如下：

首先，我园运用"积极心理治疗"的三个工具，即四方模式、平衡法则、希望与爱的原则，结合《0—6岁儿童心理量表》和气质评估，全面了解幼儿的成长环境和陪伴幼儿成长的家庭以及家庭成员之间的相互关系，寻找问题幼儿背后的原因。

其次，利用《0—6岁儿童心理量表》，对幼儿进行适龄的神经心理发育测评，了解幼儿在大运动、精细运动、语言、社交行为、适应能力五大领域的发展状况，了解其强弱项在哪几大领域，尽量让幼儿在能力突出的方面得到更多的发展机会，以带动弱项的发展，从而有效提升幼儿各方面的能力，使之得到均衡的发展。

最后，通过家庭咨询，提升家长在亲子沟通、亲子互动、抚养方式、维护家庭和谐等方面的能力。针对幼儿发展中的心理与行为问题，为家庭提供帮助，包括发展性辅导和矫正性辅导。

同时，我园定期开展幼儿心理健康知识培训，请专家进行专题讲座。如请妇儿医院医学心理博士、瑞士的心理专家来园讲课，开设心理咨询服务；等等。同时建立心理保健制度，进行幼儿个案记录及心理分析，开展情绪管理，从日常心理保育、特殊幼儿保育、心理问题追踪和筛查等几方面着手，开展幼儿心理健康活动，培养幼儿良好的心理素质。

4. 加强对幼儿体育锻炼的指导，增强幼儿体质

我园是福田区体育局指定的儿童身体素质测查单位，在幼儿体育活动中，保健医生协同体育教师坚持随时抽查、测试幼儿的运动量，严格并确保幼儿户外体育锻炼的要求和每天不得少于两小时锻炼时间，并从安全卫生的角度，加强对幼儿体育活动的监护，做详细记录，同时督促各班严格执行"幼儿体育活动安全要求"及活动后的整理要求。每年的幼儿身体测查优秀率都能达到95%以上。

（七）积极开展保健科研项目，为幼儿健康发展做出积极贡献

（1）参与课题一"全国0~6岁儿童单纯性肥胖症干预研究项目——深圳3~6岁儿童肥胖干预方案"，此项目得到了国家妇幼中心蒋竞雄研究员的认可。

（2）参与课题二"深圳市妇女儿童意外伤害预防与控制"，依托项目内容，结合本园实际工作，形成了独特的安全教育模式，并在全市进行了推广。论文《浅析幼儿意外伤害的预防》在第六届全国伤害预防与控制学术会议上进行交流，获得国内知名专家一致好评。

（3）参与课题三"深圳市学龄前儿童维生素D水平与身高的相关新研究"，正在研究阶段，相信该课题的研究会为我园促进儿童身体素质发展起到理论支撑作用。

（八）珍惜幼儿生命，完善精细化的后勤管理体系

细节决定成败，在幼儿园的安全管理中，"百分之一的疏忽，就可能导致百分之百的失败"。安全管理不能有一点儿松懈和一点儿漏洞，必须要有高度的责任感，付出更多的爱心、耐心和细心，才能把各环节的安全落实到位。我园的安全管理实行精致化管理，做到细化、常化、内化，也就是细化全园各部门、各岗位、各环节的安全管理细则，做到各部门安全工作常态化，并要求每个教职工把工作要求细节内化于心，融入自己的工作行为当中，养成良好的行为习惯，做到安全人人负责。全园教职工共同努力，把幼

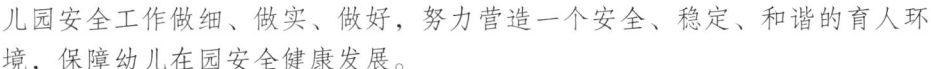

儿园安全工作做细、做实、做好，努力营造一个安全、稳定、和谐的育人环境，保障幼儿在园安全健康发展。

1. 强化责任，健全机制

（1）设立以园长为组长、后勤副园长为副组长的幼儿园安全工作领导小组。领导小组全面、具体负责幼儿园安全工作的开展、落实，认真履行安全工作职责，及时研究和解决各种安全问题和安全隐患。

（2）明确安全责任，强化安全责任重于泰山、安全人人有责的意识。全体教职工明确自己的安全职责，以幼儿的生命安全为己任，以高度的责任心关爱幼儿的安全。每学期初，全园教职工对照自己的工作岗位制订相应的安全计划，层层签订安全责任书，明确自己的安全职责。

（3）建立责任落实机制，层层建立责任制，把安全工作责任落实到各部门、各岗位及每个人，确保各教育时间、教育空间的安全工作都有人管，深化落实一岗双责，做到"人人都管理、处处有管理、事事见管理"。

2. 制定标准，细化流程

制定标准，细化流程，让每个教职工都能履行职责，规范行为。流程越精细，教职工越能清楚地知道如何去做、做到什么程度，有利于把事情做到位，做细做精。

3. 强化监管，深化落实

安全工作重在落实，强化一日活动各环节的安全细化工作和安全检查措施，日常管理和动态管理相结合，及时发现问题，排除隐患，确保幼儿在园学习、生活安全、愉快。

4. 风险预控，安全教育体系化

在幼儿园的安全工作中，我们坚持"预防为主，教育为先"的指导思想，立足防范，预防各类安全事故的发生。为了提高"亲、子、师"三大人群的安全意识、素质和防范能力，我们以幼儿安全活动为载体，开展了丰富多样的安全主题活动，把安全教育融入课程当中，并延伸到家庭、社区，促进社区居民的安全与健康，全员参与、全员受益，做到安全教育体系化。

5. 积极联动，多方合作

主动联系街道、社区和各职能部门，争取多方力量，建立长效联系机制，确保幼儿园的安全。派出所在幼儿接送的重要时段，派出民警加强幼儿园门口安全保卫，平时加强对幼儿园周边的安全巡视。消防大队定期为幼儿园做消防检查，排除幼儿园的安全隐患。管理处为幼儿园提供各种社区资源，密切配合幼儿园，支持幼儿园的各项活动。例如，幼儿园每天有四个班级到社区公园进行户外活动，在幼儿户外活动时间，管理处派人员跟随保卫。家长组建护卫队，在每天放学时段轮流到幼儿园门口值班，确保幼儿的安全；在幼儿园大型活动或园外活动中，家长义工协助幼儿园维持秩序，保护幼儿。

安全工作重如泰山，我园认真做好安全工作，及时解决安全保卫工作中发现的新问题，不断提高我园安全保卫工作水平，让每一个孩子在幼儿园里健康、快乐地成长。

四、存在问题与发展方向

总结回顾我园在省一级幼儿园的基础上争创全国一流幼儿园的艰辛历程，我们体会到：正是深圳市教育局和深圳市深投幼教运营有限公司的直接领导和关怀，使得梅林一村幼儿园能坚持正确的办园方向，取得较好的办园效益，得到社会、家长的认可和高度评价。同时，全体教职工在正确的教育观念指导下，用爱心付出和专业、努力的探索取得明显的教育成效。我们希望通过参加复评活动，看到前进路上存在的问题和努力的方向。

我园多年来一直在进行课程改革，建立了比较稳定、具有我园特色的课程体系，但课程的落实与推广需要有一支思想素质高和专业能力强的教职工队伍。随着有经验的老教师逐年退休，吸引和培养我们所需要的教师加入并安心从教，是幼儿园目前的首要任务。

目前，我们开始有针对性地在全园范围内实施校园文化建设，营造和培植以人文关怀、与人为善、宽容友爱、合作尊重、服务至上为核心的梅林一村幼儿园精神，希望在促进园本课程建设的基础上加大力度开展幼儿园文化建设，实施文化管理，真正实现学习型组织的管理目标。

（执笔人：姚艺　钱小芹）

实例分享 10

爱悦筑梦　给孩子快乐童年

——佛山市机关幼儿园广东省一级幼儿园复评自评报告

第一部分　幼儿园基本概况

佛山市机关幼儿园创办于 1954 年，是佛山市政府举办的一所公办全日制幼儿园，凝练了"自然·爱·悦·梦想"的办园理念，坚定了"培养健康、快乐、创新的孩子"的办园目标，历经64年的发展，成为一所内涵丰富、示范效应显著的品牌幼儿园，也成为国家级可持续发展教育实验学校、广东省《3—6岁儿童学习与发展指南》实验园、广东省基础教育研究实验基地学校、中国财经素养教育协同创新中心实验基地、广东省餐饮服务食品安全示范单位、佛山市示范性幼儿园、佛山市学前教育教师培养实训基地园等，荣获全国青年文明号、佛山市师德师风建设先进集体等荣誉称号。教学成果"'悦'体育园本课程的构建与实践研究"获2018年基础教育国家级教学成果奖二等奖，被广东省教育厅推荐参展第四届中国教育创新成果公益博览会，面向全国推广交流。"运用愉快园本课程促进幼儿身心和谐发展"获2017年广东省教育教学成果奖（基础教育）一等奖。

我园环境优雅，设备设施完善，具有浓厚的人文蕴涵，各功能区域和谐共融，是师幼共同成长的温馨家园，曾被原广东省省长卢瑞华誉为"快乐的儿童世界"。本学年，设有30个教学班，在园幼儿1 008名。全园占地面积12 012.55平方米，生均11.92平方米；建筑面积13 655.95平方米，生均13.55平方米；户外活动场地使用面积7 936.21平方米，生均7.87平方米；绿化覆盖率为55.5%。户外区域一应俱全，户外活动环境合理规划，创设了五大园——运动园、自然园、玩悦园、创意园和故事园，有儿童篮球场、足球运动场、梦幻河流、大型沙水区等。室内功能室有创意美术室、科学室、快乐体操室、稚梦故事屋等，满足了教育教学活动和幼儿发展的需要。幼儿园实现了多媒体教学和电脑办公，全园拥有超大容量的园内共享资源库。

我园拥有一支高素质的优秀师资队伍。现有教职工168名，专任教师84名，教师专业合格率达100%，教师大专以上学历达93%；保育员33名，均具有高中以上文化程度并受过幼儿保育职业培训；医务人员4名，均达学历要求且具有上岗证。

第二部分　办园主要举措及成效

一、办园理念凸显，走优质化发展之路

（一）核心理念为引领，使育人目标更明确

《幼儿园教育指导纲要（试行）》指出，幼儿园应使幼儿度过快乐而有意义的童年。我园坚持以"自然·爱·悦·梦想"为办园理念，以"培养健康、快乐、创新的孩子"为办园目标，充分体现出全园教师对"尊重幼儿

发展规律，回归生命教育"的执着追求。我们认为，"快乐而有意义的童年"最好的写照就是让幼儿在自然环境中成长，学会感受爱和表达爱，以愉悦的心情享受童年，以自信和宽容的态度悦纳自己、悦纳他人，拥有绚烂的梦想，成为身心健康、快乐和具备创新精神的孩子。

（二）"家"文化为底蕴，让育人氛围更浓厚

经过多年的探索，我园始终从"家"文化出发，一丝不苟地实践着办园理念，形成以"自然·爱·悦·梦想"为核心的文化氛围，体现自然、优美、适合幼儿成长的物质环境和体现自由、关爱、和谐的精神环境，形成了独有的品牌形象和"家"文化。

一是注重从场室布置、文化视窗、标志标牌等细微的地方凸显我园的办园理念和文化价值取向，将自然环境与人文环境相结合，让每一面墙壁都说话，让每一件物品都具有教育意义，让每一个角落都服务幼儿。

二是从形象抓起。全体教职工加强了为幼儿和家长服务的意识，内强素质，外塑形象，培养了自律、自尊的意识和良好的职业行为习惯。通过专业礼仪形象指导，打造"微笑教师"，为温馨和谐的"笑园"文化增添了一道美丽的风景。

二、园务模式创新，走现代化管理之路

（一）实施目标管理，提高管理效能

我园领导班子结构合理，富有改革创新精神，拥有大局意识，紧密团结，相互协调、合作、监督，凝聚力强，重视观念更新，用前瞻的教育与管理理论指导和引领幼儿园的跨越式发展。在管理中，实行"园长责任制"。幼儿园形成目标管理体系，实施层级管理，责任到人，促进各部门优质、高效地做好各方面工作。

（二）健全管理制度，形成长效机制

制度健全，不断完善、创新是我园不断提高保教质量的关键。我园长效机制主要表现在：

一是根据实际情况调整、健全制度，完善了一系列的管理制度、应急预案和规范的幼儿园章程。

二是创新激励机制。设置多种激励表彰项目，如先进工作者、微笑教师、先进班级、服务之星、优秀教研组、物品管理标兵班等，最大限度地激发教职工的工作热情。

（三）赋予人文关怀，推进民主管理

幼儿园一直秉承"人文"理念开展工作，形成了"高效、实效、民主"的管理氛围，实行中层干部竞争上岗制度，完善"岗位聘任工作实施方案"。园内组织机构健全，职责明确。

我园全面实现了情感化管理，创设了园长与教师、教师与教师、教师与幼儿、幼儿园与家庭共同成长的平等伙伴关系。设置"园长接待制度"，每周设定"园长接待时间"，园长与教职工和家长加强沟通交流，帮助员工调整工作情绪和吸纳良好的工作建议。

三、师资配备精良，走专业化成长之路

（一）师德建设为根本，提高教师的思想境界

结合实际，我园以师德建设的长效机制指导实践，一直把师德建设作为重点工作，列入年度工作计划。

情绪管理一直是教师专业发展的重点。因此，我园一直关注教师的心理健康，扎实开展教师的情绪管理工作，以情绪教育引导教师拥有健康生活和阳光心态。如由具备心理咨询师资格的保健医生向教师提供心理咨询服务，在日常工作中鼓励教师真正做到"生气时不教育，教育时不生气"，并总结多年教师情绪管理的工作经验，编辑了《情绪管理小课堂》供教师查阅、学习。我们还专门聘请专业心理咨询师对教师进行"沙盘游戏"心理辅导。

（二）科学培训为载体，建设学习型教师团队

我园园本培训科学有效，认真对待每一位教师的成长，调动教师学习的主动性，帮助教师从工作实践和教育思想上不断完善自我、提升自我。其主要特点表现在：

一是重反思。我园教师的反思基于教学实践的问题深入钻研，常通过多种策略和方法审视、分析自身的教育观念和教学活动。

二是推自主。我园积极引导教师学会自主教研，以教学问题为抓手，开展行之有效的自主教研活动。

三是善合作。形成年轻教师与骨干教师相互学习合作的关系，师徒结对，"抱团发展"，建立互助成长的模式。

四是全覆盖。对于教师的日常培训分为园内培训和园外培训。

（三）实践研究为动力，带领教师走幸福之路

为提升教师的职业幸福感，我园重视为教师创造条件，引领教师走上研

究之路。

1. 围绕四大重点，提升教研质量

我园园本教研是"基于行动的体验式教研"，有效解决了理论和行动脱节、被动与主动冲突的瓶颈问题。我园教研工作主要围绕四个重点展开：

一是加强教研组织建设，实现"全园教研"常态化。

二是加强体验式教研，实现教育资源共享。

三是完善教育教学的评估考核，全面提高教育教学质量。

四是积极引进专业研究人员，搭建实践联系理论的桥梁。

2. 立足园本课题，以科研促教学

我园科研团队建设成效显著，积极与华南师范大学、佛山科学技术学院等高校合作，增强科研合作能力，与高校专家零距离交流。

省级以上科研项目立项数稳步上升，承担重点科研项目的能力不断增强。承担了国家级课题 5 项，省级课题 12 项，市级课题 3 项，区级课题 17 项，形成了一批优秀的小课题，多个小课题项目获区级"优秀"小课题鉴定。

科研成果影响力持续提高。教学成果曾获 2018 年基础教育国家级教学成果奖二等奖、2017 年广东省教育教学成果奖（基础教育）一等奖、2012 年广东省中小学教育创新成果二等奖、佛山市"十一五"和"十二五"教育科研优秀成果一等奖。多篇论文公开发表和在各种活动中获奖。社会影响力不断扩大，作品《幼儿园户外混龄区域活动——幼儿体育活动新探索》2017 年由华东师范大学出版社出版，《佛山幼儿教育实践与探索——佛山市机关幼儿园愉快园本课程建设》2018 年由中山大学出版社出版。

四、园本课程鲜明，走品质化建设之路

经过不断的探索、实践、总结和梳理，佛山市机关幼儿园以"自然·爱·悦·梦想"为理念，以愉快游戏为载体，构建起富有成效的愉快园本课程。

（一）对话自然，生成环境课程

儿童具有亲近自然、亲近生命的天性。自然对于幼儿具有巨大的教育价值，符合幼儿身心发展的需要。陈鹤琴先生说过："大自然、大社会是活教材。"环境课程的内涵是让文化和教育融入环境，让幼儿与环境交流互动、回归自然。

我园环境课程的一个层面是以幼儿园的自然环境为基础，通过课程环境的利用和营造而形成的园本化课程。环境成为幼儿亲近自然的"第一现场"，

成了幼儿主动探索自然的露天实验室。另外一个层面是指精神环境，遵循可持续性的绿色教育原则，打造环保型、节约型的生活环境，在课程中渗透滴灌、无土栽培等科学、节能的生产方式。每学年，我园把绿色教育工作列为教育工作的重点，让师生在活动中提高环保意识，增强了师生的环境保护能力和责任感。

（二）对话同伴，生成爱悦课程

"悦"体育课程立足幼儿身心发展，着眼教育前沿发展，准确把握幼儿教育发展的脉搏，创新活动形式，促进体育教育和幼儿身心发展的融合互动，积极探索"粤派"幼儿园体育教育的路子，形成了"悦"体育的课程理念及"悦"身体、"悦"身心和"悦"文化的三大价值追求，探索出一条具有鲜明特色的"悦"体育教育发展道路。"悦"体育的创新之处在于：一是创设"悦"体育办园文化环境。二是注重材料的本土性、自制性和趣味多样性，就地取材，利用岭南本土丰富的自然资源，自制运动器械。三是打造了户外混龄区域活动特色，让幼儿自选区域、自选教师、自选材料、自选同伴。四是融入岭南民间体育游戏，结合佛山武术、龙狮、水乡文化等元素，拓展具有岭南特色的幼儿体育活动。五是打造"大体育"活动课程，实现体育活动生活化、社会化。

开展"爱阅读"教育中，我们利用"全民阅读"的社会契机，以亲子阅读、师幼共读的方式，营造"全园阅读"氛围。"爱阅读"教育以绘本阅读、故事创作、戏剧表演为主要内容。教育活动从课堂向外延伸，以不同的形式促进幼儿体验阅读乐趣。活动形式丰富多样，为幼儿提供了一个丰富、宽松、有趣的多元阅读环境。在阅读环境的营造中，我们精心设置"稚梦童话屋"，牵手佛山市图书馆，在园内建立共享图书的佛山市联合图书馆。

在推进幼儿养成教育过程中，我们引导幼儿学会沟通和交流，培养幼儿良好习惯，主要通过礼仪小天使、国旗下的故事、小太阳广播、小小志愿者服务活动、自我服务能力活动和食育教育活动等活动实施教学实践。我们还善于组织文化主题活动进行"亲子教育""感恩教育""爱园教育"等。养成教育收到了良好的教育成效。每到毕业季都会有毕业班的幼儿和家长捐赠大树以表达对幼儿园的感恩之情，并由幼儿亲手种下。每一届的毕业幼儿都会亲手制作一块"梦想陶砖"留在幼儿园的"梦想墙"上作为纪念，以表达对幼儿园的怀念。

（三）对话自我，生成创意课程

创意课程以传统民间手工艺（编织、剪纸、陶艺、手影、折纸、翻绳）

为基础，结合幼儿学习与发展的特点，融入教学中，培养幼儿创新意识和创新精神。

一是关注民间手工艺活动中幼儿学习兴趣与学习动机的培养与探索，发掘民间手工艺活动对促进幼儿创造性品质培养的内在价值。二是打造"一班一特色，一室一文化"班级课程环境。三是拓展幼儿社会实践与体验。采取"请进来，走出去"的策略，在将民间手工艺"大师"引入创意活动的同时，也利用网络信息资源或到有相关特色的中小学观摩等方式，把资源引进课程中。四是促进家园合作。以民间手工创意课程为主线，将家园工作有效串联，拓展学习的时空，最大限度地让幼儿获得传统文化的滋养。

（四）体验—探究互动教学，发挥幼儿主体作用

我们在教学实施上坚持的原则是"以幼儿为主体"。在实施的过程，教师和幼儿双向互动，教师教学注重创造性的设计和引导，幼儿学习注重体验和探究式学习。突破传统教学，教师通过创设情境、随机教育、渗透教学等形式对幼儿的学习进行引导。在引导幼儿体验和探究学习时，突出幼儿的自主性和合作性，开展各种各样的"玩中学"活动。

（五）注重过程与多元评价，构建动态评价体系

我园幼儿身心健康发展也是教与学方式中实施多元评价使然。评价的内容是综合性的，评价的方式是多样化的。我园实现了评价主体的多元化——幼儿、教师和家长；评价方法的多元化——档案（幼儿成长档案、教师成长档案）、现场、信息、座谈、调查问卷等；评价指标的多元化——课程方案、幼儿发展目标、教师教学能力、家长参与程度与效果等。该评价体系更关注教育教学过程、注重幼儿成长等方面，幼儿园自评与外部评价相结合，幼儿园自主发展与多元监督指导相统一，全面收集了家长、幼儿、教师、社会等的评价信息，引导幼儿园不断提高教育教学质量。

从评价中，我们得到了许多对我园课程教育有益的支撑数据和案例，对于我园课程创新改革产生了很强的推动力。2006 年至今，我园都坚持开展幼儿体质测查工作。根据测查结果，我园幼儿的体质呈逐年进步的趋势，合格率有了很大提高，幼儿在动作协调、灵活、敏捷方面取得很大的发展。根据保健工作的统计，园内幼儿的常见病、多发病率少于 5%，缺点矫治率达90% 以上。

在促进幼儿身心素质全面发展的教育下，幼儿在各个方面的能力都很出色。我们抽样追踪了解了幼儿成长发展的情况，中小学校长、教师普遍认为佛山机关幼儿园的孩子有良好的行为习惯，思维敏捷，肯动脑筋，善于观察和发现，团队合作意识强，学习后劲很足，发展潜力巨大，基本向着主动学习、主动探索的趋势发展。

五、安全保健完善，走规范化管理之路

（一）卫生保健科学规范，保障幼儿健康身心

1. 重视保健常规工作，加强保健工作的指导性

我园积极开展保健常规工作。坚持做好每天的幼儿晨间检查和全日健康观察；严格实施家长委托服药，幼儿在园服药需家长签署委托书，由保健医生负责接药、核对和喂服，保证了药品使用的安全。幼儿各项保健指标符合要求，出勤率、常见病发病率、生长发育达标率、年生长合格率、缺点矫治率、五官保健检查等均达标。此外，儿童健康档案和保健管理档案完善，各种保健工作数据的收集、整理、统计分析工作准确细致，体现我园卫生保健工作的优质和高水平。

同时，保健主任加强对卫生保健工作的指导和检查，编印了保教人员使用的"市机幼保健保育工作要求"，针对不同季节、不同天气、不同疾病流行趋势、不同工作人员，提出不同的保健工作要求和指引。

2. 关注幼儿身体健康，提高疾病防控的警惕性

医务人员每天把好疾病防控的第一关，做好晨检工作。每天巡班，掌握班级缺勤儿童情况，加强对因病缺勤儿童的追踪管理。严格执行传染病隔离制度和疾病网络报告制度。与家长保持良好沟通，加强对家长的宣传工作，使家长们能及时了解和支持我们的疾病防控工作。坚持督促家长做好幼儿免疫预防接种工作，入园儿童预防接种查验证工作到位，儿童预防接种和查验证率达100％。

此外，我园严格执行卫生清洁消毒制度，落实各种防控措施。几年来幼儿园传染病防控工作到位，园内无传染病流行，多次得到省、市、区疾控部门肯定，我园也成了佛山市疾病控制中心接受检查的示范单位。

（二）食品安全从心做起，提高幼儿膳食质量

1. 推行"阳光厨房"工程，科学监管

食品安全是社会关注的焦点，也是幼儿园管理工作的生命线。"阳光厨房"的建设成为我园后勤工作的亮点，提高了后勤人员执行食品安全工作的自觉性和自律性。

我们以A级标准对幼儿园厨房进行规划建设，推出"讲程序、明责任、重质量、严制度"的工作要求，从细节做起，从常规规范，抓好食品卫生安

全。成立食品安全监督管理工作小组，创建了一个和谐、积极、进取、团结的厨房团队；修订《食品安全应急处置预案》，完善了一系列关于食品卫生和厨房工作的规章制度；严格执行食品采购安全制度和食品留样制度，专人专管，职责分明；认真做好厨房卫生和厨房工作人员卫生的管理。我园严格执行食品安全制度，推行餐厨用具色标管理和"4D"管理，按"两图两档两公开"标准要求建立食品安全管理档案。

2. 幼儿膳食分级制作，提高营养

在生活细节上，我园严格按照国家制定的带量食谱指标执行，打破了"大锅饭"的厨房运作格局，创造了幼儿园分年级做餐的先例，解决了传统"大锅饭"式的备餐无法满足不同年龄段幼儿营养需要的问题。同时，医务人员每季度开展儿童膳食调查工作，为优质平衡膳食提供科学依据。另外，我园食物多样，合理搭配，营养均衡，为体弱儿等有特殊需要的幼儿提供特殊饮食。

（三）安全工作务实开展，给予幼儿平安校园

1. 完善安全管理，提高安全意识

我园认真贯彻落实安全法律法规和方针政策，做好平安校园的创建工作。完善了安全规章制度和突发事故应急预案，健全了安全工作责任制和责任追究制。本着为幼儿的安全负责的态度，定期组织安全检查，认真落实隐患整改措施，坚持认真开展"安全检查周""安全教育月""安全检查日"和"安全检查时"工作。

我园安全工作档案规范齐全，加强对危险源的监控。全园各场室、各要道均安装了视频监控系统，周边围墙安装了红外线报警器，全天候开启，实施全方位监控。安保系统得到加强，超标准配置安保人员，设立了警务室，接送时段都有片区民警执勤。为让每一位教职工明确自身的安全工作责任，把安全工作落实到位，杜绝幼儿园事故的发生，每一学期组织教职工学习安全工作责任书的内容，并签订安全责任书。

2. 落实安全教育，关注幼儿安全

我园将安全教育纳入学期工作计划，定期开展安全教育宣传活动。在安全教育月中，幼儿园组织教师进行安全培训，学习安全制度、安全应急预案、安全意外事故的处理方法、安全用电等，加强教师对安全事故的防范意识和安全技能的学习。在幼儿安全教育上，常规教育和随机教育相结合。聘请法制、消防、交通等方面的专家对全体师幼进行安全教育。各班教师把安全教育纳入教育计划。

六、家园共育多元，走全方位沟通之路

我园充分发挥和利用家长及社区资源，形成促进幼儿发展的合力，发展幼儿的社会性，促进教育走向社会化，实践家庭、幼儿园、社会三位一体的大教育观。

一是充分调动家长的学习内动力和主动参与性。家委会、家长护卫队、家长助教团队等的成立，家长接待日活动、爸爸工作室、妈妈工作区等的开设，增加了幼儿园办学的透明度和与家长沟通的渠道，调动了家长参与教育活动的积极性。组织家长护卫队实行"护卫天使行动"，接送路段设"安全岛"，解决了道路拥堵的问题，此做法得到了佛山日报、佛山电台和珠江时报等多家媒体的报道和交警的高度赞赏。

二是重视家长学校的建设。通过专家讲座、父母课程、家长沙龙、家长交流和经验座谈等形式提高家长对幼儿教育科学观念的把握。园内还专设有"家长俱乐部"，家长之间、家长与教师、家长与园长等都可以利用这个空间开展活动和分享交流。

三是进一步增进与社区的联系和互动。例如，幼小衔接工作中，组织大班幼儿参观社区小学，邀请社区小学校长和教师参与家长座谈会，等等。与武警共建"阳光小军营"活动得到社区武警部队的支持。

四是通过网络资讯，让网站和公众号成为我园与社会外界、家长沟通的新型方式。在网站运行过程中，我园做到了时常关注网站的内容更新，激发家长和社会对我园持久的关注度，让其成为我园与社会各界沟通的坚实保障。

七、引领示范显著，走国际化发展之路

作为佛山市首家示范性幼儿园，我园积极发挥"名园""名园长""名师"的作用，深化改革创新，成为骨干培养的基地、教育教学示范窗口、科研兴教的引擎。

（一）帮助薄弱幼儿园的发展

一是成立广东省幼儿园聂莲园长工作室。在省教育厅和市教育局的支持下，2015 年聂莲园长被评为首批广东省园长工作室主持人，成为清远、肇庆、梅州、阳江和三水等地园长的导师，为这些地区的薄弱幼儿园带去先进的教育理念，深入一线观摩指导，举办现场诊断、专家讲座、课题研讨培训等活动，为学员提供互相交流、展示的平台。

二是牵头组织禅城区学前教育发展共同体。在区教育局的组织下，我园与禅城区七所幼儿园组成了学前教育发展共同体。聂莲园长被这几所幼儿园聘为课程和教师专业发展导师，曾多次带领骨干教师团队到各姊妹园进行送教、督导，帮助这些幼儿园提升管理水平和教育质量，经常组织"教研培训""园长跟班学习""儿童故事大赛""教师说课比赛"等活动，均收获了良好的效果。

（二）传播优秀保教管理经验

聂莲园长在多年教育管理工作的基础上，总结了不少有效的教育管理理念，一直致力于带动地区学前教育的发展。作为省级学科带头人，聂莲园长多次受邀到贵州省、珠海市、广州市等地讲课和介绍优秀的管理工作经验，指导幼儿园管理、教师专业成长、园本教研、班级管理、区域创设、后勤管理等，为省、市、区园长及教师开设专题讲座 30 余次，其中省市级 10 余次。我园派出多位骨干教师外出讲课指导，充分彰显骨干教师在各方面的示范带头作用，也推广传递了我园先进的教学理念和经验。

我园教育教学质量不断提升，建立了一个良好的互促共进的学习平台，推广了自身的教育教学特色。先后吸引了云浮市、湖南省、甘肃省、香港特别行政区、贵州省等全国各地的教师组团学习。接待了西藏自治区林芝市、黑龙江省双鸭山市和四川省甘孜藏族自治州的幼儿园园长、教师跟岗学习。与凉山彝族自治州机关第二幼儿园结对，开展帮扶工作。

我园卫生保健和食品安全工作每次都以高评价通过国家级、省市级的检查。我园保健医生多次受邀到佛山市的保健医生培训班分享优秀的工作经验，作为省市级幼儿园评估专家到各幼儿园检查指导工作。市保健院组织保健医生分批来我园学习医务保健工作，幼儿园同行也常到我园观摩卫生保健工作及食品安全工作。

（三）积极推广科研经验成果

近年来，我园科研成果硕果累累，广大幼教同行纷纷来园学习。国家级教学成果"'悦'体育园本课程的构建与实践研究"顺利举办推广会，佛山市五区、肇庆市、贵州省、梅州市等地的园长、教师来园观摩学习。广东省教育科学"十二五"规划课题 2012 年度强师工程项目"运用'愉快'园本课程促进幼儿身心和谐发展"和广东省教育科研"十三五"规划 2017 年度研究重点项目"以民间手工艺活动为途径构建园本创意课程的实践研究"面向全市幼教同行示范开题。

（四）多次承办省、市、区级培训

我园因培训工作倍受肯定，积极承担着协调组织全市乃至全省幼儿教师的培训和再教育工作，多次承办省、市、区级园长、教师培训活动，成为佛山市学前教育发展的领头羊。连续四年承办了广东幼儿教师说课大赛，组织开展广东省环境创设与规划论坛、岭南幼儿园园长"说课理论与实践"分论坛、佛山市和清远市同课异构交流活动、佛山市保育员职业技能竞赛活动等。每年响应全国学前教育宣传月的精神，承办家长培训、家长咨询活动和教师师德故事展示大赛等，协助佛山市教育局设计制作《科学育儿—健康宝贝》《亲子阅读锦囊》等宣传手册。

（五）深度开展国际合作交流

走向国际化的道路上，我园积极引进国外优质教育资源，打造优质的具有国际化特色的学前教育品牌。与英国巴恩索尔幼儿园缔结了友好合作关系，通过不定期交流互访、邮件来往和网络互动等方式，不仅大力向国外推广了本土文化和教育，还借鉴了具有国际水准的教育理念和实践经验，引进先进的教育方式和教学方法。此外，我园还组织幼儿园管理团队进行课程领导力和教育国际化培训，促成园长和骨干教师到香港等地学习交流。

第三部分 发展与展望

近年来，在各级领导的关心与支持下，我园立足于自身实际，秉承改革创新的精神，促进幼儿的身心和谐发展和提升教师的综合素质，并取得了优秀的成效。我园未来将着力从以下方面继续努力：

在"自然·爱·悦·梦想"办园理念引领下，仍需坚持以幼儿为本，进一步推进愉快园本课程建设的实践研究，实现可持续发展。

面临师资队伍的年轻化，需要加强人才培养，打造一支高素质的专业能力过硬的"学习型、科研型、创造型"的教职工队伍。

（执笔人：聂莲 吴婉婷）

实例分享11

溯文化本源　创优质名园

——广州市天河区珠江新城猎德幼儿园申报广州市一级幼儿园自评报告

广州市天河区珠江新城猎德幼儿园开办于 2014 年 2 月 17 日，隶属广州市天河区教育局，是在党的十八大报告精神指引及首个《广州市天河区学前三年行动计划》背景下应运而生的公办幼儿园，是天河区学前教育的民心工程之一。

猎德幼儿园贯彻执行《幼儿园工作规程》《幼儿园教育指导纲要（试行）》及《3—6 岁儿童学习与发展指南》，以"耕道、猎德、尚美"为办园理念，以"让孩子的一生幸福而精彩"为办园宗旨，培养"身心健康、全面和谐发展"的阳光儿童。

一、幼儿园概况

猎德幼儿园位于珠江新城海月路 33 号，占地面积 4 678 平方米，生均占地面积 11.3 平方米；园舍建筑面积 4 561 平方米，生均建筑面积 11 平方米；户外活动面积 2 245 平方米，生均户外活动面积 5.4 平方米；绿化面积 682 平方米，绿化覆盖率 100%。幼儿园布局合理，园舍独立，设计优雅、大气。

幼儿园现开办 14 个班，其中小班、中班各 5 个，大班 4 个；现有幼儿 413 名，教职工 69 人，师幼比为 1 : 5.99。全体人员持证上岗，教师专业合格率、学历达标率 100%，专任教师大专以上学历占比为 94.3%。

通过全体教职工近五年的努力，幼儿园逐步发展，稳步提升，先后荣获"广州市天河区保教质量优秀园所""广东省教育厅基础教育课程改革首批《3—6 岁儿童学习与发展指南》实验园""教育部幼儿园园长培训中心实践教学基地"等荣誉称号。

建园近五年，幼儿园先后获得集体、个人荣誉 107 项，其中省级以上奖项 45 个、市级奖项 18 个、区级奖项 44 个。凭着执着、实干与真诚，幼儿园赢得了家长、同行及社会的认可，初步打造出具有鲜明个性的办园特色。

二、主要做法和成绩

（一）凝心聚力创环境，文化特色显内涵

1. 优化园所基础设施

截至 2017 年 12 月，天河区财政局先后投入 1 064.84 万元用于我园基础建设和设施设备添置。我园依照广东省一级幼儿园标准进行配置，各项设施设备齐全，拥有完善的消防系统、门禁接送系统、安全监控系统、防盗系统等；教育信息化建设与时俱进，建设了幼儿园内部 OA 办公网、官方网站与微信公众平台，班班设有多媒体电教平台，百兆光纤覆盖幼儿园各角落；购置安全实用、数量充足的图书与玩教具，能够满足现代教学的需要；创设了综合游戏区、公共建构区、烹饪室、美术室等十一大功能场室，活动室设计合理，采光通风好，装修全部采用环保材料，体现绿色健康理念，为幼儿的学习与发展提供了良好的资源条件。

2. 丰富园所文化底蕴

我园融文化理念于环境建构中，以物质文化建设提升文化品位、彰显教育情怀。结合猎德地域文化特征构建了符合本园实际的特色文化环境，将龙舟、醒狮、祠堂等主题元素辅以个性化、艺术化的外在表征，从户外环境、教室环境、公共环境、区域建设四方面入手，打造了富有浓郁传统文化特色、能与幼儿产生互动的幼儿园环境。例如，建筑装修融入中国古典园林特色，打造"青砖古瓦，曲径回廊"的岭南水乡之境；系统规划种植区、休闲绿化区，通过种植各种岭南佳果、应季蔬菜、带香味的无毒植物等，让"翠意盎然，瓜果飘香"的生态环境成为幼儿的"活教材"；构筑了包含沙、水、草地、硬地、胶垫等各种不同材质的户外活动区，给幼儿不同的运动体验。富有生命力的教育环境，让每个角落都会"说话"，每处区角都能育人。

（二）顶层设计作引领，内涵建设固根基

我园通过完善顶层设计引领幼儿园持续发展，充分发挥精神文化对幼儿园组织的凝聚作用，力图用科学的办学理念和适宜的发展目标统领幼儿园各方面建设，使之成为幼儿园内涵式发展的根基。

1. 顶层设计"立足实际"，引领持续发展

猎德村，历史悠久，传统文化底蕴深厚，是一座有着900多年历史的岭南水乡古村落。如今的猎德村，既有传统的6座祠堂、龙母庙等广州市文物保护单位，亦是"小蛮腰""海心沙"及13个外国使领馆所在地。传统与现代、民族化与国际范在这里有机交融，为我园提供了丰富的教育资源。

（1）尊重地域文化，凝练办园理念。我园的文化植根于民族文化和地域文化的土壤之中，价值观念、行为规范无不打上民族的烙印。"猎德"二字，取自西汉著名思想家杨雄的《法言义疏·学行》，"耕道而得道，猎德而得德"，寓意追求完美道德。我园将"耕道、猎德、尚美"作为核心办园理念，与"求真、求善、求美"的教育追求一脉相承。即于实践和问题解决中求真，在教育和生活的融合中求善，二者辩证统一，完成于教育的终极追求——美，即实现幼儿的完满人格。

理念决定行为，"耕道、猎德、尚美"的办园理念是我园进行组织管理、课程建设和实施教育的出发点和落脚点，为实现内涵式发展指明了正确方向。

（2）依据发展目标，制定发展规划。制订一份既有一定高度又"接地气"的计划，是促进我园有序发展的保证，也是幼儿园可持续发展的起始环节。建园之初，经过反复酝酿，我园制定了首个三年发展规划（2015—2017年）。一方面，明确了发展总目标：以新的理念构建管理模式，实施目标管理，提高师德修养，增强凝聚力，努力营造"团结、奉献、探索、奋进"的良好氛围，以质量求生存，以改革求发展，以特色求声誉，以科研求品质，深化改革、强化管理，向建设一个环境优美、管理科学、师资精良、科研扎实、质量过硬、特色育人的现代化优秀幼儿园而努力。另一方面，将总目标层层分解，制订了年度分项目标与保障举措。在三年规划的引领下，我园在经费投入、环境打造、课程建设、师资培养、规模扩增、内涵质量等方面均取得积极成效。

2. 管理体制"以'法'为本"，保证科学运营

我园秉持科学民主的管理理念，以"法"为本，从组织系统和条例系统两方面出发，构建了较为完善的管理体系。

（1）构建管理框架——建立完备的组织体系。我园构建了包括教学、保健、总务三大板块的行政组织结构，通过层级管理、逐级授权的方式，有效地做到了分工协调，权责明确。同时，建立健全园务委员会、教代会、家长委员会、工会、共青团组织等非行政组织机构，保证了管理活动的有效运作。

（2）保障管理运作——建立完备的规章制度。规章制度是幼儿园的"法"，我园从建园之初便不遗余力地开展制度建设，并在管理中不断完善与优化。目前，我园已形成《猎德幼儿园管理指南》，内容涉及组织架构、教职工日常行为规范、岗位职责、应急预案、安全、人事、奖惩等各方面；切实执行岗位责任制度、教职工代表大会制度、园务公开制度、重大事项决策

制度，保证了教师、家长的民主权利。完备的规章制度，使得幼儿园各项工作流畅、高效。

（3）执行民主决策——凝聚全园教职工合力。我园秉承"民主科学"的管理理念，所有规章制度的制定和执行均经过民主决策。通过全员参与，全体教职工提高了认同感、归属感与成就感，保证了各项工作落实顺畅，逐渐形成了理解、宽容、和谐向上、积极进取的精神文化。

3. 课程构建追溯本源，彰显地域特色

以《3—6岁儿童学习与指南》为先导，围绕办园理念和办学宗旨，我园确立了"萌发于幼儿学习特性、实践于幼儿尝试历程、成就于幼儿多元能力"的课程理念，立足幼儿，源于生活，潜心探索，以领域课程做骨架，撷文化资源添生色，初步打造出独具猎德特色的园本课程体系。

（1）领域基础课程。在解读并参照高宽课程各领域关键发展指标的基础上，我园立足幼儿的日常经验以及广州本土文化，整合幼儿的自发活动、所处的自然环境、所拥有的社会资源，提炼出一日生活环节、生活环境以及节气活动三大类资源来源。课程内容层层拓展，融于主题活动、区域活动和领域活动内容之中。以"游戏""生活""体育""学习"作为幼儿园一日活动最基本的活动形态，强调每一种活动的综合教育作用，通过多种活动和丰富的环境资源，使幼儿获得全面健康发展所需的关键经验。

（2）民俗特色课程。地域民俗文化课程以基础性课程为依据，以我园办园目标、培养目标与特色定位为方向，以中国传统节日为主线，于幼儿一日生活中渗透传统文化教育，充分利用猎德社区的环境资源、文化传统习俗及硬件设备，充分体现地域民俗文化特色，满足幼儿发展需要。

园本课程建构大致经历了两个阶段：第一阶段为2014年2月至2016年2月。在这一阶段，我园深入挖掘社区资源，将猎德传统文化中易于幼儿理解并适合幼儿身心发展的内容提炼、整合，融入一日活动。开展了以亲子活动为抓手、以传统文化为主线、以中国传统节日为主题的民俗文化课程模式的探索。如"春暖花开话清明——清明主题活动""文博走进幼儿园——猎德娃娃话龙舟"端午主题活动，"猎德娃娃过新年——春节主题活动"，等等。在实践的基础上，集结成《猎德幼儿园中国传统节日亲子活动方案集萃》，园本特色文化课程的框架模式已具雏形。

第二阶段的研究约从2016年春季开始。在原有基础上，课程建构更为关注文化、生活、社区共建对于幼儿发展的价值：一是充分利用本地文化，结合社区资源让幼儿的发展受到本土文化的熏陶；二是引导整个社区对幼儿教育加强重视，并且参与到幼儿教育当中，使幼儿教育成为与每个人息息相关的事；三是将文化与教育相结合，使本土文化得以保存与发扬。目前，我园正系统地从民俗节日文化、民俗饮食文化、民俗工艺文化、民俗游戏文化和民俗音乐文化五个方面着手，构建幼儿园民俗文化课程的完整体系。

4. 团队建设"以人为本"，助力教师成长

（1）重视师德教育培养，培育"阳光"和谐团队。精神文化是幼儿园组织文化的核心，关系着团队中每个人的发展。首先，我园建立了一系列完整的教职工行为规范制度，如《广州市天河区珠江新城猎德幼儿园教职工职业道德规范》《广州市天河区珠江新城猎德幼儿园教职工日常行为规范》《广州市天河区珠江新城猎德幼儿园保教人员工作行为规范细则》等。其次，先后组织策划了"党代表讲故事""我说师德""教师的沟通策略与技巧""吐槽我的工作和生活"等专题活动，强化师德教育，关注教师心理健康，引导教职工不断提升自身素养，使之形成正确的价值观念，逐步创建"阳光、透明、正能量"的团队文化。

（2）尊重教师发展规律，激励教师自主成长。我园建立了教职工成长档案，了解教师的个性需求，针对不同需求的教师制订培养计划，为全体教师搭建自我发展平台，形成了包括"新职工培训""在职培训"等多种培训形式的教师培训体系。幼儿园支持教师进行多样化学习，每学期保证每位教师至少有一次外出参观学习的机会，提高教师专业水平。幼儿园还多方寻求资源，邀请教育部园长培训中心、广东省教育研究院、广州市教育研究院的多位专家与一线教师面对面传经送宝，让教师深刻领会《3—6岁儿童学习与发展指南》的核心理念，保证一日活动科学开展，帮助教师拓展专业视野。如今，"培训是最好福利"的"福利观念"已经在我园形成共识。

为了给幼儿园储备管理人才，我园通过"压担子""赋责任"的方式，为有才干的教职工搭建个人发展平台。在责任的驱动下，她们的能力逐渐彰显。短短两年，符静思由配班教师成长为保教主任、天河区骨干教师；陈丽仪由一名尽职尽责的普通保育员成长为工会主席；原副园长邓润群被提拔为天河第三实验幼儿园园长；园长陈蓓蓓两次获区政府嘉奖并被评为"广州市优秀教育工作者""广州市最美笑容教师"及"广州市三八红旗手"。

（3）借助教育科研活动，促进教师专业发展。我园将教育科研活动作为促进教师专业成长的重要途径，将文化特色融入教科研活动中，引导教师全员参与，积极开展了多项教育科研活动。

2015年初，我园以"基于猎德地域文化的幼儿园文化建设"为题，成功申报成为广东省教育厅基础教育课程改革《3—6岁儿童学习与发展指南》首批实验园。以此为契机，将园所精神文化、制度文化、物质文化、行为文

化建设有机融合、整体打造，取得了可喜的研究成果：创设出富有浓郁地域文化色彩的园所环境，完成了《旧貌焕新颜——猎德幼儿园物质文化建设图片集》；收集、汇总成《猎德幼儿园传统文化节日亲子活动方案集》；形成了汇聚全体教职工智慧的《猎德幼儿园管理指南》。2017 年 9 月，我园省级《3—6 岁儿童学习与发展指南》实验园项目圆满结题。

2018 年，我园申报的"基于地域民俗文化特色的幼儿园社区融合课程建构"成为中国学前教育研究会"十三五"立项课题。

在引领团队专业发展的进程中，我园"以园为本"的行动研究，带动了一批年轻教师的成长：申媛执教的原创音乐活动"猎德鼓"荣获广州市幼儿园优秀音乐课例评选活动三等奖；郑锶塄获得广州市"文溪雅荷"杯课程场景化方案比赛一等奖；符静思撰写的案例《中国传统节日主题亲子活动例析》发表于《师道·教研》；《扎根社区，文化传承——传统节日与民俗社区的融合》荣获联合国教科文组织中国可持续发展教育优秀案例一等奖；项目负责人陈蓓蓓在"广东省保教工作交流研讨"活动中做"幼儿园文化建设的思考与实践"的主题发言，其论文《新建幼儿园文化建设的思考——以珠江新城猎德幼儿园为例》发表于《教育导刊》；八位教师先后被评为"天河区优秀教师"和"天河区好园丁""天河区优秀班主任"。

5. 安全为首、科学保健，保障幼儿健康

保护幼儿生命安全、呵护幼儿身心健康，始终是我园的首要工作、重中之重。

（1）安全管理"防微杜渐"，维系园所发展之本。日常管理中，我园成立了安全工作领导小组，建立安全工作责任制，建立、健全安全制度和应急预案。安全小组定期对园舍、大型玩具、水电、厨房设备、消防设备、监控系统、安全出口、疏散通道等进行全面检查，与专业消防公司签订维保合同，及时发现隐患、及时整改。

幼儿园制定了各种突发事故应急处理预案用以处理各种突发事件、确保师幼人身安全，包括"安全事故处理预案和报告制度""突发公共卫生事件应急预案""消防应急预案"等。我园将安全教育纳入日常教学计划，融入一日活动，通过各种形式的活动对幼儿进行安全教育，并定期组织幼儿进行诸如消防演练等各类安全自救能力训练，帮助幼儿提高安全意识，初步掌握逃生技能要领。开园至今，我园无一例安全责任事故发生，幼儿园安定有序。

（2）科学保健、保教并重，呵护幼儿身心健康，强化日常生活管理。幼儿生活管理是幼儿园工作的重要组成部分，也是保障幼儿身心健康的关键。

为此，我园首先从培训入手，提升保教人员的规范意识和操作技能。如进餐流程规范、清洁卫生工作基本技能、幼儿常见病与常见传染病管理、幼儿意外伤害预防、保教知识专业理论竞赛等；其次以生活管理细节为抓手，促使幼儿养成良好的生活态度、生活习惯。根据幼儿年龄特点，我园制订科学合理的一日作息安排，保证幼儿充足的户外活动时间；每周制订营养均衡的带量食谱，按照"金字塔"营养结构精心调节幼儿饮食，并每周进行营养分析；根据不同幼儿特质，建立体弱儿个案，在生活、饮食上有针对性地进行护理。

完善体检制度，预防疾病发生。目前，全园师幼体检率、幼儿预防接种率达 100%，缺点矫治率为 100%，幼儿生病率为 4.15%，生长发育达标率达 97.67%，幼儿年生长合格率达 89.77%，各项指标达到要求。

重视幼儿的心理健康教育。我园开展了面向幼儿和教师的心理健康教育，要求教职工以尊重、平等的态度接纳每一个幼儿，让幼儿有安全感与归属感；主动与幼儿进行沟通，了解需求，及时发现问题，及时抚慰引导，培养幼儿良好的行为习惯和情绪自控能力。

我园积极响应《天河区学前教育指导中心关于开展"爱之行"学前特殊儿童随班就读和送教上门》文件精神，主动接收了一名重度残疾幼儿，每周由骨干教师送教上门，对幼儿的身体、心理、认知、行为习惯予以跟踪指导。3 个月的时间里送教上门共计 13 次，电访沟通指导 15 次，并多次邀请该幼儿来园参与我园活动，该幼儿目前已顺利升入广州市康复实验学校。此项举措不仅促进了残疾儿童的全面发展，更将党和政府的温暖传送到群众心中。

精细化安全管理与规范化的卫生保健工作，使得我园先后被评为"广州市 A 级食堂""广州市食品安全示范单位""广州市无烟单位""广州市安全文明校园"和"广州市健康幼儿园"。我园还作为广州市政府"名厨亮灶"工程的教育系统代表，参与了广州市政府录制的电视专题宣传片。我园食堂在广州市全国文明卫生城市验收检查中获得了专家与领导的高度赞扬。在"广州市天河区 2018 年上半年学校卫生培训会议"上，我园作为示范现场，接待了来自天河区各中小学、幼儿园共计 80 余名校（园）长来园观摩学习。

6. 家园社区协同共建，谱写和谐乐章

（1）服务社区，合作共赢。猎德村是广州市城中村改造的成功范例，但因历史遗留问题，村民子女的入托入学问题成为其矛盾焦点之一。新园倘若无法赢得家长支持，便无法扎根社区，发展也将无从谈起。因此，自建园之初，我园就树立了主动调适外部环境的意识，积极与社区联系，与猎德街道办事处、猎德经济发展有限公司、居委会、派出所等单位建立了长期有效的合作机制。

建园初期，为了缓解因珠江新城公办资源稀缺、学位不足的矛盾，在天河区教育局、猎德街道办事处指导下，猎德经济发展有限公司与我园合作开办"共建班"（即由猎德公司出资配备一个班的硬件配置及保教人员，幼儿园统一管理的合作模式），化解了社区矛盾，奠定了幼儿园与社区良好互动的基础。

我园积极争取领导支持，调动各种资源为幼儿园教育教学服务，让"一切为了孩子"的理念从幼儿园延伸到家庭、社区。在社区的大力支持下，幼儿园仿古围墙、操场悬浮地板、体能大型玩具、洗手间装修等价值 142.78 万元的设施设备改造均由猎德社区无偿捐助。

（2）链接社会，资源共享。为开拓教育资源，2016 年初，我园开创了与博物馆合作之先河，引入博物馆专业资源，让幼儿更好地体验与感受中华优秀传统文化。每年端午节，"文博走进幼儿园——猎德娃娃话龙舟"大型社区融合亲子活动都会如约在猎德社区开展。活动从幼儿身边的生活出发，通过直接感知、亲身体验、实际操作，使幼儿对丰富多彩的家乡民俗与传统文化产生浓厚兴趣，在传承与创新中，对幼儿践行"根的文化教育"。我园传承优秀地域民俗文化的活动吸引了广州日报、南方日报、广东电视台、广州电视台等多家主流媒体采访报道。广州日报、南方都市报、金羊网等均在头版头条予以报道并对活动蕴藏的教育价值给予高度评价。

2017 年 5 月 20 日，由广东省教育厅主办、广州市教育局和天河区教育局承办的"2017 年广东省学前教育宣传月启动仪式"在猎德社区鸣锣开启。我园作为唯一的游戏分会场，集结了来自天河区的 19 所幼儿园，设置了 18 项室内外亲子游戏，很好地诠释了学前教育宣传月主题"游戏点亮快乐童年"。这既是 2017 年全国学前教育宣传月的响亮口号，也契合了我园一直秉承的"以游戏为基本活动"的课程理念。

建园近五年，我园适天时、守地利、和人心，逐渐得到幼教同行的广泛认同。我园特别关注教育的公益性，积极发挥带头模范作用，多次作为示范现场接待大规模、专业性交流研讨活动。如向天河区 187 所幼儿园展示广东省《3—6 岁儿童学习与发展指南》实验园中期成果；接待广东省、广州市名师工作室成员做"幼儿园品牌打造""幼儿园课程建构"的主题探讨；面向广东省近 100 位同行开展"幼儿园环境创设与区域活动"现场观摩；接待了天津大港油田、贵州师范大学国培班以及东莞、汕头、台山、广州市白云区等的近千名园长及一线教师来园参观交流。

在做好本职工作的同时，我园承担猎德、冼村区域 12 所公民办幼儿园的教研帮扶任务。对口帮扶的儿童福利会幼儿园、海滨新城幼儿园、春田幼儿园、万锦幼儿园现已顺利通过区级幼儿园评估验收，教研片有半数幼儿园被评为"天河区保教质量优秀幼儿园"。

作为广东省学前教育专业委员会学术委员及中国中小学教师继续教育网、广东省第二师范学院、广东省外语艺术职业学院外聘专家，园长陈蓓蓓对西藏自治区林芝县、广西壮族自治区的幼教同行开展支教，并面向广东省内的一线园长、教师举办了几十场专题讲座，充分发挥了示范辐射作用。

三、存在问题和发展方向

第一，系统建构"基于地域民俗文化特色的社区融合课程"，提高课程的完整性与科学性，建立完善的幼儿园课程体系。

第二，尽快培养一支高素质、专业化的优秀教师队伍，逐步打造名师团队。

四、自评情况

对照《广东省幼儿园督导评估方案》，我园开展了实事求是的自评，得分情况如下：办园条件自评分为 142 分，占分值的 94.7%；幼儿园管理自评分为 334.5 分，占分值的 95.6%；加分项得分为 1 分。合计得分 477.5 分，占总分值的 95.5%。

根据自评情况，我园已具备广州市一级幼儿园的办园条件和办学水平，符合申报条件，敬请广州市一级幼儿园评估专家组予以评估和指导。

（执笔人：陈蓓蓓）

实例分享 12

"绿色、创新、和谐、完整、共享"的
高品质幼儿园

——深圳市龙华新区梅龙实验幼儿园申报深圳市一级幼儿园自评报告

一、幼儿园概况

深圳市龙华新区梅龙实验幼儿园（以下简称"幼儿园"）创办于 2015

年9月，是由深圳实验教育机构（以下简称"实验教育机构"）在龙华区星河盛世小区承办的一所政府产权幼儿园，是深圳市首家"非营利普惠性幼儿园"试点园。幼儿园占地面积2 700平方米，建筑面积2 480平方米，现有9个教学班，283名幼儿，42名教职工，教职工与幼儿比例为1∶6.73。幼儿园有园长1人、副园长1人，均具有本科学历，每班配备两教一保，人员配置较充足。教师专业合格率达100%，保育员均经过岗前培训，其他各岗人员均持证上岗。幼儿园园舍独立、结构合理，公用场地宽敞，教学、活动、辅助用房及户外活动场地充足，功能划分和整体设计符合儿童的需要，并充分体现"人与自然"的巧妙融合。环境舒适、温馨、雅致，教学设备设施一流。幼儿园秉承"高起点、高投入、高标准、高要求"，努力为幼儿全面发展提供良好的条件。

幼儿园严格遵循实验机构的办学理念，"以品牌为依托，以特色求发展"，倡导"精细、务实，开拓、创新"，坚定地实施以爱国主义教育为基础的健全人格教育，富有创造性地实施园本课程——"共生课程"，以每一位儿童发展为本，关注个体与群体、人与自然、人与社会等要素，引领幼儿共同生活、共同适应、共同成长。

幼儿园自开办以来，得到了市、区上级主管部门的重视和关怀。在实验教育机构的引领、支持下，幼儿园遵循实验教育机构优良的办学品质，努力打造具有实验特色的品牌幼儿园。通过全体教职工的不断努力，取得了一定成绩，获得了来自家长和社会的广泛认可及良好口碑。幼儿园被选定为"深圳市学前教育家园共育公益指导项目"——深圳市专委会"社区科学育儿指导活动"的基地园；荣获"广东省健康促进示范幼儿园"称号；申报的"学校科技节（周）活动项目成果"荣获广东省全民科学素质行动科技活动成果二等奖。教师获"广东省第八届中小学体育教学活动展示"三等奖、龙华区教师基本功大赛一等奖、二等奖，"首届最美幼师评选"提名奖；2017年获省专委会说课大赛三等奖；一大批教职工被授予"区先进工作者""区优秀教师"及"实验优秀园丁"等荣誉称号。2016年6月，幼儿园顺利通过了"龙华区一级幼儿园"的督导评估。幼儿园呈现出良好的发展态势和较好的潜力，各种荣誉和肯定也激励着幼儿园团队向着更高的目标迈进。

二、创建工作与自评

幼儿园自顺利通过龙华区一级幼儿园评估后，根据区督导室提出的"区一级评估意见"，不断改善办园条件，提高保教质量和办学水平。组织全园教职工认真学习《广东省幼儿园督导评估方案》（以下简称《方案》），结合

"区一级评估意见"对照《方案》的各项指标认认真真找差距，扎扎实实抓提高，把此次迎接市一级幼儿园评估创建工作视为进一步检阅和推动幼儿园发展的良好契机，以高标准、严要求开展自评、整改和提高，努力向深圳市优质幼儿园迈进。具体行动如下。

（一）成立小组，统一思想

为顺利推进各项迎评创建工作，幼儿园成立了工作领导小组，由园长任组长，及时组织全体教职工召开迎评动员大会，理解和认同参加等级评估对规范办学、促进幼儿园持续发展的意义。由于思想认识和目标方向得到了统一，全体教职工以愉快、积极的心态投入到自查、自评和创建工作中。同时幼儿园还及时对外公开信息，向家长、社会广泛宣传幼儿园参加督导评估的重要意义，得到家长的支持、社会的监督。

（二）组织学习，明确职责

为使迎评创建工作落到实处，幼儿园及时印发《方案》至各级组与部门，组织学习讨论自查中发现的问题及需要整改的项目，分部门制订整改计划，并确定各自的职责任务，拟定"迎评工作进程表"，使大家明确分工与要求，稳步推进创建工作。

（三）自查自评，整改提升

幼儿园对照《方案》各项指标要求逐项梳理，主要对以下方面进行了及时改进：

1. 办园条件

（1）加大经费投入，完善设备设施。幼儿园争取实验教育机构的支持，拨付 50 万元资金改造户外游戏区域、食堂安装通风设备及高清监控设备，加装室内外安全防护装置等工程；添置户外体育器械、大型建构玩具；按照省一级标准补充、配置班级玩教具，确保玩教具的种类与数量能更加丰富，以满足幼儿各类活动的需求。

（2）调整功能布局，丰富环境资源。对功能室进行升级改造，调整布局，优化环境，添购各类工具与材料，以更好地满足幼儿兴趣和多种活动的需要。同时，不断丰富"共享区域"环境，增加操作材料和指引性标识，保证资源利用的最大化，充分满足幼儿游戏活动的需要。

2. 行政管理

（1）加强学习。对保教人员进行《幼儿园教育指导纲要（试行）》（以下简称《纲要》）、《幼儿园工作规程》（以下简称《规程》）、《3—6 岁儿童学习与发展指南》（以下简称《指南》）等指导性文件的培训与学习，通过走出去、请进来等方式，取长补短，结合幼儿园实际，不断提高依法办园和依法治园水平。

（2）细化管理。加强幼儿园各部门工作的执行力及部门间的协作能力，推行"6S"管理模式，使精细化管理成为幼儿园管理的标准要求，提升管理品质。

3. 卫生保健

（1）加强体格锻炼。根据季节特点调整一日作息安排，提醒家长按时送幼儿来园参加早锻炼，确保幼儿每天 2 小时户外活动时间，让幼儿在户外尽情地运动，提高身体机能。

（2）增加人员配置。增加 1 名保健人员，细化园内卫生保健管理工作。加大对家长卫生保健的宣传力度，使家长更加重视对幼儿龋齿等缺点的矫治，提高幼儿缺点矫治率。

（3）严格膳食管理。关注师幼伙食质量，按要求做好厨房的主副食仓库原材料的贮藏管理，同时，严格执行对食品添加剂的使用与登记制度。

4. 教育教学

（1）以《纲要》《指南》和幼儿的兴趣、需要、经验为依据，在深圳实验教育机构幼教中心（以下简称"幼教中心"）的引领下，不断完善园本课程体系，适应幼儿的发展需要。

（2）参与幼教中心对一日活动组织和实施的研究，梳理"一日生活中幼儿学习与发展参照表"，提供各环节支持性策略及环境资源等内容，将"一日活动皆课程"的理念落到实处。

（3）在对"共享区域活动"的研究过程中，及时梳理和提炼"共享区域活动"的相关经验和成果。

（四）反思梳理，聚焦主题

遵照 2016 年 6 月区一级评估专家意见，依据《方案》以及幼教督学专家专访建议，我们全方位梳理办园历程与感悟，践行国家"十三五"规划"创新、协调、绿色、开放、共享"的五大发展理念，彰显集团办园的优势，承接实验教育机构实施健全人格教育的目标，构建和谐美好的家园关系，为幼儿一生幸福奠基，生成了创"绿色、创新、和谐、完整、共享"的高品质幼儿园自评报告主题，重点从办园条件、教师队伍、家园共建、园本课程、幼儿成长、管理服务六个方面来梳理反思，提升品质，在深圳市乃至广东省幼儿教育现代化、信息化、国际化的道路上，不忘初心，砥砺前行。由园长向教职工广泛征求意见，根据教职工的意见进行修改完善，最后一致表决通过了《深圳市龙华新区梅龙实验幼儿园市级评估自评报告》。同时，幼儿园对照《方案》指标体系，采取全体教职工参与、部门负责人评分的形式，经过自查，自评结果如下：

办园条件得分 134 分，占其分值的 89%；幼儿园管理得分 299 分，占其分值的 85%。综合得分 433 分，占总分值的 86%。

自评结果反映，深圳市龙华新区梅龙实验幼儿园已基本达到深圳市一级幼儿园的评估标准，现特向深圳市人民政府教育督导室呈报评估申请，请予以审定。

三、主要办园成绩和经验

（一）整体环境，凸显园所绿色文化

幼儿园充分调动人力、物力、财力资源，打造集现代化、艺术化、安全化、生态化为一体的绿色文化环境，逐步形成了如下经验。

1. 巧妙设计凸显绿色内涵

打造绿色生态环境。幼儿园提倡自然环保，以原木为园所主要装修装饰材料，选购家具环保、健康、无污染。户外活动场地选材多元，有水泥板、大理石、小石子、木板、塑胶等硬地，也有松软的大草坪。悠悠长廊种植了枇杷、木瓜、柠檬、柚子等多种果树，还创设了绿意盎然的种植区、干湿分层的玩沙池、高低循环的玩水池、设计巧妙的小便溢流池等，无不体现"以儿童为本"的理念及人与自然的巧妙融合。

2. 人文氛围浸润园所环境

绿色文化是充满生机与活力的文化，通过人文环境展示绿色文化。环境是幼儿的第三任教师，幼儿园努力营造一个和谐有序、温馨自主的精品环境，潜移默化地浸润和滋养幼儿和教职工。

（1）班级环境——精细管理。班级布置整体色调柔和、统一，物品分类标识，定点摆放。根据幼儿年龄特点，运用照片、图片、文字等不同的表征方式，制作标签，便于师幼取放和管理。

（2）公共环境——精致打造。门厅里介绍园所文化以及教育理念的文化墙、走廊栏杆上各班级的主题展示、走廊拐角的休闲功能区域设置……在有限的空间里科学布局、精心设计，凸显出环境的文化氛围和高品位。

（3）角落环境——精巧构思。教职工餐厅不仅是吃饭的地方，还兼具"茶歇小区""心情留言板""好书分享角"等功能，是舒缓心情、倾心交流、分享快乐的理想场所；卫生间里一抹绿色植物的装点，几件护理品的添

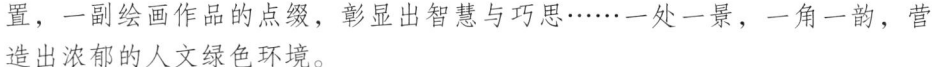

置，一副绘画作品的点缀，彰显出智慧与巧思……一处一景，一角一韵，营造出浓郁的人文绿色环境。

3. 网络设施满足工作需要

绿色文化是先进文化，网络设施健全是幼儿园管理服务充满生机与活力的表现，大数据下的精准管理是绿色文化的必备要素。幼儿园实现了局域网全覆盖，配备了信息化教学、专业化安全设备，设置了信息共享平台，建立了园所网站。每班均配有电视电脑触摸一体机、电脑、电子展示台等现代化教学设施。园内还安装了一键报警装置、红外线对射装置、消防报警装置、明厨亮灶设备等。全园各主要通道及区域共设置 46 个监控探头，配置各类安防器材，为幼儿园的安全保驾护航，也为各部门工作提供全方位支持。

（二）依法办园，共享现代管理模式

幼儿园依法办园、严谨治园、规范管理，在实验教育机构的正确引领下，融合国内外幼儿教育管理思想精华，共享幼教中心的现代管理服务理念，初步形成了制度化、精细化、人性化、科学化相结合的园本管理模式。

1. 依法办园严格自律

幼儿园严格执行国家法律法规，依法签订劳动用工合同，保障教职工的工资、福利待遇，为教职工购买社保和住房公积金。严格按照深圳市物价局、教育局的收费备案标准执行收费。招生工作公开、透明。幼儿园各项工作要求严格、程序严谨、操作规范，努力成为民办园依法依规办园的典范。

2. 管理团队勇于开拓

幼儿园领导班子积极进取，有正确的价值观，努力做"为人处世"的榜样，为教职工树立正确的导向。在管理中努力转变管理方式，变高控（高风险控制）为支持和服务，变指挥为指导与交流，变传授为学习和分享，不断提高自身的综合素质。通过每周一次的工作例会，加强各部门之间的沟通与合作，实现了整个幼儿园的良性运转。在刘红喜园长的影响下，我园的管理团队健康向上、认真务实，注重学习研究，大胆改革创新，逐渐形成为学习共同体、研究共同体、发展共同体，成为教职工快速成长、幼儿园持续发展的有力保障。

3. 运行现代管理模式

（1）制度化管理，规范工作促进自律。幼儿园制定了《梅龙实验幼儿园员工手册》，对各项制度、各岗职责、工作程序以及奖惩等做出明确规定，做到有规可依、有章可循，并作为每学期新教职工岗前的"必修课"，以高起点、高要求规范教职工的行为。日常工作中坚持各部门定期例会制度、每学期考评制度，用制度来约束言行，用制度来规范管理，以制度促进自律。

（2）精细化管理，提高效率增强素质。日常管理中，幼儿园追求从大事着眼，从细微处入手，把小事做细，把细事做精，初步建立起精细管理的框架和风格。

①落实"6S"管理，提高工作效率。"6S"管理已深入幼儿园教育教学及后勤管理等工作中。如班级物品张贴标识，定点摆放；拖把、抹布、消毒粉标识和实物——对应；棉被、床垫叠放整齐，节省空间；食品原材料定名、定位、定容、定量，标签清楚，方便拿取……"6S"管理优化了场所环境，提高了工作效率。

②规范工作流程，增强岗位意识。幼儿园细化各项工作环节，制定详细的工作流程或操作指引。如"教师下班前五件事""保育员一日工作流程""煤气操作规范程序""设施设备检修、保修规定及流程"等，以此加强教职工岗位意识和履职能力，逐步使要求成为教职工的自主行为。

（3）人性化管理，提升职业幸福感。幼儿园努力营造"宽松和谐、尊重团结、快乐向上"的校园文化，把实施人性化的管理作为提升教师职业幸福感的根本途径，并做出了一些探索和尝试。

①人文关怀，细致到位。幼儿园定期举办教职工生日会，探望、慰问生育、生病教职工，为结婚的教职工举行祝福会，送上一份暖心的爱和关怀。重视教职工心理健康，适时开展各类心理疏导及培训，使教职工对生活、对工作能保持良好心态和热情。

②注重内涵，推行"四养"。在幼教中心的倡导下，幼儿园注重对教职工的内涵滋养，尝试开展"四养"活动，以提升教职工的归属感和幸福感。

"精致环境养品位"：为教职工营造美好舒适的办公、生活等物质环境——简洁现代的办公室、小资格调的餐厅、雅致洁净的洗手间……将文化和品位渗透在环境中，对教职工进行潜移默化的影响。

"艺术人文养雅趣"："读书分享会""故事团"等让教职工汲取营养，开阔视野，丰富知识；邀请专业机构定期开展奥尔夫音乐培训，提升艺术素养。音乐和书籍逐步成为提高教职工文化底蕴和艺术修养的抓手。

"休闲娱乐养性情"：工会经常性地组织开展"仙湖植物园踏青""东部华侨城休闲游""集体观影""家庭聚会"等活动，使教职工能够颐养身心，陶冶性情，彼此接纳，从相互竞争的同事关系慢慢转变为相互依存的亲情关系。

"茶歇文化养氛围"：每周三下午为"教职工茶歇日"，由幼儿园提供经费，各部门和年级组轮流开展茶歇活动。大家自己烹制西式点心、中式卤味、甜品、果茶、咖啡……下班后相聚在一起品美食、谈工作、聊人生、话家常，其乐融融。"茶歇文化活动"已成为教职工们的"最爱"。

（4）科学化管理，绿色低碳节约资源。幼儿园提倡环保，践行"绿色低碳"生活和管理模式，积极为环保助力，也成为实施科学管理的有效策略。

①绿色管理，养成节约习惯。幼儿园制定"物品领用制度"，财务人员严格执行相关规定，并定期结算各部门消耗，与节约奖挂钩，减少资源浪费。

②变废为宝，资源回收利用。教室、公共区域等处处都能看到用废旧材料制作的物品：纸盒、纸箱制作的玩具电视、冰箱；废旧物自制的体育器械……废旧物不仅变成了艺术品、玩教具，发挥出教育价值，还对萌发幼儿的环保意识起到了积极的影响。

③注重激励，尝试不断创新。幼儿园注重要求与激励并存，设立和定期评选各类奖项。如给予"创意奖""节约奖"获得者适当的物质奖励是对其行为的充分肯定；"创意点子奖""无私奉献奖""能工巧匠奖"等荣誉，鼓励教职工成为创新的先行者。针对管理设置的各种激励机制，加快了幼儿园科学化管理的步伐。

（三）多种举措，打造创新型教职工团队

幼儿园在队伍建设方面遵循"教职工最近发展区"，根据教职工不同的情况、特点和优势，与教职工共同拟订个人发展计划，促进其在现有水平上逐步提高。多种举措，激发教职工的创新潜能，梯次打造创新型教职工团队。

1. 分类培养

幼儿园结合教职工不同岗位类型确定培养重心，把岗位聘用与教职工职业发展结合起来，努力为教职工寻求专业发展的适宜平台。

（1）管理人员。我园鼓励管理人员抓住各种平台，支持他们成为行业的引领者。如参加高端培训和研修班，与大学教授零距离"对话"，担任幼教中心园本课程丛书的编委，做市、区兼职督学及核心教研成员，担任省、市专委会常务理事和讲师等。

（2）保教人员。外出学习、园本培训、自学进修以及各类竞赛，使保教人员对政策、法规、教育理论及专业知识加深理解和熟练掌握，牢固树立起"一日活动皆课程"的思想。教师们在学习和比赛中寻找差距，激活创新意识，加快调整与改进步伐，促进了专业成长。

（3）教辅人员。我园将教辅人员送出去参加上级部门组织的培训，邀请

实验机构专职人士来园做专题指导，定期组织防护训练和演习，开展各类比拼活动，等等，以此促进教辅人员岗位技能水平的提升，更好地满足幼儿园发展的需要。

2. 分层培训

幼儿园倡导"培训是教师最好的福利"，制定了教师培训制度，开展分层培训，提高了针对性和实效性。

（1）青年教师——夯实基础。将幼教中心编写的"共享区域活动""幼儿一日生活学习与发展参照表""各领域学习内容与教育建议""专题探究活动"等作为培训蓝本，为青年教师开展专题讲座、示范观摩、研讨交流等，夯实他们的从教基础，也促使他们快速适应工作。

（2）骨干教师——解决瓶颈。作为立项课题研究成员，参与课题研究的辅导培训，以及做青年教师的培训师等，及时提炼、升华经验，解决理论与实践相结合的瓶颈问题，实现自身跨越式进步。

（3）名优教师——示范辐射。以外出学习培训为主，提升对课程模式及教育做法的甄别、筛选和分析能力，广泛吸取他人经验，朝着成为本区乃至全市幼教行业名师的目标而努力，发挥示范、辐射和指导作用。

3. 岗位竞技

为全面推动教职工队伍的业务技能和综合素质，幼儿园每学年开展各岗位人员的技能竞赛活动，打造教职工专业展示的竞技平台，并推送优秀教职工参加幼教中心的比赛。这种良性的竞争机制，不断激励教职工积极创新，形成良好的工作动力。

（1）青年新秀比武。35周岁以下的青年教师参与新秀大比武，比武内容包括思想素质、实际工作能力以及专业素质三个方面。通过比赛形成"比、学、赶、超"的氛围，也使更多青年教师脱颖而出。

（2）优秀保育员评选。全体保育员通过手工折纸、自制体育器械、讲故事、消毒桌面、分发饭菜、切分水果等比赛切磋技艺，展现自我风采，增强自信心，提高了业务技能。

（3）厨房人员岗位技能大比拼。比赛内容有厨房人员应知应会理论知识问答，厨师、面点师还要在规定的时间内制作完成指定和自选的菜品或点心，厨工要进行蔬菜加工、清洗消毒餐具等实操比拼。通过活动为后勤员工创设了展示良好的职业精神、过硬的业务能力的平台，也彰显出平凡岗位的不平凡之处。

（四）践行课程，促进教育品质提升

打造高品质的幼儿园，园本课程的研发、实施、完善相当关键。幼儿园在幼教中心的引领下，在实施"共生课程"的过程中，结合《纲要》《指南》，以幼儿的兴趣、需要、经验为依据，不断完善课程体系，推进课程改革，特别是在课程的实施途径方面做出了有益探索。

1. 环境

环境是共生课程实施的重要部分，隐含着丰富的教育内容和机会。幼儿园对环境所具有的隐性教育价值予以充分重视。

（1）班级环境。在班级环境创设中，引导教师有效利用空间创设符合幼儿年龄特点的、风格各异的班级环境，努力让每一间活动室、每一面墙都能体现出"师生互动、家园互动、生生互动"。幼儿园还注重发挥环境的隐性教育价值，把一日活动中的常规要求融合到生活环境中。

①制作图文并茂的各类流程图，如一日作息流程图、餐后活动流程图、洗手流程图、入厕流程图等，培养幼儿良好的习惯和做事的条理性。

②提供符合年龄特点的各类记录或计划板，如天气记录板、温度记录板、值日生计划板、区域计划板等，培养幼儿的表征能力和计划能力。

③提供各种安全标志，如走廊里的安全提示、游戏场上的文字图标、电源上的安全插扣标志等，为幼儿建立起安全、有序的活动环境。

（2）户外环境。幼儿园科学、合理地规划户外场地，提高场地的使用价值。不仅设置了体育活动区域，还利用户外边角位置设置了沙水区、表演区、休闲区、草地写生区、户外娃娃家等自主游戏区域，尝试将"共享区域"从室内延伸至室外，以满足幼儿游戏和探索的需要。

2. 一日活动

"共生课程"坚持"一日生活皆课程"的教育思想，将幼儿一日生活的所有环节都作为课程实施的重要途径，把一日活动看成一个整体，多通道、全方位地促进幼儿身心健康发展。

（1）学习活动。幼儿园设置了多种类型的学习活动，有学科领域活动、专题探究活动、节庆传统活动等。通过游戏、谈话、操作、实地参观、听赏、表演等多种途径，引导幼儿通过直接感知、实际操作和亲身体验获取经验。

（2）自主游戏活动。游戏是最符合幼儿的心理特点、认知水平及活动能力的活动。幼儿园结合自身特点对幼教中心创新的"共享区域活动"开展实践研究，各年级教师根据幼儿的年龄特点和实际经验及兴趣统筹规划，在各自的班级设置了两至三个大的游戏场馆，供幼儿自主选择、游戏。不仅如此，幼儿园还将"共享区域活动"研究拓展至户外，鼓励和支持幼儿利用我们提供的材料和设备，进行角色、建构、涂鸦、探索等自发性游戏。"共享区域活动"不仅实现了资源和活动的共享，也促使幼儿在自主、自律、自理、互助中获得发展。

2017年6月，幼儿园申报的龙华区教育科学"十三五"规划课题"在共享区域活动中促进幼儿五大领域的发展"被批准立项。课题的研究过程将有效地提升教师的专业水平和研究能力，促进"共生课程"实施的不断完善，研究经验和成果的积累也将不断推动幼儿园的内涵发展。

（3）生活活动。"一日生活"各环节蕴含着丰富的学习内容和契机，对照《指南》，幼儿园不断梳理和完善"幼儿一日生活学习与发展参照表"，特别对"教师支持性策略"部分开展深入研究和交流，以使适宜的发展目标自然地融入"一日生活"的各环节中，对幼儿进行渗透式教育。

（4）体育活动。幼儿园充分利用日光、空气等自然因素，有计划地锻炼幼儿的肌体，保证走、跑、跳、钻、攀爬、投掷、平衡等各种基本体育活动的开展。根据幼儿年龄特点编排体能操节内容，努力使操节结构合理、时间适宜、运动量适当。丰富的体育游戏、体育课和体能操使幼儿在运动中逐渐形成健康的体魄和坚强、合作、乐观的品质。

（五）关注健康，保障幼儿完整成长

促进幼儿德智体美劳全面发展，必须关注健康，保障幼儿完整成长。健康和安全是幼儿园工作的重中之重。自开办以来，幼儿园非常重视卫生保健和安全管理工作，不断规范工作流程和方法，形成了稳定的工作常规，保证了工作的顺利开展。

1. 卫生消毒，首要工作

幼儿园严格执行消毒制度，加强对保育员卫生消毒培训，规范操作流程。幼儿餐具餐餐消毒，每次用餐前用消毒水擦洗餐桌面；每天保持室内通风，每晚紫外线消毒1小时；塑料玩具每周用消毒水浸泡消毒并日晒一次，环境卫生做到每天一小扫、一周一大扫，减少传染病在园内的发生。

2. 健康保健，常抓不懈

保健医生认真抓好日常的卫生保健工作。根据季节变化，细心编制每周幼儿带量食谱，充分满足幼儿营养需要。调整幼儿一日生活作息时间，保证两餐间隔时间不少于3.5小时。积极开展有关特殊儿童管理与矫治专题研究，如"龋齿幼儿矫治""近视儿童矫治"等，通过了解现状、分析原因、制订计划、采取措施，有目的、有计划地开展管理、矫治工作。在常见病、传染病高发期，幼儿园及时采取门禁、分时段接送等办法；严格晨检，增加午检；对各班幼儿进行全天观察，追踪了解幼儿未出勤原因；掌握传染病发病情况，及时向上级主管部门汇报。还通过张贴宣传画报、微信公众号等形式向家长进行宣传，使传染病防控工作扎实有效。

幼儿园配合龙华区妇幼保健院，加强幼儿心理健康教育的宣传，指导家长完成网上幼儿心理筛查信息填报，建立儿童心理健康档案，针对幼儿心理筛查中存在的问题，及时向家长反馈，做到及早发现、及时干预。

3. 体格锻炼，增强体质

幼儿园严格执行每天户外活动不少于 2 小时、体育锻炼不少于 1 小时的要求，根据不同年龄段、季节及气候特点，科学合理地安排幼儿户外活动的时间和内容，有计划地开展多种形式的体格锻炼，加强对幼儿体育活动监护，做好活动量、活动密度的记录与分析，及时与各班教师反馈与沟通，促进幼儿体育锻炼的科学性。

4. 自我保护，注重演练

幼儿园十分重视幼儿的安全健康教育，不断增强幼儿的自我保护意识与能力。通过"一周一节"活动（即每学期一次"安全周"，每周一节"安全健康教育活动"），指导幼儿掌握遇到困难和危险时寻求帮助和自救的方法，提高幼儿自我保护和自救能力。同时，邀请防火中心人员来园开展安全知识讲座，园内定期开展消防演习、防拐骗模拟演练、安全知识竞赛等活动，让幼儿通过亲身参与练习提高防护能力。

5. 安全第一，防微杜渐

幼儿园每学期初与教职工逐层签订安全责任书，将安全责任落实到人。制定安全管理制度，定期召开安全会议，切实加强安全防范。每周五定期排查各类安全隐患，并及时整改消除。为创建"安全民治，平安校园"而不断努力。

（六）开放办学，打造和谐美好家园

幼儿园开放办学，在家长、社区工作中不断积累经验，注重形成"幼儿园、家庭、社区"三位一体的和谐、合作关系，在创建和谐家园过程中收获了良好的口碑。

1. 加强沟通，形成合力

幼儿园提倡开放办园，牢固树立为孩子、家长、社区服务意识，通过幼儿园网站，实现现代化信息沟通，使家长方便快捷地掌握幼儿园资讯；布置"宣传橱窗""家长园地"，让家长及时了解幼儿在园活动；开展"亲子活动""家长开放日""家长会""期末成果汇报"等，增强家长主动参与意识；每学期开展不同内容的家长问卷调查，如班级教育教学评价、幼儿园膳

食营养调查、各岗位员工职业道德评价等，认真听取家长的意见反馈，积极改善工作，使家园沟通顺畅，逐步形成家园合力。

2. 参与互动，科学育儿

幼儿园建立家委会，赋予家长责任和权力，参与幼儿园管理工作；伙委会参与食品安全的监督和维护；家长助教配合班级开展各种活动，为幼儿园提供更多优质的教育资源；妈妈故事团每周轮流进班为幼儿讲故事，以故事为桥梁，推广亲子阅读。各家长组织积极配合幼儿园搭建科学育儿指导平台，传播科学育儿理念，促进家长科学育儿能力的提升。

3. 展示风采，服务社区

幼儿园利用自身的专业优势，广泛宣传和指导小区家长树立正确的育儿观。例如开展"社区科学育儿指导"公益讲座，承办健康卫生讲座，带领家长参加龙华区学前教育宣传月辩论赛，参加市区举办的沙沙讲故事"儿童故事大王比赛"，带领家长、幼儿去社会福利院送爱心，在小区开展"地球一小时"宣传活动，等等，获得了社区居民的称赞，活动中也进一步展示了幼儿园的实力和幼儿的风采。

4. 示范辐射，和谐共进

幼儿园作为片区牵头园以及区教研组核心园，积极发挥带头作用，协助龙华区教育局、龙华区教育科学研究中心开展各项行政检查及教学观摩和研讨活动，以开放共融的心态，积极发挥着引领、示范作用。幼儿园多次接待广州、佛山、湛江、衡阳、大连、常州等地的教育局领导及同行来园观摩、交流、研讨，各项工作得到了肯定和赞扬，不断推动着幼儿园向着更高一级台阶迈进。

四、存在问题与发展方向

幼儿园开办两年来取得了一定的成绩，得到了上级主管部门的肯定和家长的认可。幼儿园正朝着新的发展目标——办一所"实验性、示范性"的高品质幼儿园而不断努力。围绕这个目标，幼儿园进行了新的规划。

1. 提升教师整体素质，全力促进名优教师成长

幼儿园刚刚起步，教师队伍较年轻，需要加强培训，提高整体实力，还需要采取积极有效的措施鼓励教师参与更高层次的进修及职称评定，花大力气努力培养区级和市级骨干教师、名教师，以满足幼儿园发展的需要。

2. 深化共生课程探索，不断沉淀经验打造特色

教师的教科研能力和水平还很欠缺，幼儿园还需要通过深化对"共生课程""共享区域活动"以及各类课题的研究，促进教师研究能力的提升；同

时不断积累经验，为进一步增进幼儿园的办园内涵、打造实验品牌教育而努力。

3. 充分发挥试点作用，积极创新非营利普惠办学模式

幼儿园作为深圳市首家"非营利普惠性幼儿园"试点园，对龙华区乃至全市的学前教育发展具里程碑意义，意味着学前教育步入"非营利"加"普惠性"的新时代。幼儿园还将不断总结经验为龙华区学前教育创新发展贡献一分力量，为深圳市学前教育探索多元办学模式提供可复制的经验。

幼儿园全体教职工将继续"传承实验文化，引领实验风范，踏实做好实验人"，勇于创新、敢于实践、善于研究、乐于奉献，在工作中不断提高教育质效，进一步聚焦绿色园所环境文化、共享机构教育管理服务理念、促进创新型教职工团队的专业成长、深化探索共生课程、立足完整人格的幼儿发展、合力创建和谐共进的美好家园，提升品质，追求卓越，在各级领导与幼教评估专家学者的引领激励下，进一步打造更具实验特色的品牌幼儿园。

（执笔人：刘红喜　王媛）

实例分享 13

侨校稚园　特色发展

——暨南大学幼儿园申报广州市一级幼儿园复评自评报告

一、幼儿园概况

暨南大学幼儿园始建于 1958 年，隶属于暨南大学这所百年侨校、国家"211 工程"和"985 平台"重点建设的综合性大学。在暨南大学各届领导的大力支持下，在广州市、天河区教育局的关怀指导下，暨南大学幼儿园始终践行"以儿童为本"的教育理念，逐渐形成了"侨校稚园、童趣书香"的教育特色，在 1992 年曾被评为广州市一级幼儿园，由于园所拆建，2009 年重新获评天河区一级幼儿园，2014 年 7 月再次被评为广州市一级幼儿园。

幼儿园位于广州市天河区黄埔大道西 601 号，现在发展为本部（东园）、南园两个园区。幼儿园的总占地面积为 5 096.70 平方米，总建筑面积为 4 939.00 平方米，总户外场地面积为 3 602.70 平方米。幼儿园现有全日制教

学班 17 个，含小班 6 个、中班 6 个和大班 5 个，共容纳了 483 名幼儿。在园教职工 83 人，全体教职工均持证上岗，专业合格率 100%。专任教师 58 人，89% 为大专以上学历，学历达标率 100%。

幼儿园现有两栋功能齐全的教学楼，在各班活动室均配备了钢琴、电化教育设备、玩具橱、操作材料等，还设有绘本馆、科学室、美工室、音乐室和游戏室等多个专项功能室。在户外，设置了攀爬区、沙水区、种植区等 9 个区域，配备了功能各异的大型器械、各项运动器械。这些生活化、情景化、课程化和游戏化的教育环境，可以激发幼儿自由探索、自主游戏，实现多元个性的发展。

沿着发展的脉络与足迹，幼儿园始终秉承并践行"倾听童声，给孩子以价值感；且教且育，给孩子以成长感；立足侨校，给孩子以书香感"的办园理念，致力于成就孩子的五大特质：健康、快乐、自信、爱创新、会合作。

多年来，幼儿园不断丰富教育内涵，提高管理水平和办园质量，取得了一定的成绩。在各级领导的深切关怀和大力指导下，一代代教职工锐意进取，幼儿园多次被评为"广州市好园所"，连续 10 多年被评为"天河区好园所"，荣获"天河区片长园"称号，是省教育学会学前教育专业委员会"十二五"研究课题"用多元智能理论引导绘本创意教学的研究"实验幼儿园、"方案数学"实验园，并成为华南师范大学、广东技术师范学院和广州幼儿师范学校的研究和实习基地。

二、主要工作与成绩

2014 年 8 月，在市一级幼儿园评估的反馈会上，专家提出：第一，要理顺层级管理，优化管理架构；第二，要加强教科研工作的广度和深度，凸显办园特色。根据专家意见，我园增加了 1 位副园长、3 位中层、1 位教研员，理顺了层级管理。同年 12 月，我园独立申报省级课题、区级重点课题并成功立项，幼儿园办园特色日趋凸显。

近三年，暨南大学和政府部门在经费上给予了大力支持，暨南大学、广州市教育局、天河区教育局陆续投入 1 100.48 万元，显著地改善了园所环境。三年来，我园招聘了一批高素质的新教师，13 位优秀招聘教师转为在编教师，教职工的福利待遇有较大幅度的提高。上述举措使我园具备了持续、健康发展的良好条件，并取得了突出的成绩。

（一）以人为本，实现科学化、规范化管理

幼儿园坚持"以人为本"的管理理念，探索出了一套"以先进的办园

理念为导向，以系统、完善的制度为基础，以层级管理、量化考核为保障，以柔性、动态管理为核心"的管理模式，使各项管理工作实现良性运转。

举措一：建立团结、奋进的管理团队

2015年12月，我园新一届领导班子换届工作顺利完成。班子成员凝心聚力，共谋发展，具有较强的大局意识和责任意识，在换届后马上承接了用时9个月的南园改造工程，于2016年9月准时开学，解决了150名教职工子女入学问题。2017年1月到12月，一年内对幼儿园东园进行改造和翻新。同时，注重加强管理中层的建设，新增了3位中层管理干部、1名教研员。班子组建不足三年，已经形成了真抓实干、团结进取、自觉服务、精益求精的管理氛围。

举措二：建立系统、全面的规章制度

我园从实际情况出发，广泛听取广大教职工的合理化建议，陆续修订和完善了"幼儿园规章制度集""幼儿园物资管理细则"等20多项规章制度。还把"体罚幼儿"与"收红包"作为教师行为标准的高压线，一经触犯，按解聘处理。多年来未发生体罚或变相体罚幼儿现象。在管理过程中，引导教职工牢固树立忧患意识，以主人翁的态度投入到工作中去。

举措三：实施层级量化、柔性动态管理机制

我园建立了按岗分级、岗位量化考核的管理机制。根据各部门的工作要求，建立各类人员岗位责任制，使各岗位的工作有章可循。同时，根据"每月常规考核和专项评比、年度工作考核"的量化管理制度，将量化考核的结果作为奖惩的依据，与实际待遇挂钩，使管理更加科学。

在管理中，还注重柔性化管理。做到领导管人，流程管事，引导广大教职工自我规范，变"要我怎样干"为"我要怎样干"。此外，实行动态管理。行政人员严格依照每日三巡制，重点检查教师个人形象、备课、教学、教研常规、班级常规等工作，有力地保证了各项管理的落实。

（二）提供支持，建设专业化、高素养队伍

1. 建立高效的培训体系，加强教师团队的建设

（1）建立多层次培训体系，满足教师发展需求。我园拟定了"师资队伍建设三年行动纲领""新教师工作手册""保育员工作手册""幼儿园管理规章制度集"等覆盖面广、层次性强、富有园本特色的培训体系。建立了各岗位职工的培训纲要，既涵盖了岗位职能、岗位操作流程、安全管理技能等领域的培训，又有针对初级教师的专业发展指引、针对骨干教师的培训等，多层次的培训机制有效地满足了教师不同层次的发展需求。

（2）领导班子借助多种学习形式，提升职业素养。幼儿园领导班子是教师团队的引导者、指挥者，其职业素养提升显得尤为重要。近年来，领导班子保持自主学习观念，注重向书本学、向专家学、向同行学、向教师学等，不断吸收各方面有价值的信息，同时，每年参加教育局等单位和机构组织的园长学习班、专业知识培训班，不断更新教育理念、教学模式、管理模式等知识。此外，领导班子多次到广州、深圳、西安、上海等地，有针对性地与大学附属幼儿园观摩交流，参加各类型的学术交流和研讨会议。

（3）为教师提供多层级的培训，丰富培训内涵。我园充分利用园内外的教育资源，三年间分别邀请了广东省评估权威专家黄志斌督学，广州市教育局教研员张琼老师，广东省教育研究院研究员刘景容老师，广州市教育研究院研究员李麦浪老师，天河区学前教育指导中心关瑞姗主任、田美萍副主任，天河区教育局教研室科研办容梅主任，华南师范大学杨宁教授、李思娴副教授，广州市少年儿童图书馆吴翠红副馆长等专家走进幼儿园开展讲座和指导工作，进一步开拓教师视野、提升队伍素质。

每学年，给教师提供外出学习、参加专业知识培训班、听课交流的机会。具体来说，每学年每位教师至少有 2 次以上外出学习机会。近年来，先后派遣百余名教师到广州、深圳、上海、郑州等地参加幼儿园观摩、专业知识培训和研讨会议。此外，由外出学习的教师就培训内容，结合本园实际对其他教师进行再培训，发挥辐射作用。

2. 建立科学的支持系统、完善的激励机制

在资源管理上，提供了丰富的书籍和期刊。购置了《幼儿园区域活动》等专业书籍，订阅了《学前教育研究》等十多类必读期刊，让教师们更好地接触、吸收专业知识。此外，建立了信息化的网络平台。每位教职工都能进入暨南大学数字图书馆，使用中国知网、维普、万方等中文数据库，以及 Elsevier 等英文数据库，为教师查找教学信息、获取网络资源提供有力支持。

在人力管理上，建立了激励机制。一方面，以园本教研为载体，建立多种组合形式的学习型团队，深度会诊寻找新的突破点。另一方面，积极鼓励创新，奖励承担课题研究、承担观摩课的教师，并设立教师基本功大赛，教学环境、早操等专项评比活动。2015 年以来，对教师基本功大赛的一等奖、二等奖、三等奖获奖教师，分别以绩效资金进行专项奖励。此外，幼儿园还开展师德标兵、中小幼优秀教师评选奖励活动。

3. 开展多项课题研究，引领教师科研能力的发展

为加快幼儿园教师专业化成长的步伐，我园积极开展课题研发工作。现有两项广东省级课题已经结项，一项区级重点课题正在积极研发当中，研究

成果同步辐射到天河区许多园所和幼儿家庭。

其中，广东省级课题"关于幼儿绘本实施分级阅读指导策略的研究"已在2018年6月结题。目前，幼儿园的阅读环境、课程和活动都有了质的飞跃，课题成果《幼儿园绘本阅读的环境创设与互动研究》一书，已经由暨南大学出版社出版发行。天河区重点课题"基于'6S'精益管理的学前教育品牌建设研究与实践"的研发让幼儿园的工作、环境更加有序，课题的开展还辐射到了家庭，让许多家庭受益。

在科研强师战略的引领下，近两年幼儿园涌现了一批较有影响的骨干教师和较高水平的教科研成果。目前，我园有市级骨干教师2名、市级教研组成员1名、区级骨干教师3名。自2016年至今，幼儿园共发表论文16篇，有21篇论文在省、市级论文评比中获奖；2人获省级说课比赛优胜奖，11篇教学案例获奖，2人在2018年天河区首届"工匠杯"教学能力大赛中获得一等奖，两位教师参加2018广州市场景化课程设计决赛分别获得一、二等奖。

（三）幼儿本位，构建高品质、特色化课程

我园深入贯彻《幼儿园教育指导纲要（试行）》《3—6岁儿童学习与发展指南》《广东省幼儿园一日活动指引（试行）》等文件的指导精神，树立以儿童为本的儿童观、以游戏为基本活动的课程观，在全面培养幼儿素质的同时，注重发挥幼儿园的特色和优势，不断挖掘其教育价值，培植独具特色的园本课程。暨南大学是一所侨校，素有"华侨最高学府"之称。暨南的寓意是，面向南洋，将中华文化远播到五洲四海，注重用中华民族优秀的传统道德文化培养人才。依托暨南大学的"侨校"背景，我园注重挖掘"侨文化"的教育内涵，把它整合、融入主题课程中，形成了逐渐成熟、独具特色的园本课程——侨文化主题整合课程。

1. 一日活动

我园深入贯彻"一日生活皆课程"的指导理念，将园本课程（侨文化主题整合课程）充分融入"生活、运动、游戏、学习"这几种最基本的活动类型，同时强调活动间的相互渗透、有机整合，注重发挥活动的综合教育作用（如表1所示）。

表1 幼儿园一日活动教育内容一览

基本活动	教育内容
生活活动	主要结合班级一日生活"6S"管理、随机性教育、隐性的环境教育，帮助幼儿发展生活自理、良好的人际交往等能力，健康的生活规律和习惯
体育活动	主要结合体能课（由外聘体能机构开展）、早锻早操、户外自主游戏、民间传统游戏等，增强幼儿的运动能力、环境适应能力，为幼儿的健康体质奠定基础
自主游戏活动	主要结合室内外自主游戏活动，提供支持性的操作材料以及适宜的观察和指导。满足幼儿的活动需要，发展其想象力、创造力和交往合作能力，以及提升好奇探究的品质
学习活动	主要结合绘本主题整合课程、学科序列活动（如方案数学）、主题背景下的区域活动，通过集体、小组和个别等形式来开展

2. 侨文化主题整合课程

侨文化主题整合课程，是在审视全球优秀的课程理念的基础上，深入剖析、挖掘我园"侨文化"的教育内涵，将"侨文化"与瑞吉欧教育理念、高瞻课程、多元智能等理论有机结合，形成的具有园本特色的主题整合课程。它在教学实践中，经过反复的论证和修订逐渐发展成熟。具体来说，它以"侨文化"为切入点，将"侨文化"中的教育元素作为年级的课程主线。随后，以绘本为载体，将绘本作为重要的课程资源，从绘本中挖掘、提炼出与侨文化相关的班级课程主题。在每个年级，都有一个清晰的课程主线，且不同年龄班的课程主线采取螺旋式上升的方式来构建（如表2所示）。

表2 "侨文化"主题整合课程的主线及幼儿素养

年龄班	课程主线	幼儿素养
小班	自我认知、家庭文化	个人素养，家的关爱
中班	传统文化、地方文化	社会关爱，家国情怀
大班	国际文化、幼小衔接	国际视野，为梦起航

小班的主题整合课程，以自我认知、家庭文化为主线，培养幼儿的个人素养和对家的关爱。中班，以传统文化、地方文化为课程主线，培养幼儿的社会关爱与家国情怀。大班，以国际文化、幼小衔接为课程主线，拓展幼儿

的国际视野，为梦起航。

围绕年级的"侨文化"课程主线，根据幼儿的发展水平和兴趣，各班自主制定和预设本班的课程主题（如"青花瓷""二十四节气""暨南梦 五洲情""英国的下午茶"等课程主题）。通常在一个学期内，每班会开展4～5个子主题，通过预设和生成两种途径，教师、幼儿和家长共同构建班级主题网络。在建构主题网络时，教师会把健康、语言、社会、科学和艺术五大领域充分融入进去，通过环境、区域、游戏和其他教育形式来实施。其课程体系主要包括课程目标、课程内容、课程实施、课程评价四大板块。

课程目标的制定，主要结合《3—6岁儿童学习与发展指南》的年龄目标、幼儿现有的知识水平和我园以往的经验等，并借助学期计划、周计划和日计划的形式呈现。同时，也关注在教育情境中生成的课程目标。

课程内容将"侨文化"中的教育元素作为课程主题，通过预设和生成，形成课程主题网络。在不同的年龄班，课程主线采取螺旋式递进的方式。在教学过程中，教师对幼儿的需求、感兴趣的主题进行价值判断，不断修订、调整预定的计划，生成新的课程内容。

课程实施中，教师根据课程目标，结合教学情境、幼儿的兴趣和需要等，对课程计划或方案进行部分改动，使课程的实施更加有效，主要借助学习活动、环境教育开展。学习形式分为集体、小组、区域等，环境教育包括主题墙、区域创设、幼儿作品、亲子作品等内容。

课程评价，主要分为幼儿状况发展评价和教师专业发展评价。其中，幼儿状况发展评价包含幼儿成长档案、区域观察、家园联系记录、活动观察实录、家长问卷调查。教师专业发展状况评价包含主题教学反思、日程活动反思、行政检查记录、观摩评价、家长问卷调查、教师成长档案。

（四）六重守护，实施"全体系、分步骤"保育

守护一：生命安全

幼儿园的各项突发事件应急预案健全、可行，操作性强。突发事件应急预案包括自然灾害、事故灾难、突发公共卫生事件、突发社会安全事件等四大类应急预案，具体来说，建立了"幼儿园预防地震应急处理预案""幼儿园火灾事故应急预案""幼儿园中毒事故的处理预案""幼儿园预防暴力袭击应急预案"等16项紧急预案。同时，每月开展一次事故预防或紧急疏散演练。

每学期对教职工进行基本急救常识和防范、避险、逃生、自救的基本方法的培训，大多数教职工都能掌握相关知识。教师每日对幼儿进行安全教

育，并融入一日生活。每学期开展幼儿安全专项教育活动并记录，近年来从未发生重大责任事故。幼儿园运用危机管理与"6S"管理理念相结合的方法，积极营造安全校园，各种预案齐全，使各项安全工作都落到实处。"6S"（因按日语的发音均以"S"开头，因而简称"6S"）管理中注重整理、整顿、清扫、清洁、素养和安全（如表3所示）。

表3　"6S"管理理念及教学实践一览表

管理理念	教学实践
整理（SEIRI）	要与不要，一留一弃
整顿（SEITON）	科学布局，取用快捷
清扫（SEISO）	清除垃圾，美化环境
清洁（SEIKETSU）	形成制度，贯彻到底
素养（SHITSUKE）	养成习惯，以人为本
安全（SECURITY）	安全操作，生命第一

例如：大学保卫处每天增派2～3名保安，加强幼儿入园、离园时间段的保卫工作；与华侨医院共同建立安全通道，监控、消防演练、安全和消毒器材配置到位；重视师生、家长的安全教育，将安全教育渗透于幼儿生活中；通过宣传栏、网络及发放安全告知书等加强宣传力度，形成幼儿园、家庭、社区一体的安全防护网，为师生的安全提供有力的保障。

守护二：心灵护佑

一是做好心理健康教育的常规工作。在日常工作中，教师将各种健康的心理知识有机地渗透在教学中，用宽容、理解的心态尊重每位幼儿，努力促使幼儿形成健康的情绪情感、正确的自我意识、健全的人格及良好的社会适应能力。多年来，从未发生过体罚以及变相体罚事件，严谨使用有损幼儿心理健康的言语。此外，邀请华南师范大学的高岚教授开展幼儿心理健康的讲座，宣传心理健康知识。

二是定期开展心理测查，实施融合教育。对入园幼儿进行心理筛查，建立特殊儿童个人档案。在园幼儿中，共有3名幼儿在入园筛查时发现异常，后经医院评估测查，确诊为自闭症。一直以来，我园实施融合教育，把特殊儿童安排到各教学班，提供正常化的学习环境，保证了他们享受平等的受教育权。同时，教师接纳理解、尊重和关爱有特殊需要的儿童，积极促进其心灵康复。此外，允许家属、心理治疗师入园陪同，对特殊儿童进行更精细化的教育。

守护三：卫生保健

我园重视卫生保健工作，配备了4名专职保健医生，其中一名是副主任医生，三名是有二十多年临床经验的护士长。这三名护士长原先是暨南大学附属第一医院的各科护士长，经过暨南大学调配，到幼儿园做保健医生，具备很高的专业水平，对幼儿非常有爱心。我园的卫生保健工作得到了卫生主管部门和家长的一致好评。

我园在疾病预防工作上做到群防群治。一方面加强内部检查监督，严格做到有计划、有措施、有落实、有检查，认真执行卫生保健制度。在疾病防控上，所有幼儿入园时均查验预防接种证并保留接种查验报告，计划内预防接种率达到100%。此外，班级教师每日登记本班幼儿的出勤情况，并填写出勤登记表，要了解因病缺勤的幼儿的患病情况和可能原因。另一方面，积极利用卫生保健宣传栏和网络，面向家长及社区做好保健知识宣传，尤其注重常见病、传染病的疾病预防宣教工作。在卫生消毒上，每日对幼儿毛巾及水杯进行消毒，保证幼儿每人每日1巾1杯。严格按照规定做好空气、餐具、用具、玩具等六类对象的预防性消毒，并完整记录。

守护四：膳食管理

我园成立了由园长、保健医生、后勤园长、厨师班长、教师代表、家长代表组成的膳食小组，每月定期召开膳食会议。运用膳食管理软件科学编制幼儿食谱，按要求做好膳食营养分析，使幼儿营养均衡。家长和孩子们对幼儿园膳食的评价都很高。每周定期在网站、微信公众号、幼儿园宣传栏、晨检一体机上公示食谱。幼儿园重视食品卫生安全管理，严格把好食品采购关、验收关、贮存关和加工关，认真做好餐具的清洗消毒工作，烹饪操作规范，按要求细致地做好试吃留样工作，每餐每种食品成品均有留样，每个品种留样量不少于100 g，并记录留样食品名称、留样量、留样时间、留样人员等。同时，幼儿两餐间隔不少于3.5个小时。

在进餐的过程中，教师注意营造宽松愉悦的进餐环境，培养良好的进餐习惯，并给予适当的帮助。科学安全的膳食管理促进了幼儿健康成长，近三年平均幼儿生长发育达标率为95%以上，年增长合格率达80%以上。

守护五：体育锻炼

我园根据幼儿不同年龄、广州季节及气候特点，科学合理地安排幼儿户外活动，保证每天户外活动2个小时以上。严格执行每天1小时体育锻炼，认真开展体锻监测，及时调整体能锻炼的运动强度和密度，保证幼儿户外体育锻炼的效能。我园每年举办一次运动会和一次亲子运动会，并开展幼儿体能的专项锻炼，确保每个幼儿的体能都在原有基础上进一步提高，促进幼儿体格的全面发展。

守护六：保教结合

在教育理念上，教师一方面能够根据本班幼儿特点，提供个性化的教育，能够尊重和保护幼儿的好奇心和求知欲，鼓励和支持幼儿主动探索，鼓励幼儿独立思考、与同伴友好合作等。另一方面能够做到面向全体幼儿，尊重和关注幼儿的学习和生活需要。在教育目标上，我园非常注重幼儿良好品质、习惯的养成和适应未来生活能力的培养，不单纯追求知识技能的学习。在教育内容上，我园深入贯彻《幼儿园教育指导纲要（试行）》等文件的指导精神，树立以儿童为本的儿童观、以游戏为基本活动的课程观，在全面培养幼儿素质的同时，注重发挥幼儿园的特色和优势，不断挖掘其教育价值，培植独具特色的园本课程。

此外，在保健医生的带领下，定期组织保育员进行业务学习，通过集体研讨、知识竞赛、经验分享、外出学习、自主学习等不同形式的学习，使保育员对幼儿生长发育特点更加了解，能熟练掌握相关卫生消毒制度以及幼儿常见外伤的处理，了解各种幼儿常见疾病以及预防知识，提高业务水平。以幼儿生长发育评价作为班级管理工作考核的重要组成部分之一，从管理机制上强调保教结合的工作原则，促进了教师和保育员工作的合作性和一致性，确保保育工作的顺利开展。

（五）两个追求，开展"齐心、合力型"家园共育

1. 家园沟通，追求顺畅高效

一是基于"尊重理念"的家园沟通。一方面全面如实地向家长传递幼儿园的工作动态，认真听取家长的反馈。另一方面积极换位思考，充分考虑家长的需要，较好地实现了个性化的家园沟通，共同探讨幼儿成长过程中的问题和解决方案。

二是基于"平等原则"的家园沟通。我园重视家长委员会工作，成立了家长委员会，并制定了家长委员会工作章程，定期召开家长委员会。幼儿园关注家长整体和个体工作，从园领导到班主任，都认真准备家长会，从办园理念到班级具体工作，家长能全方位地了解和参与。各班在学期中积极开展电访、家访、病中探望等个性化家园沟通，共同探讨幼儿成长过程中的问题解决方案。

三是基于"平台营造"的家园沟通。我园借助多样化的现代化沟通平台，全方位地建立与家长的沟通渠道。从2016年开始，我园开通了微信公众号，设置了幸福家园、园所动态、亲子乐园三大板块，包括15个子栏目，

同时，充分利用网站、微信公众号等现代化沟通平台，开展绿色高效的家园沟通，时时更新教育教学、卫生保健、家长互动的内容，打破了家园沟通的时空限制，基本实现信息无纸化沟通。

2. 三位一体，追求互补共赢

一是家长培训，主题丰富。我园成立了家长学校，制定了工作章程，面向家长开展多样的专家讲座活动。例如，举办了"关注幼儿心理健康""如何做好幼小衔接教育""从活动中观察孩子的发展""阅读与孩子的发展"等专题讲座，有效地深化了家长对幼儿教育的认识。

二是家长助教，教育合力。我园的幼儿家长都是暨南大学的高层次人才，拥有多种学科背景。我园有计划地开展家长助教活动，邀请暨南大学的文学家、画家以及生命科学技术学院和体育学院的家长等走进幼儿园，为教育添砖加瓦。此外，每学期各班都组织形式多样的亲子活动，主要由家长委员会策划，各班教师积极协助，如新生亲子活动、"六一"亲子活动等。

三是走进社区，合作共赢。我园处在得天独厚的暨南大学，充分挖掘和使用社区教育资源开展了一系列教育活动。每年，带领大班幼儿参观暨南大学附属小学，邀请资深教师为大班家长做幼小衔接专题讲座；带领幼儿走进华文学院，认识各国的国旗、节日文化和语言，丰富多元文化体验；带领幼儿走进生命科学技术学院，观察动植物标本，开展趣味小实验；带领幼儿走进暨南大学的校内超市，有效体验数学知识的运用，促进社会交往能力；利用大学的田径场，组织幼儿运动会等，为幼儿提供更广阔的教育空间和学习体验。

（六）引领带动，实现"优质品牌、先进文化"辐射

三年间，我园认真开展结对帮扶、支教工作。作为天河区石牌一片的片长园，我园园长、骨干教师曾到天河区霭麟幼儿园、华港幼儿园、天一庄中英文艺术幼儿园、华莎幼儿园、金海艺术幼儿园等幼儿园，就园务管理、环境建设、教育教学等进行交流，为教育均衡发展做出了积极贡献。2014—2016年，我园分别派两名青年骨干教师前往甘肃省积石山自治县支教一个月，同时与当地教师开展教研活动，交流教学经验。得知当地绘本资源匮乏，近三年，我园共捐赠图书1 340多本，另外，还购置和捐赠了大批的乐器、跳绳和画笔等给积石山自治县的幼儿园。

我园多次承办和组织省、市、区的专题培训、教研活动，并注重对外推广教育资源。如在2016年11月，广东省教育厅关于开展"幼儿园健康领域动作发展"的宣讲活动在我园举行，300多名园长及骨干教师参会。2017年4月，我园承办广东省幼儿园卫生保健工作的业务培训，来自广州、深圳、

珠海、惠州、湛江等地的 154 所幼儿园、220 多名园长和卫生保健教师参加会议。此外，我园王艳艳园长担任广州市学前教育学会语言理事会天河区语言中心组组长，积极配合、推进各项工作。

一直以来，我园注重与高校、省内外的幼儿同行学习交流，建立友好关系。作为华南师范大学、广东技术师范学院、广州市幼儿师范学校的实习基地，每学期固定接待实习生跟岗实习。同时，我园不仅多次接待省内外的各类园长、教师来园参观学习，而且前往深圳、上海、郑州、西安、上海等地交流学习，参加培训和研讨。

此外，中国香港教育局、美国密西西比州大学生交流团、泰国教育部交流团、日本关西国际大学交流团、菲律宾教师研修团等近十几个教育部门或组织来园观摩学习、交流研讨，使幼儿园充满了生机与活力。

三、存在问题与发展方向

问题与方向一：持续打造办园特色。

目前，幼儿园的品牌文化特色不够鲜明，有待丰富和完善。幼儿园将持续打造"侨校稚园、童趣书香"的园所特色，继续丰富品牌文化内涵，为可持续性发展注入不竭动力。

问题与方向二：加强教师队伍的建设。

教师队伍偏年轻化，学历、职称偏低，经验也欠缺，亟待提高。教师素质的提高是一个长期的工程，要进一步加强培训和教科研力度，提高教师的科研素养及专业能力，努力打造一支高素质、高水平的教师队伍。

四、自评情况

综上所述，对照《广东省幼儿园督导评估方案》，幼儿园逐条逐项认真进行自查自评。自评结果如下：办园条件 147 分，占分值的 98%；幼儿园管理 335 分，占分值的 95.71%；加分 1 分。合计得分 483 分，占总分值的96.6%。经自查，暨南大学幼儿园各条块工作管理规范，保教工作质量确实保证，达到市一级幼儿园的标准。请予以评估、审查。

侨校稚园，特色发展。暨南大学幼儿园致力于发展成一个教育理念领先、教科研并重、办园特色鲜明、内外交流广泛的高品质幼儿园。展望未来，我园将在发展中更加规范管理、科学保教，推进幼儿园的高质量、深内涵发展，为新时代的幼教事业做出应有的贡献。

（执笔人：王艳艳　史九欠）

实例分享14

传承求发展　　重塑得提升

——广州市儿童福利会幼儿园接受广州市一级幼儿园复评自评报告

一、幼儿园概况

广州市儿童福利会幼儿园（以下简称"福利会幼儿园"）创建于1988年，建园时隶属于广州市妇联，2013年归属于广州市教育局，2016年归属于越秀区教育局。2004年被评为广州市一级幼儿园。

目前，福利会幼儿园是一所全日制公办幼儿园，有6个教学班，191名幼儿，32名教职工，师幼比为1：5.9。各类专业人员学历及专业达标率达100%，其中副高级职称3人，研究生学历2人，大专以上学历达100%。

幼儿园占地面积944平方米，设有4个运动操场，生均占地面积4.9平方米，生均户外活动场地面积5.54平方米。园内环境整洁优雅、精致美观，设施配备充足齐全，有6间宽敞明亮的活动室，还分别设有烹饪室、亲子阅读室、音乐室、室内体育室、美工室、积木建构室、科学室等功能室，配有适合幼儿的多功能大型玩具区、种植园地、木工场、棋艺区、沙水区等。

近三年来，幼儿园在广州市教育局、越秀区政府和越秀区教育局的领导下，坚持科学发展观，以习近平新时代中国特色社会主义思想为指导，以培养有爱心、有创造力、有幸福感的儿童为目标，逐步形成融乐生活、融情游戏、融心家园的"三融"教育理念，以教育教研为先导，以提高教师队伍素质为保障，建设乐于奉献、善于创造、勇于担当的团队，大力完善办园条件，积极营造育人氛围，优化教育资源，强化卫生保健工作，推进家园共育，促进幼儿健康快乐地成长，逐步形成小而精致、美而舒适的幼儿园独特环境和教育风格。

教师团队凝聚力强，团结上进，涌现了"广东省百千万人才工程名教师培养对象""广东省省级骨干教师培养对象""南粤优秀教师""广州市优秀教师""广州市名教师""越秀区名教师"及"越秀区好人"等一批优秀教师。

幼儿园多次被评为广州市好园所，并先后被评为广州市文明单位、广州市家庭教育工作先进单位、中国西部教育顾问单位、广州市优秀家长学校、广州市学校垃圾分类教育示范基地、广州市规范化幼儿园等。

二、整改措施和效果

2011年下半年，幼儿园接受了第一次广州市一级幼儿园复评。评估组对我园工作予以充分肯定，同时也提出了几项改进意见：

（1）进一步改善办园条件，统筹规划、合理使用园舍场地和设施设备，继续完善户外运动场地，包括跑道、玩沙池，以及功能场室的建设，更好地满足幼儿活动和教育教学的需要。

（2）进一步加强教师队伍建设，加大教师培训与教育科研力度，研训结合，提高教师队伍专业水平，为幼儿园的后续发展奠定良好的基础。

根据评估组的意见，我园从实际出发，努力整改，取得了明显的成效。

（一）办园条件改善措施：统筹规划，全面整改，分期实施

2015年，广州市教育局针对我园的实际情况，分两次共拨款440万元对我园进行全面装修。从2015年10月到2018年8月近三年时间里，我园利用国庆节和暑假，对园舍环境进行了重新规划和全面装修，园舍环境焕然一新。

1. 重新规划，实现所有场室楼层合规

2013年，我园由原来的寄宿制改为全日制。2016年装修时把第一、第二、第三层楼的睡室和活动室打通，每层楼不仅改建出两个面积超过100平方米的活动室，还建成了两个功能室和一个功能区域，不仅实现了活动室和功能室都在四楼以下，达到了消防要求，也使幼儿园的功能场室数量达到8个。

2. 借用楼顶平台，实现户外生均面积达标

我园虽然室内活动场地充足，但是一直以来受占地面积所限，幼儿的生均户外活动面积达不到5平方米的规范要求。在越秀区教育局的大力支持下，我园获得了对教育局基建办400多平方米二楼平台的使用权（经过专业公司的鉴定，确保了平台有足够的承受力）。教育局拨款35万元进行了第一期装修。目前，平台已变成了幼儿们向往的多功能户外活动场地，他们每天在这里做早操、游戏、运动、晒太阳，乐趣无穷。

3. 更新设备，实现设施设备玩具安全到位

近几年，针对幼儿园设施设备过期、陈旧以及玩教具不足的问题，我园根据实际需要，因地制宜地进行重新设置，或维修，或更换，使设备规范、达标。

（1）筑好安全防范系统。我园在幼儿园门口升级了智能接送系统，并安装了两道门禁，新增了语音分区系统，按要求配备安保器械，保证了幼儿出入安全。全园先后安装了67台视频监控，不留任何安全死角，幼儿身上发生任何小事故时都能够在第一时间调出现场视频，直观、及时地分析原因，做到防患于未然。我园还新增了联网报警系统，以便在紧急情况下能更快捷地做出处理。针对厨房排风扇效果不好的问题，安装了整体的抽排风系统，保障了厨房卫生安全，并增加了冰箱、消毒柜和蒸饭柜等，解决了使用空间不足的问题。

（2）更新玩具设备配置。对户外活动场地进行升级、更新之后，我园投放补充了约8万元的体育器械，保证了幼儿运动和发展的需要。开辟了户外种植园地，解决了无种植园地的问题，让幼儿更亲近自然。增添了约3万元的户外建构等材料，丰富了幼儿的户外活动内容。针对各班玩教具种类数量不多、陈旧等问题，投入约7万元为各班添置了玩教具。还投入约32万元更换了各活动室的钢琴和柜子，为每个活动室安装直饮水机。针对空调残旧、制冷效果不佳的问题，更新了33台新空调。

（二）教师队伍专业提升路径：立足园本，多管齐下，合力引领

1. 园本教研——以实践中的问题为研究点促教师反思

基于对教师成长规律（经验＋反思＝成长）的认识，我园结合实践，以实践中的问题作为研究点扎实开展园本教研，促使教师学会分析、反思和提炼经验。例如：根据春游活动中存在的组织问题，活动后以"春游中我是谁"为题展开讨论，让每一个人清晰地认识各自的岗位职责，树立要提升业务水平的意识；根据新生交友日中存在的活动安排问题，组织"如何缓解新生的入园焦虑"系列教研活动；根据教师美术活动中的指导问题，组织"我的瓶子我做主"体验式教研活动；等等。除此以外，每学期我园还会定期组织半天生活观摩、环境创设研讨与评比等。接地气的教研活动让教师学会对实践中的问题进行反思。

2. 课题研究——以规范、深入的研究推动教师能力提升

我园以课题带动、推进课程改革和特色教育建设。近三年来共进行了艺术、一日活动、自主游戏、积木课题等三方面8个课题的研究，有广东省中小学新一轮"百千万人才培养工程"专项科研项目、广东省教育研究院立项课题、省市学前教育学会立项课题及越秀区科信局立项课题等。在园长的鼓励和支持下，教师积极申报各级各类课题，并作为负责人独立组织课题研究，这大大地锻炼了教师的教科研能力。作为华南师范大学蔡黎曼老师的国

家级课题"积木构建活动对幼儿思维发展的影响"的子课题园和片长园，我园在专家的引领下扎实开展课题研究，并连续两个学期两次主持了全省的课题组专题研讨会。

3. 开阔视野——在参观和学习中开阔教师专业发展视野

我园通过"走出去、请进来"的形式，为教师搭建宝贵的学习平台，让教师与专家面对面学习和咨询。

（1）"请进来"。近几年，结合幼儿园的音乐及游戏研究，我园先后邀请了北京师范大学的李敏谊教授讲授"穿越概念丛林理解项目学习在学前教育领域的理论与实践"、华南师范大学李思娴老师介绍"如何观察和分析孩子"、广州师范大学叶平枝教授介绍"幼儿园教师的情绪管理"、广州美术学院韩维娜老师介绍"幼儿审美能力培养"、深圳罗湖区教研员匡欣老师介绍"如何设置适合幼儿发展的环境"、延绵教育的陈军老师介绍"用九型人格识别自己和理解他人"、原东山教工幼儿园的彭粤湘园长介绍"如何开展幼儿歌唱教学"以及黄子衿小朋友的爸爸给教师们开展绘本语言教育培训"怎样看透绘本"等。

（2）"走出去"。我园多次组织教职工外出参观、培训，广获信息、开阔视野。近三年来每学期均组织教师参加在南京、深圳、珠海、广州等地举办的各类培训、研讨活动，让教师进一步了解当今的教育改革形式和发展方向，开阔视野。为在交流学习活动中提高认识，每学期均组织教师分批赴南京、深圳、广州等地跟岗、参观优秀幼儿园，学习区域设置、幼儿园一日生活优化等内容，借鉴他们的优秀经验，使本园课程改革得以顺利推进。

除此以外，作为越秀区社会领域教研组的组长，每次的教研活动，我园林玫琼园长都会带上我园其他教师参与活动，如广州市社会教研组，越秀区社会教研组、游戏组的联合教研活动"游戏还是游离？——基于案例的幼儿观察与分析"，让教师在参与中大大提高了观察和分析幼儿的能力。

三、办园新成绩、新经验

（一）打造小而精致、美而舒适的园舍环境

1. 班级环境：理念引领，个性打造，体现生本"家特色"

幼儿园班级不只是幼儿学习的地方，更是幼儿生活的小家，必须让幼儿感到安全、自在而温暖，呈现的应该是幼儿的生活痕迹和学习过程，体现的是一种和谐的师生和生生关系。为此，在班级环境的打造上，我园从理念入手，让教师充分了解一个优质的班级环境应具备的要素，在此基础上，让教

师发挥自主权,根据本班的园舍位置和幼儿的实际情况进行个性化打造。

一班一室一个家:为了营造"家"的文化,教师在色调、墙体设计和吊饰上都精心设计。例如:在窗帘、桌面台布用色上,小班用奶黄色,中班用绿色,大班用蓝色。针对白色墙体容易脏、不好用的问题,教师进行了创造性的设计:有的装了洞洞板,可以悬挂或粘贴幼儿的作品;有的装了白色钢化玻璃,可以让幼儿涂鸦;有的用了木板条或隔音板,可以贴或钉各种装饰。家的文化里,有刚入园幼儿的成长记,有"入园六件事"的提醒,有大班幼儿讨论形成的"约定",有"违约办法",还有值日生的工作内容以及幼儿学习探索的各个主题展示。一走进去,我们就能感受到家的温馨、家的特色、家的民主。

一区一域皆灵动:从以集体教学为主走向以区域自主活动为主的教学模式,如何因地制宜地设置班级区域环境?我园各级、各班根据实际情况多次以"讨论—实践—问题梳理和分析—调整"的螺旋式上升过程进行实践。经过几年的探索,目前基本形成小班各自设置区域、各成特色,中班、大班利用室内外空间合班设置区域,形成共同发展的格局,活动内容也越来越走向生本。"小李子理发店""水墨斋""博弈堂""品茗居""乐舞坊"等区域都深受幼儿喜欢,内容也不断生成,充满灵动。"小李子理发店"里生成的系列故事在广东教育学会学前教育专业委员会的专题论坛上介绍时备受幼教同行关注和赞赏。

2. 功能场室环境:充分挖掘,全面打造,实现处处好景又好玩

我园充分挖掘可以利用的室内外各场室和各个角落,进行功能场室设计。立足幼儿发展,着重考虑营造各个场室的文化内涵,凸显活动元素和教育功能,使幼儿置身其中,深受文化感染、享受活动乐趣、拓展生活经验、提高各项能力。我园打造的功能场室有:

"温馨自主"亲子书吧,集藏书、阅读、借阅、分享功能于一体。舒适的小平台,温馨的小角落,体现了环境的层次性和私密性,满足了幼儿的私密空间需求。区域的划分提供了阅读、交流、独处等多种功能的选择,减少了彼此的干扰。每个幼儿进来都可以随处坐下,随手就可以拿到书,温馨自主,开心阅读。

"多元文化"烹饪室是幼儿学习厨艺和了解各地饮食文化的地方,每一桌、每件材料对幼儿都具有"诱惑力"。"荷包蛋"形状的操作台、食物模型挂钩、可转动的调料盒以及各种食物模式、小茶具模型等,一应俱全。功能设计上有烹饪观赏区、操作区、面食加工区、水果吧台和食物清洗区,营造了多元的烹饪文化氛围,体现了丰富的烹饪内涵和独立的操作空间。幼儿

穿上厨师服，戴上帽子，已经有满满的角色感。

"无限功能"音乐室空间有限，功能却无限。虽小但功能齐全的小舞台，是给全体师生提供展示风采的舞台。音乐室是多种用途的综合性场室，日常幼儿可以在这里进行音乐活动、游戏活动等，教师还会在这里进行大型的研讨会和家长工作坊等活动。

"可赏可玩"科艺室是幼儿进行科学探索和创作的空间，集探索、创造于一体，从门口到室内，从墙面到桌面，都有幼儿探索操作的空间。门口一年四季的沙画设计，既可欣赏，也可操作、观察同一季节不同景色的美妙效果。在墙面探索区，幼儿既可以感受齿轮的原理和运用，也可以自己设计和拼装齿轮组合。操作区域的划分还给幼儿的合作操作提供了空间支持，展示台给幼儿提供了多种形式的作品展示空间。

"启智启趣"棋艺坊是利用两个课室之间小小的空间，放上有棋盘的桌子，让幼儿享受这幽静的小角落，兴趣盎然地对弈。

"自由创作"美术室被具有浓郁传统特色的原木屏风自然分隔成3个开放区域。这里材料丰富、工具齐全、选择自由，是幼儿动手将材料变废为宝的好场所。生活中的废旧盒子、报纸等常常被幼儿变成一件件可视可赏的作品。

"拼拼搭搭"积木建构室有各种不同规格的积木材料，分装在大大的白色箱子里，放置在量身定做的柜子上，存放量大，取放方便。为了给幼儿更多操作场地的选择和错落的空间，我园做了弧形榻榻米，操作时幼儿们可以坐、可以趴，还可以用来建构。

"钉钉锤锤"木工坊有幼儿可以操作的木工电器，还有各种各样的材料。二楼平台装修后留下来的大量木片、木块被教师收集起来，成了幼儿创作的最佳半成品。

"转角惊喜"沙水区建构简单，给幼儿无限想象，利用各种低结构的材料，让幼儿玩出创意、玩出精彩。墙面的水流探索区充满探索诱惑，幼儿可以往管子里灌水、观察和改动水流方向，还可以通过各种管道把水引入旁边的沙地里。

"可说可唱"演播室空间虽小，但是却能让每个幼儿都有机会展现自我、学会欣赏和获取自信。

"阳光沐浴"大平台是个充满阳光的户外平台，由户外木搭建而成，铺有钢琴键鹅卵石和大片的假草地。幼儿在这里可以做操、撒野、自由沐浴阳光、进行大积木建构、扮演娃娃家……走上来视野开阔，玩起来无限开怀。

（二）实现制度规范、激励与形成共识并进的管理效能

管理，与其管，不如理。理顺了事事好办，理顺了人心就近。近几年，面对团队中的问题，我园在分析其存在的各种历史原因、寻找解决办法的过程中，也注重挖掘团队中的优秀因子，进行有效激励，在推心置腹的互动中形成共识，提高管理效能。

1. 建立团队，达成共识

建立大行政组团队和中层干部团队，采取科学有效的管理方法，让全体教职工拧成一股绳，建设一支高效团队。

目标引领：我园建园 30 年，形成了自己的文化底蕴。经过历届园长和教师团队的努力，结合先进的教育理念，逐步提炼出办学宗旨"童福共悦、童心相融"，并形成园训"乐于奉献、善于创造、勇于担当"，使团队成员对工作目标达成共识，增强了团队的向心力、凝聚力，使团队走向高效。

团队培训：注重培训，如邀请专家为团队开展"九型人格"系列讲座和体验活动，帮助团队成员深入认识自己、挖掘自己的优势，并理解他人，发现同伴的闪光点，学会和大家融洽共处。

沟通协调：我园创造机会，以大型活动为平台，让每个教师都尝试作为负责人组织活动，体验领导和被领导者的角色互换，引导员工调整心态和准确定位角色，明确知道自己要做的事，以及清楚如何去做，学习与他人有效沟通。

2. 完善制度，理顺职责

细化管理制度，用制度规范各项工作。例如，我园针对各岗位制定了 22 项工作职责。结合新的要求，针对具体的工作又重新制定了各项操作性强的要求，如"健康检查制度""幼儿安全接送制度""膳食制度""突发事件处理预案""消防安全管理制度""班上玩具管理制度管理规范""公务卡管理制度""财产管理制度"等。通过制度建设，落实了各项管理工作，把先进的管理理念落到实处，提高管理效能。

为了调动广大教职工的积极性、主动性和创造性，进一步完善幼儿园的奖励机制，我园在上级部门的指引下，结合幼儿园的实际制定了新的奖励性绩效工资分配方案，使不同岗位的人、对幼儿园做出不同贡献的人都能获得应有的奖励和待遇。

3. 共研问题，明确方向

为了确保管理理念的有效落实，园长加强了平日的巡视、参与和引导工作，将在巡视中发现的问题提炼后用教研的方式和教师们研究解决。例如，发现晨间自由活动存在幼儿自由度不够、教师关注不够到位等问题后，用照

片记录下来，梳理后把各种问题通过照片呈现出来，并通过研讨旳形式与教师共同确认问题、分析原因、确定后形成制度。又如，在幼儿发生事故之后，和教师一起观看事故发生过程录像，共同研究各方面的原因及事故后该如何处理的办法，最后形成了"幼儿事故发生后的处理步骤"。

4. 激励楷模，树立典范

激励优秀楷模不但可以对个人起到鼓励的作用，还可以带动整个团队发展，使团队的正能量得到激发和辐射。如：潘丽婵老师常年帮扶贫困学生，多个被帮扶对象上了大学，经我园推荐后被评为"越秀好人"，成为幼儿教育唯一的一个典范；缪洋老师，学期末被教师们推选为最有正能量、最乐于助人、最有创意的代表，被当作典范激励所有教职工。每学年结束，幼儿园都会对全体教师进行年度考核，并奖励优秀教师。如评出"卫生标兵""环境全优班""先进工作者""越秀区秀美家庭"等，通过树立各种正面影响，激励教职工以更健康、更理性的态度投入工作。

5. 搭建平台，促进发展

（1）讲授平台。为了让有经验的教师更加快速地成长起来，我园申请了名教师课程"活动区环境创设的特色课程"平台，让善于总结和辐射优秀教育经验的骨干教师组成"讲师团"，向全区学员介绍自己的经验与成果。幼儿园的保健工作经验丰富，医务室组长唐娥医生应邀向全区民办幼儿园的后勤园长和医生介绍保健经验和食谱制定经验。体育专业硕士缪洋老师，多次为本园和园外的教师开设如何组织体育游戏的主题讲座等。学期末，我园还通过"我的观察案例"分享会，让每一个教师都上台介绍自己的观察案例，并提炼出有效的经验。讲学任务使每个人都全力以赴、精心准备，这个过程有效地提升了教师们的综合能力和专业素养。

（2）参赛平台。我园鼓励教师积极参与省、市、区、片的教研活动和各类竞赛，如"广州市优秀教师"评选、越秀区教师技能大赛、越秀区名教师和越秀区教坛新秀选拔、越秀区音乐优秀课例比赛、广州市教玩具制作比赛等。我园教师均取得了可喜的成绩，得到专家、同行的肯定，既锻炼了专业技能，也提升了专业自信。每次教师们参赛，我园都会组织教师团队帮忙研磨，使每一次的备赛过程都成为大家共同学习和提高的经历，也成为参赛者在同伴相助中得以提升的历程。

（3）共研平台。为了提升幼儿教师的理性思维，打破原有的思维定式，我园还注重创设机会邀请各行业的专业人员共同探讨、研究以解决问题。例如，邀请广州市教育名家工作室主持人王致青、来自各行业的家长代表和幼儿园的全体教师一起开展"世界咖啡——二楼平台打造构想"活动，不仅为教学楼二楼平台的装修设计提供了很多创意点子，研讨的过程还促进了教师的思考，开阔了教师的思维。本学期，我园还牵手华南师范大学的蔡黎曼老师和她的研究生团队，共同研究"爸爸积木俱乐部"的亲子建构活动"鳄鱼爱上长颈鹿"及大班建构活动"立交桥"。这两个经过研磨的活动向全省幼教同行公开后，获得了好评。活动后的教研活动由广东省教育研究院教研员刘景容老师、华南师范大学蔡黎曼老师和李群老师、广东省育才幼儿院二院原院长官颖柔等专家和我园林玫琼园长共同主持，专家的汇聚、问题的聚焦、激烈的研讨和专业的引领，让每一个参与者都获益良多。有了专家的参与，我园教师在从活动设计到准备、组织、反思的全过程中，获得了飞跃式的提升。

（三）形成融乐生活、融情游戏、融心家园的"三融"园本课程

在打造幼儿园课程的道路上，我园立足传承园本文化，并借成为广州市落实《3—6岁儿童学习与发展指南》实验园之机，在学习和研究指南精神的基础上，构建幼儿园面向未来、面向全体孩子、面向全部家庭的发展性课程。在形成幼儿园课程的过程中，我园注重以下几点：

（1）"全"。面向全体幼儿，让幼儿全面发展，在全日活动中实施和实现课程理念。把"融乐生活"作为"三融教育，幸福幼教"的首个课程支柱，体现的是我们重视并把提升孩子的一日生活质量作为探索的重要内容，以课程理念打造生活中每一个环节的活动，实现保教共长。

（2）"融"。一个"融"字，寄予的是我们的希望，即希望课程在幼儿一日生活中的渗透是自然的、互动的、有温度的，其乐融融，长长久久。

（3）"福"。幸福是一种感受，对于幼儿而言，幸福的感受必须有父母的爱和陪伴、有游戏的支持和保障。"让园所成为一片福地"是课程建设过程访谈中大家共同的心声，也是园所文化的源泉所在。为此，我园把"融情游戏"和"融心家园"纳入课程的三大支柱中，期待经过探索形成园本特色的游戏体系及家园课程体系，使幼儿的游戏权利得到落实，使家庭教育质量得到提升。

基于这样的认识，我园尝试建立"三融教育"园本课程（如表1所示）。

表1　"三融教育"课程

	"三融"教育		
	融乐生活	融情游戏	融心家园
培养目标	有爱心、有创造力、有幸福感的儿童		

续上表

	"三融"教育		
	融乐生活	融情游戏	融心家园
课程愿景	建立生活课程理念，形成生活课程内容，让生活中有教育	让游戏真正成为幼儿的活动方式，重视幼儿的真情发挥，实现开放灵活，融情于境	通过打造家园活动课程，促使家庭内部形成更加坚定一致的育儿观、价值观；通过家园共建共研，推动共同发展
课程目标	1. 有热爱生活的情感； 2. 有美化生活的意识； 3. 能在生活中养成良好的习惯； 4. 提高生活自理等各方面能力	1. 充分享受游戏带来的愉悦，自由表达，身心愉悦； 2. 具有好奇心，会探索、会思考、会解决问题； 3. 游戏中愿意交流，学会合作	1. 家园互动，提高家长参与教育的积极性，提升家长育儿理念； 2. 家园共建，整合并充分利用家庭中的教育资源，促进家园教育一致性； 3. 家园共研，丰富育儿方法，形成教育联盟
特色内容	1. 生活自理类； 2. 饮食主题类； 3. 生活节庆类； 4. 变废为宝类； 5. 美化生活类； 6. 社会实践类； 7. 南泥湾田园课程	1. 积木建构游戏类； 2. 创意体育游戏类； 3. 自主区域游戏类； 4. 节庆主题游戏类； 5. 艺术创作游戏类； 6. 情境性游戏（角色游戏）； 7. 戏剧游戏（戏剧创编）	1. 成立家委会； 2. 建立家庭资源库； 3. 组建"爸爸积木俱乐部"并开展系列活动； 4. 形成系列性体验式家长工作坊； 5. 形成主题式家长讲座； 6. 亲子运动会； 7. 家园互动春游、秋游； 8. 家长教师活动； 9. 亲子晨会艺术展演
课程组织	根据幼儿的兴趣点和需要形成不同活动内容，灵活采取多种形式： 1. 日常生活渗透； 2. 主题活动； 3. 小组探究； 4. 集体活动（各班、各级及全园活动）； 5. 个别化游戏； 6. 区域活动； 7. 自主游戏（同龄或混龄）； 8. 功能室活动； 9. 亲子活动		

续上表

	"三融" 教育		
	融乐生活	融情游戏	融心家园
课程评价	注重活动过程中对幼儿每一点成长的及时发现和记录，通过观察、记录、分析幼儿的学习过程，形成过程性评价；注重活动过程的分享和鼓励，建立每一个幼儿的自信；注重平时家园共同交流、分享和评价，学期末通过总体评价表进行评价		

（四）规范和细化后勤管理

1. 安全放第一，保教相结合

安全工作是幼儿园管理的重中之重，我园重点抓安全措施落实，做到警钟长鸣。"四防"安全小组人员时刻紧绷"安全第一"这根弦，遵照各项制度做好安全管理工作，切实做好各班消防、设施设备每日巡查、每月大检查，发现问题及时处理。切实加强校园安保，确保了幼儿的出入安全。在区教育系统安全生产大检查中，督查组均对我园的消防、食品、校园安保、卫生防疫等方面的安全管理工作给予了高度评价。

注重"保教结合"，发挥保健医生和保育员的作用，在工作中做到关心、细心、尽心，增强工作的责任感，全心全意为幼儿服务，配合一线的教育教学工作，不断提高幼儿的自理能力，培养幼儿良好的生活卫生习惯。

2. 健康不松懈，防控两手抓

在卫生保健方面，我园做到思想上重视、工作上主动、措施上落实，健全规章制度，并坚持认真贯彻执行。组建了卫生保健工作领导小组，认真执行国家、省托幼园所卫生保健有关规定，切实做好幼儿的疾病防控。在登革热等流行病频发的时候，我园采取有效措施，全力做好防控工作，最终实现了"零发病"。

3. 全面规范，管理科学化

（1）利用本次幼儿园整体改造工程，我园结合工作实际，灵活运用各种方法，借助分类标志，将繁杂的物品如功能室的各种材料、各班形式多样的工具分类摆放，并形成财产册，既清晰明了又方便易取。通过月度清洁和每学期的清点交接及时整理物品。同时，我园还定时或不定时地组织检查和抽查，让大家形成良好的习惯，使幼儿园的每一堵墙壁、每一块地、每一处环境都成为幼儿学习的地方。

（2）评价指标化。由副园长、后勤主任、保健医生形成管理小组，建立后勤工作评价体系，通过自检、互检、园检、抽检使一日工作有章可循。逐步把保育工作量化成各项工作指标，形成文字，拍成照片，一目了然。如场室整洁标准、清洁卫生标准、幼儿衣物折叠要求、公共体育器械摆放要求等。

（3）培训多样化。通过与同行的纵向学习，结合园内各岗位内部的横向观摩，增加培训的途径；通过形式多样的业务竞赛、法规学习等，打造高效的后勤队伍；通过多种分享活动，如班级工作分享会、工会团队活动、后勤各小组交流活动，加强各团队间的横向交流，感知团队协调的重要性和必然性，达成理解沟通的效能。

（五）示范辐射初显成效

1. 在社区同行中引领

唐娥医生给全区保健员讲授幼儿园保健知识和后勤管理，得到了同行的大力支持和认可。烟墩路幼儿园派出自己的医生跟着唐医生进行一至两周的跟岗学习。东方红幼儿园后勤管理团队针对厨房管理，物品采购流程、管理等方面与我园后勤管理团队进行交流。

2. 在省市同行中展示

在积木课题研究过程中，我园教师多次向全省幼教同行展示公开课和现场教研，受到了专家们的一致好评。

我园林玫琼园长和陈慧萍老师作为广州市教育名家王致青工作室的成员，在成果汇报中面向全省园长、教师发言；缪洋老师给东莞市大岭山镇的教师讲授了"《3—6岁儿童学习与发展指南》指导下幼儿园体育游戏活动的创设和组织""探索幼儿体育教学活动游戏化的奥秘"，本学期成为广东省彭盛斌工作室主持人助理，继续为学前教育健康领域做出示范作用。

3. 在对点帮扶中领航

我园与西藏自治区林芝县第三幼儿园结为姐妹园，林园长远赴该园传播活动区教育经验，并邀请该园教师来园跟岗，手把手地给教师做实践示范。林园长多次应邀到新疆维吾尔自治区及广州大学、广州市广播电视大学等的幼儿园为骨干园长和教师讲授经验。我园还与东风西路幼儿园点对点地对接帮扶，不仅到该园进行教学组织和实践指导，还邀请该园教师来园参观和实践，帮助她们提升整体能力。

4. 给后辈保驾护航

在学前教育领域中，我园十分注重对后辈人才的辐射作用。每个学年，我园都会接收广州市幼儿师范学校和广州市体育学院的学生来园见习、实习，为他们进入这个领域奠定基础。我园还为华南师范大学研究生提供课题研究和个案跟踪的实践样本，为理论研究提供第一手资料。

四、存在问题与发展方向

经过近几年教职工的不懈努力，我园发生了翻天覆地的变化，在学前教育发展道路上前进了一大步。我们将以此为新的起点，提出更高的目标：

（1）进一步梳理和完善"三融教育"课程，收集过程性资料，分系列整理，以便更好地传承下去，发挥辐射和影响作用。

（2）完善幼儿园档案资料的收集和整理工作，争取通过申报档案等级评估使档案管理更加规范。

五、自评情况

我园对照《广东省幼儿园督导评估方案》39项指标进行自评，结果如下：办园条件得分139分，占分值的93%；管理与效益得分336分，占分值的96%。总分475分。自评符合市一级幼儿园的标准，提请评估组专家评估。

（执笔人：林玫琼）

附录一

广东省幼儿园督导评估方案

幼儿园名称（盖章）＿＿＿＿＿＿＿＿＿

幼 儿 园 地 址＿＿＿＿＿＿＿＿＿＿

幼 儿 园 负 责 人＿＿＿＿＿＿＿＿＿＿

联 系 电 话＿＿＿＿＿＿＿＿＿＿

申（呈）报时间＿＿＿＿＿＿＿＿＿＿

广东省人民政府教育督导室制

二〇〇八年六月

说　　明

一、本方案既是幼儿园等级评估（复评）申报书，也是幼儿园学年自评工作呈报书，共包括五部分：（一）广东省幼儿园督导评估指标体系；（二）幼儿园基本情况统计表；（三）幼儿园自评报告；（四）教育行政部门意见；（五）督导评估组意见。

二、全省各幼儿园在每学年结束时，应对照本方案进行自评，并将自评结果报当地教育督导部门备案。凡申报评等级或复评的幼儿园，应按广东省幼儿园等级评估的有关规定，填写本方案报当地教育行政部门审查同意后，按等级幼儿园评定权限逐级向教育督导室申报。

三、评估指标体系共设 2 个一级指标、12 个二级指标、39 个三级指标。每个三级指标包含若干个因素，并配有评分操作方法。标有"★"符号者为必达指标，在三级指标内划线部分为必达因素。各级等级学校必须分别达到相应的必达指标（或因素）要求。凡不达指标因素"基本达到"的，自评或评估得分为其分值的二分之一以下。

四、评估指标体系总分为 500 分。2 个一级指标的权重分配为：办园条件 150 分（占总分 30%）；幼儿园管理 350 分（占总分 70%）；为激励幼儿园提高管理水平和办学效益，附设了效益得分。凡申报省一级幼儿园的，办园条件和幼儿园管理两大部分的得分，要分别达到其总分的 85% 以上；且办园条件得分、幼儿园管理得分加效益得分的合计分要达到总分的 90% 以上。凡申报市（地级市）一级幼儿园的，办园条件和幼儿园管理两部分的得分，要分别达到其总分的 75% 以上；且办园条件得分、幼儿园管理得分加效益得分的合计分要达到总分的 80% 以上。凡申报县（市、区）一级幼儿园的，办园条件和幼儿园管理两大部分的得分，要分别达到其总分的 60% 以上；且办园条件得分、幼儿园管理得分加效益得分的合计分要达到总分的 70% 以上。

五、效益得分的计算方法是：$\dfrac{（幼儿园管理得分＋获奖得分）×3}{办园条件得分×7}$，如商大于 1，则每大于 0.01 加 0.5 分。

六、指标体系中一些概念的说明和界定：

（1）教育经费，包括预算内和预算外经费，其使用范围是人员工资福利，公用经费（包括公务费、设备购置费、修缮费、业务费），一次性专项基建费除外。

（2）证照：指土地证、房产证（含幼儿园与单位或个人签署的租、借等长期合法使用合同等）、办园许可证、事业单位（民办非企业单位）法人登记证、组织机构代码证、税务登记证、收费许可证、食品卫生许可证等。

（3）幼儿园用地面积：包括建筑占地、室外活动场地、绿化及园内道路用地等。

（4）绿化覆盖率 $= \dfrac{\text{已绿化面积}}{\text{可绿化面积}} \times 100\%$，已绿化面积指园内已种了花草、植树的面积，可绿化面积指幼儿园占地面积减去不能绿化的地方（如建筑物、跑道、游泳池、水池、沙地等）的面积。

（5）档案资料，分办园条件和幼儿园管理两部分。幼儿园管理包括幼儿园发展规划及学年度、学期工作（含党、团工作）计划及总结；班、级组、教师学年度、学期工作计划及总结；幼儿园各项规章制度；教师业务档案（含教师的教改、科研计划、总结，进修计划，公开教育活动教案，教育随笔、心得等）；对师幼的表彰奖励记录、对教职工的处分记录；学籍管理资料；幼儿发展档案、幼儿健康档案；幼儿园资产档案等。"幼儿园基本情况统计表"中凡要求填报三个学年度（年度）数据，均应填报近三学年（三年）的数据；统计表如无指定年限，应按评估（复评、自评）时的现状填报。

（6）办园特色，指幼儿园在全面贯彻教育方针的前提下形成的相对稳定的办园风格特征。包括办园模式、课程设置和开发、教育教研、幼儿园管理特色等。

（7）幼儿园领导班子，指幼儿园正副园长、党组织正副书记。

（8）重大责任事故，包括恶性安全责任事故、严重违反计划生育政策、教职工中有人因犯罪被判刑、严重违反省有关收费管理规定。恶性安全责任事故，系指因幼儿园工作疏忽或管理不善，造成师幼中有一人或一人以上死亡或终身残疾等严重事故。严重违反计划生育政策，指幼儿园突破上级下达的当年计划生育指标或教职工中有超计划生育的。

（9）保教人员年流动率，指一学年内（上年8月份至下年8月份）正常流动和非正常流动的人数占学年初教职工总人数的比例。非正常流动指未履行完劳动合同。

（10）抽逃资金或挪用办学经费，指从幼儿园抽调资金（实物）或挪用办学经费到园外进行投资经营（含炒股票、办学校、办企业等）。

七、幼儿园在地级市或地级市以上获奖得分，作为衡量教育特色和质量的依据之一，并用于计算加分，折算后计入总分。

八、Ⅰ类地区指广州、深圳、珠海、佛山、东莞、中山等六市，Ⅱ类地区指除珠三角六市之外，其他15个地级市城区和所辖各县（市）县城所在地，其余为Ⅲ类地区。

九、**本方案适用于一切合法举办的幼儿园。**

十、本方案原则上每三年修订一次并由广东省人民政府教育督导室负责解释，各市、县（区）可自行翻印。

（一）广东省幼儿园督导评估指标体系

一级指标	二级指标	三级指标	分值	评分操作办法	得分 自评	得分 他评	备注
办园条件	1★ 经费	①办园经费落实，幼儿园教育经费*，生均教育经费、生均公用经费逐步增长。（9分）	20	"三费"逐步增长，得9分；近三年一年或一项无增长，扣1分，扣完为止。			画横线部分为必达因素（下同）。
		②证照*齐全，手续完备，按时年审。（3分）		达到要求，得3分；不达要求，0分。			
		③教职工工资、国家政策规定的各种生活津贴按时、足额发放，依法为教职工办理医疗、工伤、养老等社会保险。（5分）		达到要求，得5分；不达要求，0分。			
		④教职工工资待遇逐步提高。（3分）		达到要求，得3分；近三年一年无增长，扣1分，扣完为止。			
		{民办幼儿园标准} ①幼儿园产权、使用权明晰，合法。（3分）		{民办幼儿园标准} 达到要求，得3分；不达要求，0分。			
		②证照*齐全，手续完备，按时年审。（3分）		达到要求，得3分；不达要求，0分。			
		③收费符合省、市的规定，经费来源稳定、合法，并有足够的资金保证幼儿园正常运转和持续发展（3分）		达到要求，得3分；不达要求，0分。			
		④生均教育经费及生均公用经费逐步增长。（3分）		逐步增长，得3分；近三年一年或一项无增长，扣1分，扣完为止。			
		⑤按月足额发放教职工工资，依法为教职工办理医疗、工伤、养老等社会保险。（5分）		达到要求，得5分；不达要求，0分。			
		⑥教职工工资待遇逐步提高。（3分）}		达到要求，得3分；近三年一年无增长，扣1分，扣完为止。}			

注：带"*"号请参阅说明，下同。

续上表

一级指标	二级指标		三级指标	分值	评分操作办法	得分（自评/他评）	备注
办园条件	场地园舍	2	①建筑场地独立完整。（5分）	18	建筑场地完全独立，得5分；80%以上独立，得4～3分；50%～79%独立，得2～1分。		城市老园指地级市以上城区，在1987年前创办的。
			②远离污染源、交通要道，无噪音影响，园门两侧无乱摆摊、堆放杂物等现象，日方便家长接送，日照充分、场地干燥，排水通畅，清洁整齐。（5分）		达到要求，得5分；较好达到，得4分；基本达到，得3分。		
			③幼儿园布局合理，符合建筑规范，建筑造型和室内设计符合幼儿特点，满足教育需要，空气流通，光线充足。（5分）		达到要求，得5分；较好达到，得4分；基本达到，得3分。		
			④绿化覆盖率*50%以上。（3分）		绿化覆盖率每少10%扣1分，扣完为止。		
		3★	①幼儿园生均占地面积*不少于13 m²（城市老园不少于10 m²）。（5分）	14	生均占地面积每少1.2 m²扣1分（城市老园每少1 m²扣1分），扣完为止。		
			②户外活动场地使用面积生均4 m²以上。（4分）		达到要求，得4分；不达要求，0分。		
			③有玩沙池、玩水池、游泳池、大型器械运动区、30米直跑道、运动场、种植园地、饲养角。（5分）		每缺少一项扣1分，扣完为止。		
		4★	①园舍建筑面积生均7 m²以上（不含教职工宿舍）。（6分）	15	达到要求，得6分；不达要求，0分。		
			②活动室使用面积与寝室分设的每班100 m²以上，与寝室合用的每班54 m²以上，寄宿园有独立的寝室，配备儿童单人床。（6分）		达到要求，得6分；与寝室合用每班少10 m²扣1分，少于80 m²，0分；下划线部分不达要求，0分。		

续上表

一级指标	二级指标		三级指标	分值	评分操作办法	得分		备注
						自评	他评	
		4★	③每班卫生间15 m²以上，且大班的卫生间设立性别分隔；贮藏室（间）每间9 m²以上。（3分）	15	一项少3 m²扣1分，未设立性别分隔扣1分，扣完为止。			音乐活动室13个以上2个，26个以上3个，如此类推。
办园条件	场地园舍	5	有音乐活动室（120～160 m²），美工活动室、科学启蒙室、体育活动室、图书阅览室、综合游戏室等，功能齐全、实用，按教育教学活动和该子发展需要设计与提供玩具材料。（10分）	10	少一室扣3分，一室功能不齐全、实用或提供的玩具材料未满足需要，扣2～1分，扣完为止。			
		6	①有与幼儿园规模相适应的符合国家颁发标准的办公及辅助用房，医疗保健室和隔离室1～18 m²，晨检兼值班室10～18 m²，教工厕所12 m²以上。（3分）	6	达到要求，得3分；一项不达扣1分，扣完为止。			
			②有与幼儿园规模相适应的符合国家颁发标准的厨房，主副食加工及配餐间54～67 m²，开水消毒间8～12 m²，主副食库15～30 m²。（3分）		达到要求，得3分；一项不达扣1分，扣完为止。			

续上表

一级指标	二级指标	三级指标	分值	评分操作办法	得分 自评	得分 他评	备注
办园条件	7 教育玩具设备设施	① 按《广东省幼儿园（班）设备设施配备标准（试行）》配备玩教具、电教器材、劳动工具、桌椅书架、体育器材、医疗保健器械和药品。（5分）	15	按省一级配备，得5分；按省二级配备，得4分；按省三级配备，得3分。			
		② 按省幼儿园图书装备要求配置图书，生均藏书8册以上。（3分）		生均8册以上，得3分；生均6~8册，得2分；生均5册以下，得1分。			
		③ 每班配置钢琴、照相机、计算机。（Ⅱ类、Ⅲ类地区每班配置教学活动需要的键盘乐器及电教设备）（3分）		一项不达扣1.5分，扣完为止。			
		④ 自制玩教具数量多、质量好，具有多功能、多层次，能满足幼儿各类活动的需要。（4分）		达到要求，得4分；较好达到，得3分；基本达到，得2分。			
	8	① 配备办公专用计算机，建立现代办公管理系统。（3分）	10	达到要求，得3分；较好达到，得2分；基本达到，得1分。			
		② 图书刊物中幼教刊物8种以上，报纸4种以上，教参、工具书100种以上。（2分）		达到要求，得2分；刊物、报纸每少2种或教参书、工具书每少30种扣1分，扣完为止。			
		③ 音像资料、计算机软件等资料丰富，建立教育信息资源库，能满足各类活动需要。（5分）		达到要求，得5分；较好达到，得3分；未建立教育信息资源库，扣3分；资料不丰富，未能满足各类活动需要扣2分。			

续上表

一级指标	二级指标	三级指标	分值	评分操作办法	得分（自评）	得分（他评）	备注
办园条件	规模 9★	①幼儿园规模有利于保教工作和资源配置优化，不少于6个班。（5分）	10	达到要求，得5分，不达要求，0分。			因素②：省一级必须达到4分以上。市一级必须达到3分以上。县一级必须达到2分以上。
		②每班班额标准：大班35人，中班30人，小班25人。（5分）省一级班额不得超过标准5人；市一级班额不得超过标准6人；县一级班额不得超过标准7人。		所有班额均在标准以内，得5分。班额不超过标准5人，得4分；不超过标准6人，得3分，不超过标准7人，得2分。			
	教职工配备 10★	①教职工与幼儿比例：（6分）省一级全日制幼儿园为1：6，寄宿制幼儿园为1：4～1：5；市一级全日制为1：6.1～1：6.9，寄宿制幼儿园为1：6，县一级全日制1：7，寄宿制幼儿园为1：6。市一级全日制为1：5.1～1：5.9；县一级全日制1：7，寄宿制幼儿园为1：6。	18	达省一级要求，得6分；达市一级要求，得4分；达县一级要求，得5分；未达县一级要求，0分。			因素①：省一级必须达到6分。市一级必须达到5分以上。县一级必须达到4分以上。人员比例一般
		②每班教师2人以上。（3分）		达到要求，得3分，不达要求，0分。			
		③保育员每班全日制不少于1人，寄宿制幼儿园不少于2人。（2分）		达到要求，得2分，不达要求，0分。			

续上表

一级指标	二级指标		三级指标	分值	评分操作办法	得分（自评/他评）	备注
办园条件	教职工配备	10 ★	④6~9个班（含寄宿制）设园长2人、10个班及以上（含寄宿制）幼儿园设园长3人。（3分）	18	达到要求，得3分；不达要求，0分。		以6个班180人为中数，多于180人向向方向浮动，低比例向方向浮动，少于180人向高比例向方向浮动。
			⑤全日制幼儿园不足200名幼儿配备专职医务人员1人（寄宿制幼儿园设专职医师1人）。全日制幼儿园超过200名配备专职医务人员2人以上。（寄宿制幼儿园3人以上，其中主治医师1人。）（2分）		达到要求，得2分；不达要求，0分。		
			⑥有专职财务人员，炊事员、其他工作人员满足幼儿园需要。（2分）		达到要求，得2分；较好达到，1.5分；基本达到，1分。		
		11 ★	①园长具有大专以上学历及幼儿园高级教师职称，取得园长岗位培训合格证书并接受国家和省有关任职条件配备。（3分）	14	达到要求，得3分；学历或职称不达标，未取得园长岗位合格证，0分。		
			②教师专业合格率（学前教育专业毕业或取得幼儿园教师资格证）100%。（4分）		达到要求，得4分；不达要求，0分。		
			③教师大专学历60%以上（Ⅱ类地区50%以上，Ⅲ类地区40%以上）。（3分）		每低10%，扣1分，扣完为止。		
			④保育员具有高中（45岁以上具有初中）以上文化程度，受过幼儿保育职业培训。（2分）		达到要求，得2分；部分保育员学历不达标或保育员未受过幼儿保育职业培训，得1分；两项未达，0分。		
			⑤医师具有医学院校毕业或上学历，医生和护士具有高中等卫生学校毕业以上学历，保健员具有高中毕业程度，医务人员经岗前培训，并取得上岗证。（2分）		达到要求，得2分；不达要求，0分。		

续上表

一级指标	二级指标	三级指标	分值	评分操作办法	得分		备注
					自评	他评	
幼儿园管理	办学方向及依法治教 12	① 全面贯彻教育方针，全面实施素质教育，有正确的办园指导思想，办园宗旨和培养目标。(5分)	15	达到要求，得5分；较好达到，得4分；基本达到，得3分。			
		② 有符合本园实际的近期和远期发展规划，有阶段性总结，分析和后续方案。(5分)		同上。			
		③ 坚持面向全体幼儿，积极构建和谐校园，有办园特色*。(5分)		同上。			
	依法治教 13★	① 依法治园，建立规范的幼儿园章程，落实园长负责制。(民办幼儿园实行董事会或理事会领导下的园长任期制和负责制，园长任期相对稳定，董事会或理事会与园长职责明确，做到决策权与执行权分离；园长依法独立行使教育教学和行政管理职权，董事会或理事会成员不干涉园长行使法定职权；园长每年向董事会或理事会提交工作报告。)(8分)	20	达到要求，得8分；不达要求，0分。			
		② 各项规章制度经过民主程序产生，不断健全完善，可操作性强，形成互相支持，运转高效的工作机制，各级人员岗位职责明确，有考核，有检查。(4分)		达到要求，得4分；较好达到，得3分；基本达到，得2分。			
		③ 管理架构科学，合理，各种组织机构（园务委员会，党，团，教代会，工会，家长委员会等）健全，职责明确，运转协调，高效，充分发挥职能作用。(5分)		达到要求，得5分；较好达到，得4分；基本达到，得3分。			
		④ 近1年没有重大责任事故*。(3分)		达到要求，得3分；不达要求，0分。			

续上表

一级指标	二级指标	三级指标	分值	评分操作办法	得分 自评	得分 他评	备注
幼儿园管理	14	①领导班子结构合理，具有幼儿教育理论、教育管理理论基础，重视观念更新，理论学习和经验总结。（3分）	15	达到要求，得3分；较好达到，得2分；基本达到，得1分。			
		②廉洁奉公，团结合作，有较强的决策和协调能力，富有改革创新精神，治园能力强。（3分）		同上。			
		③关心教职工工作、学习、生活，干群关系融洽，凝聚力强，群众评议满意率高。（3分）		群众满意率达90%以上，得3分；75%~89%，得2分；60%~74%，得1分。			
		④熟悉保教工作，重视并做好教育教学、教研和科研，带头开展教改、科研工作，指导实践能力强。（3分）		达到要求，得3分；较好达到，得2分；基本达到，得1分。			
		⑤园长每学期跟班观摩及指导教育活动不少于20天，业务副园长不少于40天，主管后勤副园长不少于10天。（3分）		各园长每少5天扣1分，扣完为止。			
	队伍建设 15	①教职工政治、业务学习制度落实，重视队伍思想观念更新和业务水平提高，外部培训和园本培训相结合，有计划、有目的，保育员继续教育有专项经费，并提供时间保障。（6分）	12	达到要求，得6分；较好达到，得5~4分；基本达到，得3分。			
		②建立教职工个人成长档案，重视通过评价机制（教师自评为主，园长及有关管理人员、其他教师和家长参与评价的制度）促进教师个人专业成长，有计划对不同需求层次的教师群体进行针对性培养，措施得力，效果明显。（6分）		同上。			

续上表

一级指标	二级指标	三级指标	分值	评分操作办法	得分 自评	得分 他评	备注
	16	①针对幼儿园实际开展多层次的科研科研课题研究，教师能普遍参与，课题研究过程规范，资料健全，有效促进幼儿园保教质量提高和教师专业成长。（6分）	19	同上。			
		②建立园本教研制度，定期开展形式多样的教研活动，形成畅所欲言、各抒己见的教研氛围，教师参与积极性高，针对性和实效性较强。（6分）		同上。			
		③每位教师每学期有一次以上公开观摩活动（不含家长开放日）。（3分）		100%达到，得3分；达到80%以上，得2分；达到60%以上，得1分。			
		④重视教科研的总结、交流，每年举办教研成果评奖，近3年有4篇以上文章在市级以上刊物刊登。（4分）		近3年，每有一年没有举办教研成果评奖，扣1分；刊登文章每减少1篇扣0.5分。扣完为止。			
幼儿园管理	17★ 队伍建设	①树立全体工作人员都是教育者的思想，重视职业道德建设，敬业爱幼，为人师表，温馨的心理环境，建立以爱为核心的情感氛围和校园文化。（5分）	13	达到要求，得5分；较好达到，得4分；基本达到，得3分。			
		②队伍团结协作，以班、级组、教研组等为单位建立学习和发展共同体，各成员之间分工明确、合理，工作衔接自然、紧密，关系融洽，共同进步。（5分）		同上。			
		③无体罚或变相体罚幼儿现象，近3年教职工无违法、犯罪。（3分）		达到要求，3分；不达要求，0分。			

续上表

一级指标	二级指标	三级指标	分值	评分操作办法	得分 自评	得分 他评	备注
	队伍建设	18 重视利用信息技术和网络信息资源进行教育教学活动，50%以上（Ⅱ类地区30%以上，Ⅲ类地区20%以上）教师能用多媒体计算机技术进行教学。（4分）	4	每少10%扣1分，扣完为止。			
		19 ①教职工队伍稳定，近3年保教人员年流动率*不超过15%。（3分）	6	每超过3%扣一分，扣完为止。			
		②在当地有声誉较高的学科带头人。（3分）		有省级学科带头人，得3分；市级，得2分；县级，得1分。			
幼儿园管理	卫生保健工作	20★ ①根据不同年龄，季节及气候特点，合理安排幼儿一日生活作息制度，动静适宜，户内外活动交替。（5分）	13	达到要求，得5分；较好达到，得4分；基本达到，得3分。			
		②保证每天不少于2小时（寄宿园3小时）的户外活动，其中体育活动1小时（寄宿园2小时）以上。（3分）		达到要求，得3分；不达要求0分。			
		③保教结合，根据幼儿的需要建立科学的生活常规，培养幼儿良好的饮食、睡眠、盥洗、排泄等生活卫生习惯以及生活自理能力，培养幼儿正确的坐、行、站、跑及书写姿势等。（5分）		达到要求，得5分；较好达到，得4分；基本达到，得3分。			

续上表

一级指标	二级指标	三级指标	分值	评分操作办法	得分 自评	得分 他评	备注
幼儿园管理	21 卫生保健工作	①根据儿童特点开展体格锻炼，充分利用阳光、空气、水等自然因素，运动内容数量符合幼儿生理特点，培养幼儿参加体育活动的兴趣和习惯，并做好记录、分析、评价工作，增强幼儿的体质。(5分)	10	达到要求，得5分；较好达到，得4分；基本达到，得3分。			
		②关心幼儿的情绪，开展幼儿心理健康教育，建立个案，并协助医生、家长对心理、行为异常的幼儿进行矫治等，效果好。(5分)		同上。			
	22★	①幼儿两餐间隔不少于3小时，按时开餐。(3分)	20	达到要求，得3分；较好达到，得2分；基本达到，得1分。			
		②每周为幼儿制定营养均衡的带量食谱，每季进行一次食量、营养量统计、分析、评价，每餐食物按标准留样。(5分)		达到要求，得5分；较好达到，得4分；基本达到，得3分。			
		③食物多样，合理搭配，不吃隔餐剩余饭菜，为体弱儿等有特殊需要的儿童提供特殊饮食。(5分)		同上。			
		④教职工伙食与幼儿伙食严格分开。(2分)		达到要求，得2分；不达要求，0分。			
		⑤做好饮食卫生管理，工作流程规范，严格把好食物购买、贮存、加工关。(5分)		达到要求，得5分；较好达到，得4~3分；基本达到，得2~1分。			

续上表

一级指标	二级指标	三级指标	分值	评分操作办法	得分 自评	得分 他评	备注
幼儿园管理	卫生保健工作	23　① 规范执行晨检及全日健康观察制度，发现问题及时处理。（3分）	14	达到要求，得3分；较好达到，得2分；基本达到，得1分。			
		② 督促家长做好儿童计划免疫接种工作，认真执行预防疾病常性和突发性的疾病预防工作。（3分）		同上。			
		③ 认真执行卫生消毒及隔离制度，定期清洗和消毒幼儿生活用品和玩教具，搞好幼儿园环境卫生和个人卫生，发现传染病做好检疫、隔离、消毒和上报等工作。（3分）		同上。			
		④ 了解幼儿既往病史和过敏史，建立健康档案，完成卫生部规定的12种登记表册的记录工作，做好统计、分析、评价工作，采取相应措施，利用统计资料为提高幼儿健康水平服务。（5分）		达到要求，得5分；较好达到，得4分；基本达到，得3分。			
	24　★	① 严格执行入园、上岗前健康检查制度和定期体检制度，教职工及幼儿每年的健康检查受检率100%，全体教职工有健康证。（3分）	28	达到要求，得3分；不达要求0分。			
		② 出勤率幼儿班90%以上，托班75%以上。（4分）		达到要求，得4分；各项目每低10%扣1分，扣完为止。			
		③ 幼儿生长发育达标率（即身高、体重在 M±2SD 以内的人数）达95%以上。（3分）		达到要求，得3分；项目每低5%扣1分，扣完为止。			

续上表

一级指标	二级指标	三级指标	分值	评分操作办法	得分 自评	他评	备注
幼儿园管理	24★ 卫生保健工作	④ 幼儿年生长合格率（即年身高增长5 cm，体重增长2 kg以上）达80%以上。（3分）	28	达到要求，得3分；项目每低10%扣1分，扣完为止。			
		⑤ 常见病、多发病，日发病率少于5%。（3分）		达到要求，得3分；项目每高5%扣1分，扣完为止。			
		⑥ 缺点矫治率达90%以上。（3分）		达到要求，得3分；项目每低5%扣1分，扣完为止。			
		⑦ 缺铁性贫血患病率10%以下，有效矫治率90%以上。（3分）		达到要求，得3分；患病率每上升5%扣1分，矫治率每下降5%扣1分，扣完为止。			
		⑧ 4岁以上幼儿每学期进行视力检查一次，检查率100%，视力低于0.9的幼儿到医院复查率80%以上。（3分）		每低10%扣1分，扣完为止。			
		⑨ 开展口腔保健，无龋齿率达30%以上，龋齿预防覆盖率达90%以上。（3分）		无龋齿率每超10%，扣1分；预防覆盖率每低10%扣1分，扣完为止。			
	25★	① 落实《中小学幼儿园安全管理条例》的有关规定，认真执行安全制度，定期进行安全检查并及时排除不安全的因素，安全责任落实，措施健全。（4分）	10	达到要求，得4分；较好达到，得3分；基本达到，得1~2分。			消防设施未达标的要有整改方案。
		② 按消防要求配备消防设施，有消防合格证明。（3分）		达到要求，得2分；不达要求，得0分。			
		③ 结合幼儿的生活进行安全和保健教育，提高幼儿的自我保护意识和能力。（3分）		达到要求，得3分；较好达到，得2分；基本达到，得1分。			

续上表

一级指标	二级指标	三级指标	分值	评分操作办法	得分（自评）	得分（他评）	备注
	卫生保健工作	26 定期、有针对性地向家长和教职工宣传卫生保健和科学育儿的知识，共商卫生保健措施，共同做好卫生保健工作。（5分）	5	达到要求，得5分；较好达到，得4分；基本达到，得3分。			
		27 ①严格按国家和省有关幼儿教育的规定，树立正确的教育观、儿童观、质量观，并指导实践和开展保育教学工作。（8分）	14	达到要求，得8分；较好达到，得7～6分；基本达到，得5分。			
		②根据国家和省有关幼儿教育的要求，结合本园实际和幼儿身心和谐发展需要，经验和需要，制定保教结合、有利于幼儿身心和谐发展的课程目标体系，并制定切合实际的课程实施方案。（6分）		达到要求，得6分；较好达到，得5～4分；基本达到，得3分。			
幼儿园教育管理		28 ①坚持保教结合、科学，合理的安排和组织一日生活，时间安排有相对的稳定性与灵活性，动静结合，室内外结合。（5分）	16	达到要求，得5分；较好达到，得4分；基本达到，得3分。			
		②教师直接指导的活动和间接指导的活动相结合，保证幼儿每天有适当的自主选择和自由活动时间。（5分）		同上。			
		③建立与形成良好的生活与教育教学活动常规，引导幼儿学习自主管理，减少不必要的集体行动和过渡环节，消除消极等待现象等。（6分）		达到要求，得6分；较好达到，得5分；基本达到，得4分。			

续上表

一级指标	二级指标	三级指标	分值	评分操作办法	得分 自评	得分 他评	备注
幼儿园管理	教育工作	29 ① 活动目标、内容具有年龄适宜性,符合幼儿年龄特点和发展水平层次,循序渐进。(5分)	15	达到要求,得5分;较好达到,得4分;基本达到,得3分。			
		② 活动目标具有和谐性,使知识和技能、过程和方法、情感、态度和价值观三维目标有机整合。(5分)		同上。			
		③ 活动内容具有科学性和生活性,做到内容科学,概念准确,贴近幼儿生活和发展水平。(5分)		同上。			
		30 ① 以游戏为基本教育形式,根据需要因时、因地合理安排活动的组织形式。(4分)	10	达到要求,得6分;较好达到,得5分;基本达到,得4分。			
		② 通过恰当的领导、组织、协调,有效调控活动秩序和进度,由教师与幼儿共同或由幼儿群体制定明确、具体、合理、一致的活动规则,促进幼儿规则意识的形成和自我控制能力的发展。(6分)					
		31 普通话成为幼儿园教学和生活语言。(2分)	2	达到要求,得2分;较好达到,得1.5分;基本达到,得1分。			
		32 ① 以关怀、接纳、尊重的态度与幼儿交往,师生关系平等、民主,关注幼儿在活动中的表现和反应,形成合作探究式的师生互动、生生互动。(4分)	12	达到要求,得4分;较好达到,得3分;基本达到,得2分。			
		② 活动过程幼儿注意力集中,积极主动,保持较好的兴趣态度,思维活跃,表现出一定的创造性。(4分)		同上。			

续上表

一级指标	二级指标		三级指标	分值	评分操作办法	得分		备注
						自评	他评	
幼儿园管理	教育工作	32	③善于发现幼儿感兴趣的事物、游戏和偶发事件中所隐含的教育价值，把握时机，积极引导，给幼儿提供自主解决问题的机会和各种不同的交流机会，培养幼儿初步的探索能力和合作意识。（4分）	12	同上。			
		33	①以发展的眼光看待幼儿，将评价工作伴随教育过程进行，注意全面了解幼儿的发展状况，承认和关注幼儿的个体差异性，接纳幼儿的个性行为表现，记录，评价对幼儿活动过程中的评价，关注进一步了解幼儿的发展需要，促进幼儿个性化和适宜性发展。（6分）	12	达到要求，得6分；较好达到，得4~5分；基本达到，得3分。			
			②注意收集具有典型意义的幼儿行为表现和作品和家长共同建立幼儿成长档案。（6分）		同上。			
		34	①活动室规划合理，生活，保教设施设备设置整洁有序，增加幼儿行为的有序性，方便个别、小组，集体等保教活动的开展。（5分）	15	达到要求，得5分；较好达到，得3分；基本达到，得3分。			
			②有相适应的活动区（角），动静分开，既保证幼儿自由活动，少受干扰，又方便幼儿之间相互交往，向幼儿开放，动态设置，能根据幼儿发展和课程需要及时调整，让幼儿主动参与环境创设，使用率高，效果好。（5分）		同上。			
			③玩具、材料安全卫生，体现年龄特点，教育目标要求和幼儿发展需要，种类丰富，多功能，多层次，操作性强，能充分利用旧物和废旧物和自然物。（5分）		同上。			

续上表

一级指标	二级指标	三级指标	分值	评分操作办法	得分 自评	他评	备注
幼儿园管理	社区工作	35 ①重视家园共育，本着尊重、平等、合作的原则，争取家长的理解，支持和主动参与保教工作，共同研究有关幼儿教育的问题。(4分)	12	达到要求，得4分；较好达到，得3分；基本达到，得2分。			
		②发挥家长委员会在幼儿园管理中的作用，效果显著。(4分)		同上。			
		③办好家长学校，积极通过多种形式帮助家长树立正确的教育观念，指导家庭教育，为家庭教育提供有效的服务。家长满意率达98%以上。(4分)		达到要求，得4分；基本达到，得2分。满意率每少9%扣1分，扣完为止。			
		36 ①积极争取社区的支持，充分利用社区的自然、社会环境和教育资源，扩展幼儿的学习和学习空间，积极服务社区，并为社区的早期教育提供服务。(5分)	8	达到要求，得5分；较好达到，得4分；基本达到，得3分。			
		②做好幼小衔接工作，与小学建立经常性的联系，帮助幼儿做好入学前的社会性适应准备。(3分)		达到要求，得3分；较好达到，得2分；基本达到，得1分。			
	示范性	37 ①开放、交流活动制度化、系统化，并对保教工作有积极的促进作用。(5分)	10	达到要求，得5分；较好达到，得3分；基本达到，得2分。			
		②指导和扶持面上其他幼儿园，效果好。(5分)		同上。			

续上表

一级指标	二级指标	三级指标	分值	评分操作办法	得分		备注
					自评	他评	
幼儿园管理	后勤管理工作	38★ ①幼儿园收费规范，在正常保教时间内无收费兴趣班。（3分）		达到要求，得3分；不达要求，0分。			
		②依法对经费实施管理，财务、会计制度健全，落实。（民办幼儿园还须与办园审批机关，开户银行签订经费使用和防止资金转移或流失监督合同，按规定在每会计年度结束时按不低于年度净资产增加额或者净收益25%的比例提取发展基金，并制作财产、董事、财务会计报告，报当地教育主管部门备案；园长或主要行政负责人和总务、会计行之间实行回避制度，没有抽逃资金或挪用办学经费行为*。）（6分）	14	达到要求，得6分；不达要求，0分。			
		③经费监督机制健全，开支合理，账目清楚，年度财务审计合格。（3分）		达到要求，得3分；不达要求，0分。			
		④幼儿与教职工伙食费账目分开，独立核算，每月向家长公布。（2分）		达到要求，得2分；不达要求，0分。			
		39 ①财产管理制度健全并严格执行。分工明确，专人负责，财产造成账，账物相符。（3分）	6	达到要求，得3分；较好达到，得2分；基本达到，得1分。			
		②玩教具、设备设施良好，及时更新、维修，后勤服务意识好、质量高，师生满意。（3分）		同上。			

续上表

评估标准		分值	等级分值			得分		备注
			a	b	c	自评	他评	
获奖得分	国家级	10	10	8	6			
	a. 一等奖 b. 二等奖 c. 三等奖							
	省级	8	8	6	4			
	a. 一等奖 b. 二等奖 c. 三等奖							
	市级	6	6	4	2			
	a. 一等奖 b. 二等奖 c. 三等奖							
	合计	自评					他评	

加分	自评		他评	
合计得分	自评		他评	
	占总分值%		占总分值%	

办园条件得分	自评 占分值%	他评 占分值%
管理与效益得分	自评 占分值%	他评 占分值%

幼儿园获奖评分表

级　　别	奖　　　　项	分值
国家一等奖	中共中央、国务院授予全国劳动模范、英雄人物、先进人物或单位。	10
国家二等奖	教育部或教育部与其他部委联合授予的劳动模范、先进人物、先进集体、全国学前教育科研成果奖一等奖。	8
国家三等奖	除教育部以外的各部委授予的各种先进人物、先进集体、全国学前教育学会优秀教育科研成果奖二等奖。	6
省一等奖	省委、省政府授予的劳动模范、英雄人物、先进人物、先进工作者，"南粤杰出教师"、全国学前教育学会优秀教育科研成果奖三等奖、省教育科学研究优秀成果特等奖和一等奖、省中小学教育创新成果一等奖，省教育科学管理关汉良奖特等奖。	8
省二等奖	省教育厅授予的全省教育先进工作者、先进单位，"南粤优秀校长"、"南粤教书育人优秀教师"，省教育科学研究优秀成果二等奖、省中小学教育创新成果二等奖、省教育学会优秀教育科研成果奖二等奖，省教育科学管理关汉良奖一等奖。	6
省三等奖	省教育厅与其他单位联合授予先进单位和个人，"南粤教坛新秀"、"南粤优秀山区教师"、"南粤优秀幼儿教师"。省教育科学研究优秀成果三等奖、省中小学教育创新成果三等奖、省教育学会优秀教育科研成果奖三等奖，省教育科学管理关汉良奖三等奖。	4
市一等奖	市委、市政府授予的劳动模范、英雄人物、先进人物、先进单位、先进工作者，市教育科学研究优秀成果特等奖和一等奖。	6
市二等奖	市教育局授予的全市教育先进工作者、先进单位、优秀教师。市教育科学研究优秀成果二等奖。	4
市三等奖	市教育局与其他单位联合授予先进单位和个人，市教育科学研究优秀成果三等奖。	2

注：幼儿园获奖得分，按奖项计分，同一项目（或作品）同一人同一次多次获奖，以成绩最优的一次计分。计算时间为申报等级幼儿园（当年9月）的前3学年。

（二）幼儿园基本情况统计表

幼儿园全称		主办单位（者）			开办时间	联系电话（区号）
详细地址		办园性质	产权关系	自有/国有/租赁	近三年年检情况	邮编

幼儿	班别	托班	小班	中班	大班	混合班	其他	总计
	班数							
	人数							
	班均人数							

教职工	定编教工数	实际现有教工	中	中共党员	共青团员	民主党派	专任教师	职工	合同教师数	临工数	离退休教工数

园地	占地（m²）	生均占地（m²）	建筑占地（m²）	建筑面积（m²）	生均建筑面积（m²）	户外活动场地占地（m²）	其他（m²）

户外活动场地	生均户外活动场地（m²）	玩沙池（m²）	玩水池（m²）	游泳池（m²）	运动场（m²）	直跑道（m）	绿化	可绿化占地（m²）	已绿化面积（m²）	覆盖率（%）	其他（m²）

省一级幼儿园审批时间	市一级幼儿园审批时间	县（市、区）一级幼儿园审批时间

幼儿园董事会（理事会）情况表（民办幼儿园填）

姓名	职务	性别	年龄	政治面目	文化程度	专业	工作单位	曾获最高荣誉称号

领导班子情况表

姓名	职务	性别	年龄	教龄	政治面目	文化程度	每学期跟班观摩及指导教学活动天数	主管工作	专业技术职称	曾获最高荣誉称号

中层干部情况表

姓名	职务	性别	年龄	教龄	政治面目	文化程度	每周带班节数	专业技术职称	曾获最高荣誉称号

保教人员情况表

教师人数（含中层干部）	年龄			专业技术职称					学历			专业合格人数	合格率（%）
	30岁以下	31~44岁	45岁以上	幼教高级	一级	二级	特级	未评	大学本科级以上	幼师大专	其他（幼职）		

保育人员人数	年龄			学历		持证情况	
	30岁以下	31~44岁	45岁以上	高中及以上	初中	有	无

医务人员人数	年龄			专业技术职称				学历		
	30岁以下	31~44岁	45岁以上	高级	中级	初级	未评	大学本科及以上	大专	中专

近三年经费收支情况表

年份	总收入（万元）	其中（万元）						总支出（万元）	其中（万元）			生均教育经费（元）	生均公用经费（元）	教师人均年收入（元）	创等级幼儿园投入（万元）	其中（万元）			
		财政拨款	保教费收入	园办产业收入	基建拨款	社会赞助	其他		人员经费	公用经费	专项基建费					财政拨款	自筹投入	社会赞助	其他

注：①生均教育经费 = (总支出 − 基建费) / 在园幼儿数　②生均公用经费 = (公务费 + 业务费 + 设备购置费 + 修缮费) / 在园幼儿数

近三年幼儿及教职工膳费收支情况

年份	幼儿膳费总收入（元）	幼儿膳费总支出（元）	幼儿膳费盈余（元）	盈余率（%）	教职工膳费总收入（元）	教职工膳费总支出（元）	教职工膳费盈余（元）	盈余率（%）

活动、行政、生活用房情况表

编号	名　称	间数	使用面积（m²）	编号	名　称	间数	使用面积（m²）
1	活动室及辅助用房						
	活动室（含寝室）使用面积≥100 m²						
	活动室（与寝室分设）使用面积≥54 m²						
	独立寝室						
	储藏室						
	儿童卫生间						
2	音乐活动室						
3	美工活动室						
4	科学启蒙室						
5	体育活动室						
6	图书阅览室						
7	综合游戏室						
8	办公室						
9	会议室兼陈列室						
10	档案、资料室						
11	材料、教具制作室						
12	晨检兼值班室						
13	医疗保健室						
14	隔离室						
15	开水消毒室						
16	主副食加工间						
17	配餐间						
18	主副食库						
19	教工厕所						

注：空格给幼儿园择要填写。

藏书情况表

教师图书总册数	师均图书（册）	教育参考书 工具书（种）	刊物（种）	报纸（种）	幼儿图书总册数	生均图书（册）	班均报刊（种）	班均书刊（个）柜架	备注

音像资料情况表

录音带		录像带		VCD		DVD		CD		其他		生均音像资料		班均音像资料	
盒	种	盒	种	盒	种	盒	种	盒	种	盒	种	盒	种	盒	种

软件资料情况表

管理类（科）		教育教学类（种）		卫生保健类（种）		后勤总务类（种）		其他	
购买	自制	购买	自制	购买	自制	购买	自制	购买	自制

近三学年幼儿园论文、专著发表和出版情况表

作者姓名	论文、专著题目	刊载、出版的刊物（县级以上）、出版社名称及评奖主办单位	获奖、出版或发表时间

注：①如本表不够填写，可另纸附后。
②申报省一级幼儿园只填写市级以上论文、专著出版和发表情况。

作者 级别	小计	幼儿园	教师	其他	备注
全国刊物					
省级刊物					
市级刊物					
县级刊物					
合　计					

近三学年获得集体、个人荣誉称号及竞赛获奖情况表

授予时间	获得称号	级别	授予单位	获得者	备注

注：如本表不够填写可另纸附后。

幼儿卫生健康情况表

学年度	班别	幼儿人数	完全健康		常见病、多发病、日发病率		传染病发病率		预防接种率		幼儿身高、体重在 M±2SD 以内的人数		缺铁性贫血患病率		4岁以上幼儿视力				龋齿				缺点矫治			
															检查率		复检率		无龋齿率		预防覆盖率		发病		矫治	备注
		人数	人数	%	人数	%	人数	%	人数	%	人数	%	人数	%	人数	%	人数	%	人数	%	人数	%	人数	%	人数 %	
	托儿班																									
	小班																									
	中班																									
	大班																									
	混合班																									
	合计																									

注：完全健康指体检无发现疾病。

（三）幼儿园自评报告

注：如不够篇幅可另纸附在此页上面。

（四）教育行政部门意见

县（市、区）教育行政部门意见

市教育行政部门意见

年 月 日（盖章）

年 月 日（盖章）

（五）督导评估组意见

组　长（签名）：
年　月　日

注：可另纸附在此页上。

附录二
广东省一级幼儿园评估工作指南

广东省教育厅（2009 年）

一、评估专家组的组成

评估专家组受省教育厅委派，由厅评估中心根据评估工作的需要，从广东教育评估专家库中选调，必要时邀请符合条件的有关人员参加。每个评估专家组由 5~7 名成员组成，设组长 1 名，副组长 1~2 名。

二、评估专家组的分工

评估专家组分为三个评估专家组的组成指标组，每个指标组由 2 人组成。

（一）办园条件、卫生保健组。负责查实和核对 14 个条目（第 2 条至第 8 条、第 20 条至第 26 条）的到达度，负责对随机抽取的幼儿进行体能测查，在呈报书上填报他的评分，计算和填报总分；按要求负责全组评估材料的收集、汇总，最后交由组长上报。

（二）教育教学组。负责查实和核对 11 个条目（第 27 条至第 37 条）的到达度，负责一日生活的考察，组织教职工座谈会和教职工问卷调查，统计调查问卷结果，计算获奖加分。

（三）管理、班子队伍组。负责查实和核对 14 个条目（第 1 条、第 9 条至第 19 条、第 38 条至第 39 条）的到达度；负责组织家长、社区人士座谈会和家长问卷调查，并统计调查问卷结果。

（四）其他工作：各指标组负责核实呈报书中与本指标组相关条目对应表格的内容。

三、评估专家组的工作职责

全体评估专家组成员认真学习和熟悉评估方案，准确理解和把握评估标准及其内涵，掌握评估和评分操作方法。

（一）评估专家组组长工作职责。

1. 全面负责评估专家组的评估工作，并就评估工作的过程和结果，对省教育厅全面负责。

2. 与幼儿园商定有关评估事宜，审定评估工作计划和日程安排；根据评估要求，合理安排评估专家组成员分工，并负责组织实施。

3. 评估过程中，根据工作进展情况，及时调整评估专家组成员任务。

4. 召开评估意见讨论会，组织评估专家组成员汇报分工条目的评价意见，然后集体讨论对幼儿园的综合评价意见，最后根据各成员提交的书面材料和评估专家组讨论的结果，汇总撰写对幼儿园的《评估意见》。

5. 代表评估专家组向幼儿园及其主管部门反馈评估意见，并认真听取他们对评估意见的反映。

6. 负责收集整理对改进评估工作（包括评估方案、评估专家组织工作和评估操作方法等方面）的意见和建议。

（二）评估专家组其他成员工作职责。

1. 重视评估过程，发挥评估的导向、激励作用；评估态度客观公正，语言适宜；根据分工要求，完成各项有关工作。

2. 按分工条目，对照评估标准逐项查实核对，提出评分和评分依据，对关系全局的评估项目评分必须提供充分证据。注意资料查阅与现场观察分析结合，卫生保健与教育教学的协调统一。

3. 撰写分工条目的综合评述材料，经指标组讨论后提交评估专家组组长汇总。

4. 在全面综合分析的基础上，对分工条目要根据到达度情况，按照客观、准确的原则提出评分意见。负责撰写扣分说明，并在《评估条目扣分说明表》上签名。

四、评估主要程序和方法

（一）评估专家组全体成员进园评估前集中培训学习，明确评估目的要求，熟悉评估方案各项指标内涵及评分操作办法，明确工作分工。

（二）自评报告会。听取幼儿园自评报告、主办单位和主管部门的意见。

（三）察看园容园貌、教学设备设施等。

（四）查阅和核实幼儿园提供的档案资料（侧重审阅原始资料）。

（五）召开教职工、幼儿家长（含社区人士）代表座谈会（每个座谈会参加人员分别为 10～12 人）。

（六）个别专访幼儿园领导班子成员、中层干部、教职工等。

（七）随机抽样对教职工（一般为 40 人，教职工不足 40 人的按 80% 的比例抽样）和家长（大、中、小班各抽 2 个班，共 6 个班的幼儿家长）进行无记名问卷调查。评估专家组预先要求幼儿园准备两个问卷回收箱，问卷回收完毕后交由评估专家组开箱验卷。

（八）随机抽样对幼儿进行体能测查（大、中、小班各抽 3 男 3 女，共 18 名幼儿）。评估专家组预先要求幼儿园准备好测查工具（30 米卷尺、投掷沙包、秒表、彩色粉笔、皮球等）。

（九）考察幼儿一日生活。

（十）各指标组撰写分工条目的综合评述材料，对分工负责的条目进行初步的评分。

（十一）评估专家组汇总分析情况。在汇总分析的基础上，经民主讨论后，确定各个条目的得分和等级，形成评估专家组对幼儿园的评估意见及评估结论建议。

（十二）小范围反馈会议。由评估专家组组长主持，幼儿园领导班子成员与专家组成员参加，每位专家就自己负责的评估指标范围，针对幼儿园存在的具体问题，提出改进意见。

（十三）反馈评估意见会。由评估专家组组长（或副组长）代表评估专家组向受评幼儿园及主管部门反馈评估意见，肯定成绩，提出改进幼儿园工作的意见和建议。不公布评估结果，不在任何场合发表与评估结论相关的言论或暗示。

五、撰写《评估意见》的过程、内容和要求

（一）撰写《评估意见》的过程。

1. 各评估人员在了解全面情况后，由各指标组撰写分工条目的综合评述材料。

2. 召开评估专家组全体会议，汇总分析情况。全体成员充分发扬民主，认真进行讨论，在主要问题上统一认识，形成对幼儿园总体评价。讨论会后，各指标组把撰写的评述材料交给组长。

3. 评估专家组组长根据讨论的情况和各小组提供的评述材料，形成《评估意见》初稿。

4. 召开全组成员会议，再次讨论，通过《评估意见》初稿后，形成正式的《评估意见》。

（二）《评估意见》的标题、内容和打印要求

1. 标题：关于××幼儿园申报广东省一级幼儿园的评估意见。

2. 内容：

（1）总述部分：

评估专家组工作概况：受评幼儿园、评估专家组人数、评估起讫日期、评估方式和主要工作过程。

（2）主体部分：

①总体评价。

②整改情况（只针对复评的幼儿园）。

③幼儿园的现状、办园主要做法、经验及特色。

④存在的主要问题与改进工作的建议。对评估结论的建议（根据评分情况和必达标准及对幼儿园整体综合评价，提出评估结论建议）。

3. 打印要求：

《评估意见》用 A4 纸打印，标题为宋体小二号字，正文为仿宋三号字。

（三）《评估意见》要客观、准确，重点突出，要反映受评幼儿园的实际情况和特点。其中：总体评价力求简练、浓缩和高度概括；经验和做法要突出幼儿园办学的主要特点，肯定幼儿园改革和建设等方面的成绩；提出的意见要准确抓住影响幼儿园发展存在的突出问题，改进建议要具有较强的针对性、可行性和可操作性。

（四）评估专家组人员对《评估意见》的内容或某些条目的评分有分歧意见时，组长可根据多数人的意见确定，但应把分歧意见在《评估意见表》上做出说明。

（五）评估专家组全体人员要在《评估意见表》上签名。

六、评估纪律

（一）要保证出席并按规定的时间报到，非特殊原因不要请假，以保证评估工作的全面、连贯。

（二）要维护评估的独立性和公正性，自觉抵制来自任何方面的干扰，不受人为因素影响，不做可能影响评估声誉和公正评估的任何事情。

（三）评估专家组成员之间互相尊重，密切配合，团结协作。

（四）要做好保密工作，不得向受评幼儿园和个人泄露评估专家组内部讨论的意见、评分和等级，也不得传播在评估中了解到幼儿园某些个人的隐私及可能影响幼儿园声誉的言论。

（五）评估期间不接受园方及主办单位的单独邀请；在评估结论未获正式批准之前，评估专家组成员不得接受受评幼儿园的各种聘任。

（六）评估专家组组长对本组人员的廉洁自律负总责，评估专家组所有成员要自觉执行上级有关廉洁自律规定，严格执行我厅《关于印发〈关于进一步规范教育评估接待工作及专家评审劳务费发放标准的意见（试行）〉的通知》（粤教评〔2005〕17 号）文件的有关要求。

附录三

广东省教育评估协会省一级幼儿园评估工作规程

根据《政府向社会组织购买服务暂行办法》（粤府办〔2012〕48 号）、《关于加快转变政府职能深化行政审批制度改革的意见》（粤办发〔2012〕24 号）、《印发政府向社会转移职能工作方案的通知》（粤机编〔2012〕22 号）、《广东省教育厅关于公布"高中省一级学校等级评估""国家级示范性普通高级中学评估""省一级幼儿园评估"转移承接机构的通知》（粤教督〔2015〕58 号）和《广东省教育厅关于印发〈"高中省一级学校等级评估""国家级示范性普通高级中学评估""省一级幼儿园评估"职能转移承接监督暂行办法〉的通知》（粤教督〔2016〕18 号），依据《广东省幼儿园督导评估方案》（2008 年 6 月版，以下简称《评估方案》），制定本工作规程。

一、评估流程

省一级幼儿园等级评估包括受评幼儿园申报与受理、评前审核、现场评估、评后资料上报、评估结果复核、公示、发文授予和撤销称号等环节，具体说明如下：

（一）申报与受理

1. 申报程序。幼儿园按如下程序向本协会提出申报：

（1）幼儿园对照《评估方案》进行自评。

（2）幼儿园完成自评程序后，达到标准的，向所属教育行政部门提出申请。

（3）经所属教育行政部门审查和推荐，幼儿园申报材料上送至地级以上市教育督导室审查。

（4）经县（市、区）教育行政部门推荐，地级以上市教育督导室审查同意后，由地市教育督导室将幼儿园申报材料汇总后按"粤教督〔2015〕58号"文件公布的方式寄至本协会；或者幼儿园按程序经县（市、区）教育行政部门、地市教育督导室同意后将申报材料自行报送至本协会。

2. 申报材料。幼儿园需要提供如下 7 种申报材料，并对申报材料的真实性、完整性负责：

（1）评估申请（加盖幼儿园公章）。

（2）自评报告（加盖幼儿园公章）。

（3）《评估方案》（要求填写完整、有自评分，封面加盖幼儿园公章，内页有教育行政部门意见并加盖公章）。

（4）自评评分说明。

（5）佐证材料目录汇编（对照《评估方案》逐一准备佐证材料，并将材料目录依次汇编成册，加盖幼儿园公章）。

（6）有效证件复印件（加盖幼儿园公章）：土地证、房产证（含幼儿园与单位或个人签署的租、借等长期合法使用合同等，公办园需出具产权单位的 4～20 年的使用证明）、办学许可证、事业单位（民办非企业单位）法人登记证、组织机构代码证、税务登记证、收费许可证、食品经营许可证（餐饮服务许可证）、消防合格证（包括消防复查意见书、监督检查记录）、园舍建筑面积一览表、民办园三方财务监管合同。

（7）广东省一级幼儿园评前审查表〔加盖幼儿园、地市与县（区）教育行政部门公章〕。

以上申报材料的纸质版（一式 1 份）寄至广东省教育评估协会，电子版发至本项目专用邮箱 gdsyjyey@ 126. com。

3. 受理。每年 3 月份受理拟于上半年评估的幼儿园材料，9 月份受理拟于下半年评估的幼儿园材料。协会在收到申报材料之日起 5 个工作日内做出是否受理的答复。做出不受理答复的，说明理由。

（二）评前审核

1. 材料审核。协会项目管理部分别在 4 月份、10 月份组织 3 名专家对照《评估方案》和省教育信息平台基础数据对本批次所有申报幼儿园的材料进行审核。重点审核三项内容：一是办园条件得分、管理与效益得分必须分别达到其总分的85%以上，二是办园条件得分＋管理与效益得分＋加分要达到总分的90%及以上，三是所有必达标准都要达到相应要求。初审通过的进行公示，未通过的告知不通过原因。

2. 材料公示。对通过材料审核的幼儿园的自评报告、《评估方案》和佐证材料目录汇编在协会网站（网站名：广东省教育评估协会，网址：gdjypg. org. cn）和幼儿园网站进行公示，公示期不少于5个工作日。公示通过的，安排现场评估。

公示期间，凡收到对申报幼儿园举报、投诉的，协会秘书处予以书面记录，并对有关情况进行核实，做出核实结论，答复举报、投诉人。核实后认为符合申报条件的，安排现场评估。核实后不符合申报条件的不予安排现场评估，并将有关情况反馈给申报幼儿园；待有关情况整改完成后，可重新按程序申报。

（三）现场评估

1. 发出评估通知。协会秘书处向受评幼儿园发出现场评估通知。

2. 组建评估组。根据教育评估有关规范，协会项目管理部从省一级幼儿园评估专家库中随机抽取7名专家，其中组长由省督学、省一级幼儿园园长或相当人员担任，正副组长均具有专业副高级以上职称，兼顾区域、专业、幼儿园等各种因素合理搭配，组建评估组。

3. 评前培训。协会每年召集评估专家库的全体成员在广州进行为期1～2天的集中培训。每次评估前，秘书处召集评估组组长和随队秘书进行教育政策和评估业务培训，以及评前纪律教育；组长到达受评幼儿园后召开小组会议，对本组全体评估专家进行评前培训。

4. 现场评估。评估组根据广东省一级幼儿园实地考察评估日程安排（见附件1）进行为期3天的实地考查评估，撰写评估意见、填写《评估方案》中的他评项目等。

5. 现场评估时间。一般安排在5月至7月、11月至12月。

（四）评后资料上报

评估组应当在现场评估结束后5个工作日内将下列材料收齐，并交至协会项目管理部。

1. 文本材料，包括：

（1）广东省一级幼儿园评估意见（3000 字左右，专家组全体人员签名）。

（2）广东省一级幼儿园评估方案（专家组全体人员评分并签名，幼儿园盖章、教育行政部门盖章的推荐意见扫描微缩版打印在内）。

（3）幼儿园自评报告（盖章）。

（4）教育行政部门的推荐意见原件。

（以上材料一式 2 份）

（5）省一级幼儿园等级评估条目扣分说明表（专家签名）。

（6）教职工座谈会记录表（专家签名）。

（7）家长、社区人士座谈会记录表（专家签名）。

（8）体能测查表（专家签名）。

（9）家长问卷与教职工问卷统计表（专家签名）。

（10）评估后需要补充说明的问题（专家签名）。

（以上 6 种材料各一式 1 份）

（11）教育评估工作情况反馈表（由受评单位填写并盖章，交给协会随队秘书带回）。

（12）专家评审费签收表。

（13）相应差旅费报销凭证。

2. 电子材料。第（1）～（3）项文本材料采用 Word 文档格式，第（4）～（10）项文本材料采用 PDF（或 JPG、Word）格式，将 10 项材料的电子稿放在同一个文件夹中，邮件主题为"××幼儿园省一级评估电子资料"发送至本项目专用邮箱 gdsyjyey@ 126. com。

（五）评估结果复核

协会项目管理部收到评估组提交的材料后，将由项目管理部 1 名负责人、学前教育评估专家指导委员会 1 名委员、协会秘书等 3 人组成复核组，按照上述材料目录和要求对评估组提交的材料格式、种类和数量及时进行核对。在 7 月或次年 1 月出具本学期受评幼儿园是否通过评估的复核意见，出具"通过"复核意见的，通过评估，予以公示；出具"不通过"复核意见的，出具理由并通知评估组组长和受评幼儿园对有关问题进行整改。

对于在短期内能改进且能达到省一级幼儿园标准的幼儿园在下一学期安

排为期半天至一天有针对性的"回头看"。"回头看"环节由组长、该指标组成员、协会秘书等3人组成。"回头看"的评估意见由协会项目管理部重新审核；若重新审核仍"不通过"，则未通过评估，协会秘书处通知受评幼儿园，待整改完成后重新申报。

（六）公示与发文授牌

在出具"通过"复核意见后的5个工作日内，将拟通过省一级幼儿园评估的幼儿园名单和每所幼儿园的评估意见，在"广东省教育评估协会"网站和受评幼儿园网站进行公示，公示期不少于5个工作日。

对于公示无异议的幼儿园，以协会名义在公示结束之日起10个工作日内发文，授予"广东省一级幼儿园"称号并颁发牌匾，同时将结果报省教育厅教育督导室备案。

公示有异议的幼儿园，协会秘书处对有关情况进行核查。核查后排除异议的，一并发文授牌；若核查后证实存在不符合省一级幼儿园标准的，则将有关情况反馈给受评幼儿园和评估组组长，明确告知该园未通过省一级幼儿园评估。

（七）撤销称号

有下列情形之一的，由协会撤销称号：

1. 评估工作中弄虚作假的。
2. 教育、教学质量严重下降，造成极坏社会影响的。
3. 师生中有严重犯罪行为的。
4. 发生归责于主办单位、幼儿园的重特大安全事故的。
5. 民办幼儿园存在拖欠教职工工资达2个月以上，评定后2年内招生严重滑坡，在园幼儿人数比接受评估当时减少30%以上，未经当地教育行政部门和办学审批机关批准抽逃资金等现象的。

二、相关工作

省一级幼儿园评估其他相关工作包括以下五个方面。

（一）人员培训和分工

对参与本项工作的人员进行业务培训，使其对省一级幼儿园评估方案及相关工作内容有充分的了解和较深刻的认识。按照参与人员的专业水平、经验和组织协调能力及职业道德的水平进行工作分工，确保项目实施的进度和质量。

（二）项目受理及评估准备

受理纸质申报材料，并进行核对检查，核查无误后，网上公示。项目管理部印制评估所需资料，准备专家评估的相关文件与资料。

（三）专家服务

每组评估队伍均安排一名协会秘书处的工作人员随队，负责专家工作的后勤服务，与受评幼儿园接洽联系，收集并带回所有评估资料，将纸质版资料交至协会秘书处，将电子版资料整理好后按要求发送到指定邮箱。协会秘书处安排专人在专家工作过程中随时解答关于评估的有关疑问。

（四）后期工作及质量控制

主要包括资料邮寄、资料归档、评估专家信用评价、专家个人信息更新、完善评估工作方案等 5 个方面。

1. 资料邮寄。根据评估要求，将评估结果分别以网上数据和纸质材料报送省教育厅，并落实是否收到。

2. 资料归档。对本次评估涉及的所有资料进行归档，电子文件进行整理备份。

3. 评估专家信用评价。根据工作人员、受评幼儿园等在评估过程中对评估专家的各项评价记录，经工作人员讨论和评议后，对评估专家的信用情况做出评价意见。

4. 专家个人信息更新。根据评估专家的个人信息更新情况，及时更新专家库的相关信息数据。

5. 完善评估工作方案。在评估过程中发现评估工作方案不完全或需要修正的，进行修改完善。

（五）项目经费使用

项目经费全部由协会支付。主要包括评估专家劳务费，现场评估期间的餐费与市内交通费、住宿费、市间交通费，评前和评后的组织工作经费等。协会严格按照相关文件与协会内部管理制度支出评估经费。

附件 1

广东省一级幼儿园实地考察评估日程安排表

时间			工作内容
第一天	上午	8：30—11：45	评前培训、到达受评幼儿园所在地、评估小组会议
	下午	14：30—17：30	自评报告会、察看园容园貌与设备设施、查阅资料、发放家长问卷调查表（大、中、小班各随机抽取 2 个班对家长进行无记名问卷调查）
第二天	上午	7：45—8：30	观看幼儿晨间活动、回收家长调查问卷
		9：00—11：30	观看幼儿半天生活、幼儿体能测查、查阅资料、专访、家长座谈会、统计家长问卷
	下午	14：30—16：00	查阅资料、随访、教工代表座谈会、发放和回收及统计教职工调查问卷（一般为 40 人，教职工不足 40 人的按 80% 比例抽样）
		16：00—16：45	评估组交流意见
		16：45—17：45	小反馈会
	晚上	19：00—10：30	专家组分别整理资料、撰写评估意见草稿、小组打分
第三天	上午	8：30—11：00	专家组汇总评估资料、讨论并修改评估意见
		11：00—11：45	评估意见反馈会

附件 2

广东省等级幼儿园（公办园）评前审查表

幼儿园：_____ 　　填表日期：　　年　月　日

表 1　幼儿园必达指标（要素）到达度情况表

编号	必达指标（要素）及分值	自评分说明及得分	备注
1②	证照*齐全，手续完备，按时年审。（3分）		
1③	教职工工资、国家政策规定的各种生活津贴按时、足额发放，依法为教职工办理医疗、工伤、养老等社会保险。（5分）		
3②	户外活动场地使用面积生均 4 m^2 以上。（4分）		
4①	园舍建筑面积生均 7 m^2 以上（不含教职工宿舍）。（6分）		
4②	活动室使用面积与寝室合用每班 100 m^2 以上，与寝室分设的每班 54 m^2 以上，寄宿园有独立的寝室，配备儿童单人床。（6分）		
9①	幼儿园规模有利于保教工作和资源配置优化，不少于 6 个班。（5分）		
9②	每班班额标准：大班 35 人，中班 30 人，小班 25 人。（5分）省一级班额不得超过标准5人。		
10①	教职工与幼儿比例：（6分）省一级全日制为 1:6，寄宿制幼儿园为 1:4 ~ 1:5。		
10②	每班教师 2 人以上。（3分）		
10③	保育员每班全日制不少于 1 人，寄宿制幼儿园不少于 2 人。（2分）		
10④	6~9 个班（含寄宿制）设园长 2 人，10 个班及以上（含寄宿制）幼儿园设园长 3 人。（3分）		

续上表

编号	必达指标（要素）及分值	自评分说明及得分	备注
10⑤	全日制幼儿园不足 200 名幼儿配备专职医务人员 1 人（寄宿制幼儿园 2 人，其中主治医师 1 人），全日制幼儿园超过 200 名配专职医务人员 2 人以上，其中医生 1 人（寄宿制幼儿园 3 人以上，其中主治医师 1 人）。（2 分）		
11①	园长具有大专以上学历及幼儿园高级教师职称，取得园长岗位培训合格证书并按国家和省有关任职条件配备。（3 分）		
11②	教师专业合格率（学前教育专业毕业或取得幼儿园教师资格证）100%。（4 分）		
11⑤	医师具有医学院校毕业程度，医生和护士具有中等卫生学校毕业以上学历。保健员具有高中毕业程度。医务人员经岗前培训，并取得上岗证。（2 分）		
13①	依法治园，建立规范的幼儿园章程，落实园长负责制。（8 分）		
13④	近 1 年没有重大责任事故*。（3 分）		
17③	无体罚或变相体罚幼儿现象，近 3 年教职工无违法、犯罪。（3 分）		
20②	保证每天不少于 2 小时（寄宿园 3 小时）的户外活动，其中体育活动 1 小时（寄宿园 2 小时）以上。（3 分）		
22④	教职工伙食与幼儿伙食严格分开。（2 分）		
24①	严格执行入园、上岗前健康检查制度和定期体检制度，教职工及幼儿每年的健康检查受检率 100%，全体教职工有健康证。（3 分）		
25②	按消防要求配备消防设施，有消防合格证明。（3 分）		

续上表

编号	必达指标（要素）及分值	自评分说明及得分	备注
38①	幼儿园收费规范，在正常保教时间内无收费兴趣班。（3分）		
38②	依法对经费实施管理，财务、会计制度健全、落实。（6分）		
38③	经费监督机制健全，开支合理，账目清楚，年度财务审计合格。（3分）		
38④	幼儿与教职工伙食费账目分开，独立核算，每月向家长公布。（2分）		

填表说明：自评分说明需提供实际情况和具体数据，戒空泛。

表2 幼儿园自评分情况表

办园条件 （≥85%）		幼儿园管理 （≥85%）		加分		合计 （≥90%）
自评	占分值%	自评	占分值%	自评	自评	占分值%

表3 幼儿园等级审批情况表

办学审批机关	批准办学时间	等级审批时间		备注
		县（市、区）一级	市一级	

审查单位：

县（市、区）教育督导室（盖章）　　　　　　　　市教育督导室（盖章）
　　年　月　日　　　　　　　　　　　　　　　　　年　月　日

附件 3

广东省一级幼儿园（民办园）评前审查表

幼儿园：_____　　　填表日期：　　年　月　日

表 1　幼儿园必达指标（要素）到达度情况表

编号	必达指标（要素）及分值	自评分说明及得分	备注
1①	幼儿园产权、使用权明晰、合法。（3 分）		
1②	证照*齐全，手续完备，按时年审。（3 分）		
1③	收费符合省、市的规定，经费来源稳定、合法，并有足够的资金保证幼儿园正常运转和持续发展。（3 分）		
1⑤	按月按时足额发放教职工工资，依法为教职工办理医疗、工伤、养老等社会保险。（5 分）		
3②	户外活动场地使用面积生均 4 m² 以上。（4 分）		
4①	园舍建筑面积生均 7 m² 以上（不含教职工宿舍）。（6 分）		
4②	活动室使用面积与寝室合用每班 100 m² 以上，与寝室分设的每班 54 m² 以上，寄宿园有独立的寝室，配备儿童单人床。（6 分）		
9①	幼儿园规模有利于保教工作和资源配置优化，不少于 6 个班。（5 分）		
9②	每班班额标准：大班 35 人，中班 30 人，小班 25 人。（5 分）省一级班额不得超过标准 5 人；		
10①	教职工与幼儿比例：（6 分） 省一级全日制为 1∶6，寄宿制幼儿园为 1∶4∼1∶5；		
10②	每班教师 2 人以上。（3 分）		
10③	保育员每班全日制不少于 1 人，寄宿制幼儿园不少于 2 人。（2 分）		
10④	6∼9 个班（含寄宿制）设园长 2 人，10 个班及以上（含寄宿制）幼儿园设园长 3 人。（3 分）		

续上表

编号	必达指标（要素）及分值	自评分说明及得分	备注
10⑤	全日制幼儿园不足200名幼儿配备专职医务人员1人（寄宿制幼儿园2人，其中主治医师1人），全日制幼儿园超过200名配专职医务人员2人以上，其中医生1人（寄宿制幼儿园3人以上，其中主治医师1人）。（2分）		
11①	园长具有大专以上学历及幼儿园高级教师职称，取得园长岗位培训合格证书并按国家和省有关任职条件配备。（3分）		
11②	教师专业合格率（学前教育专业毕业或取得幼儿园教师资格证）100%。（4分）		
11⑤	医师具有医学院校毕业程度，医生和护士具有中等卫生学校毕业以上学历。保健员具有高中毕业程度。医务人员经岗前培训，并取得上岗证。（2分）		
13①	依法治园，建立规范的幼儿园章程，落实园长负责制。（民办幼儿园实行董事会或理事会领导下的园长任期制和负责制，园长任期相对稳定，董事会或理事会与园长职责明确，做到决策权与执行权分离；园长依法独立行使教育教学和行政管理职权，董事会或理事会成员不干涉园长行使法定职权；园长每年向董事会或理事会提交工作报告。）（8分）		
13④	近1年没有重大责任事故*。（3分）		
17③	无体罚或变相体罚幼儿现象，近3年教职工无违法、犯罪。（3分）		
20②	保证每天不少于2小时（寄宿园3小时）的户外活动，其中体育活动1小时（寄宿园2小时）以上。（3分）		
22④	教职工伙食与幼儿伙食严格分开。（2分）		
24①	严格执行入园、上岗前健康检查制度和定期体检制度，教职工及幼儿每年的健康检查受检率100%，全体教职工有健康证。（3分）		

续上表

编号	必达指标（要素）及分值	自评分说明及得分	备注
25②	按消防要求配备消防设施，有消防合格证明。（3分）		
38①	幼儿园收费规范，在正常保教时间内无收费兴趣班。（3分）		
38②	依法对经费实施管理，财务、会计制度健全、落实。（民办幼儿园还须与办园审批机关、开户银行签订经费使用和防止资金转移或流失监督合同，按规定在每会计年度结束时按不低于年度净资产增加额或者净收益25%的比例提取发展基金，并制作财产、财务会计报告，报当地教育主管部门备案；董事、园长或主要行政负责人和总务、会计之间实行回避制度，没有抽逃资金或挪用办学经费行为*。）（6分）		
38③	经费监督机制健全，开支合理，账目清楚，年度财务审计合格。（3分）		
38④	幼儿与教职工伙食费账目分开，独立核算，每月向家长公布。（2分）		

填表说明：自评分说明需提供实际情况和具体数据，戒空泛。

表2　幼儿园自评分情况表

办园条件（≥85%）		幼儿园管理（≥85%）		加分		合计（≥90%）
自评	占分值%	自评	占分值%	自评	自评	占分值%

表3　幼儿园等级审批情况表

办学审批机关	批准办学时间	等级审批时间		备注
		县（市、区）一级	市一级	

审查单位：

　　县（市、区）教育督导室（盖章）　　　　　　　　市教育督导室（盖章）
　　　　年　　月　　日　　　　　　　　　　　　　　年　　月　　日

附录四

广州市幼儿园督导评估资料目录索引

（广州市教育评估与教师发展中心根据《广东省幼儿园督导评估方案》2008 年 6 月版本编制）

指标		编号	资料名称	原案件档号	卷盒序号	备注
经费	1 ★	1－1	近三年年度经费预算表；			
		1－2	近三年年终经费决算表；			
		1－3	近三年幼儿园教育台账；			
		1－4	近三年幼儿园经费收入支出会计账本；			
		1－5	近三年学年初统计报表；			
		1－6	幼儿园所有证照〔包括土地证、房产证（或有效的租赁合同）、办园许可证、事业单位（民办非企业单位）法人登记证、组织机构代码证、税务登记证、收费许可证、食品卫生许可证以及消防合格证、校车审核等〕（原件）；			
		1－7	办学合作协议（原件）和董（理）事会章程（民办园）；			
		1－8	近三年教师工资、津贴及奖金福利发放表；			
		1－9	近三年教职工办理医疗、工伤、养老等保险资料（社保局凭证）；			
		1－10	近三年有关提高教职工待遇的文件和教职工年平均收入一览表。（6－10 为民办园必备）			

续上表

指标		编号	资料名称	原案件档号	卷盒序号	备注
园舍场地	2~6★	2~6-1	幼儿园用地红线图、规划图;			
		2~6-2	幼儿园建筑物设计图纸、建筑分布图、上级有关部门审批材料、园舍建筑工程竣工验收证明或园舍建筑质量鉴定证明;			
		2~6-3	幼儿园整体平面图（按区域划分）;			
		2~6-4	幼儿园活动、行政、生活用房各楼层平面图;			
		2~6-5	绿化图纸及绿化面积统计表;			
		2~6-6	生均占地面积、建筑面积、户外活动场地统计一览表;			
		2~6-7	功能室设计图及近三学年使用登记表。			
教玩具设施设备	7~8	7~8-1	与《广东省幼儿园（班）设备设施配备标准（试行）》对照配置一览表;			
		7~8-2	幼儿园信息技术设施设备、劳动工具、体育器材、生活设备设施、卫生设备设施、医疗保健器械等固定资产目录及清单;			
		7~8-3	各班生活设施设备、教玩具、自制教玩具登记册（包括钢琴、照相机、计算机）;			
		7~8-4	教师用书、报纸杂志、幼儿图书登记册和汇总表;			
		7~8-5	教育信息资源库登记册（包括现代办公管理软件、财务软件、卫生保健管理软件、营养计算软件、教育教学软件及课件、音像资料、教学具、图片等）。			
规模	9★	9-1	近三学年新生录取名册与在园幼儿名册			
教职工配备	10★	10-1	近三学年教职工花名册（含序号、姓名、性别、年龄、初始学历及专业、最高学历及专业、学位、职称、参加工作时间、到园年限、现任岗位、兼任岗位等）;			
		10-2	教职工（含园长）聘任有关文书及劳动合同;			
		10-3	近三学年幼儿园人员岗位安排一览表、师幼比一览表。			

续上表

指标	编号	资料名称	原案件档号	卷盒序号	备注
教职工配备	11 ★	11-1　领导班子学历、职称、上岗证复印件； 11-2　专任教师学历、职称、资格证复印件； 11-3　保育员学历、职称、上岗证复印件； 11-4　医务人员学历、资格、上岗证复印件。 （原件备查，顺序与教职工花名册相一致）			
办学方向及依法治教	12	12-1　幼儿园章程； 12-2　幼儿园近、中、远期的发展规划（含背景分析和目标、保障机制、措施）与阶段性总结； 12-3　近三学年幼儿园及各部门工作计划、总结等； 12-4　幼儿园办园特色的有关资料（规划、实施方案、专题总结、经验介绍等过程性资料）。			
	13 ★	13-1　民办幼儿园董事会（或理事会）章程； 13-2　董事会的机构名单和情况登记表； 13-3　董事会会议、决议及记录； 13-4　董事会职责、园长职责； 13-5　园长每年向董事会提交的工作报告； 13-6　幼儿园管理架构（如框架图、流程图）；党支部、工会、教代（大）会、园委会、家长委员会等成员名单、有关制度及会议活动记录； 13-7　有关考核实施情况资料； 13-8　各项规章制度、各类人员岗位职责及修改完善的过程记录； 13-9　近三学年幼儿园管理工作评价及反馈资料； 13-10　近三学年园长述职报告； 13-11　近三学年幼儿园班子考核和民主评议资料； 13-12　近三学年幼儿园意外事故和善后处理、整改资料。			

续上表

指标	编号	资料名称	原案件档号	卷盒序号	备注
队伍建设	14	14－1 党支部、领导班子学习制度及近三学年记录； 14－2 近三学年领导班子辅导教职工学习政治、教育理论和科学管理知识的情况记录； 14－3 近三学年领导班子对教学常规和教改科研情况的检查指导记录； 14－4 幼儿园听课、巡班制度及近三学年园长、副园长听课记录； 14－5 近三学年行政会议记录、全园大会会议记录； 14－6 近三学年领导班子继续教育情况统计表（证件备查）； 14－7 近三学年领导班子发表论文、经验总结及获奖证书等。			
	15	15－1 教师政治和业务学习制度及近三学年的计划、总结和学习记录； 15－2 近三学年开展园内培训的计划［含培训专项经费的投入（见 1－1、1－2）］、总结及活动记录； 15－3 近三学年教师、保育员、卫生保健人员继续教育情况统计表； 15－4 教职工个人成长档案（包括个人工作目标、参加培训和继续教育情况、教育笔记、个人反思、公开教育教学活动及发表文章、获奖情况等）； 15－5 教职工培养规划（分层次，如新教师、青年教师、骨干教师、学科带头人、名师等）； 15－6 幼儿园奖惩制度、激励机制及奖惩的有关材料； 15－7 家长参与教师评价的有关资料； 15－8 教师区级以上表彰获奖情况一览表、证明材料和证书复印件。			

续上表

指标	编号	资料名称	原案件档号	卷盒序号	备注
16	16－1	近三学年幼儿园开展教研、科研的有关资料（含制度、机构、计划、总结、课题、方案、成果以及活动记录等）；			
	16－2	分专题统计的园本教、科研资料；			
	16－3	每学期教师公开观摩活动的记录（观摩计划、活动设计、研讨记录、反思、评价等）；			
	16－4	近三学年园内教研成果评奖一览表；			
	16－5	近三学年幼儿园和教师个人在市级以上刊物发表的论文、经验总结、活动设计一览表、复印件及获奖证书等。			
队伍建设 17	17－1	近三学年师德教育记录（包括理论学习、专题讲座、主题活动、表彰等）；			
	17－2	近三学年开展校园文化建设的相关资料；			
	17－3	近三年教职工无违法犯罪证明材料（当地派出所出具）。			
18	18－1	参加信息技术培训的教职工人员名单；			
	18－2	教师参加有关信息技术培训的记录；			
	18－3	能运用信息技术与教育教学整合能力的教师名单；			
	18－4	教师运用信息技术与教育教学整合的活动设计、经验总结、论文等有关资料；			
	18－5	教师制作的教育教学课（软）件的登记表；			
	18－6	教学软件、多媒体教学资源与音像资料登记册。			
19	19－1	近三学年的教职工花名册及离园的教职工名单；			
	19－2	区（县）以上幼儿教育研究会、中心教研组、评估员、督学等教师的名单及聘书（证明）复印件。			

续上表

指标		编号	资料名称	原案件档号	卷盒序号	备注
卫生保健工作	20 ★	20－1	近三学年幼儿园有关卫生保健的文件、资料目录；			
		20－2	生活制度；			
		20－2－1	近三学年幼儿园一日生活安排及各班的周、日计划（见27~34－5）；			
		20－2－2	近三学年幼儿园户外活动安排及记录；			
		20－3	近三学年《幼儿日常行为规范》的实施与评价等有关资料。			
	21	21－1	体格锻炼制度；			
		21－1－1	近三学年幼儿体格锻炼观察、记录、分析、评价等资料；			
		21－1－2	近三学年幼儿三浴锻炼计划及相关资料；			
		21－2	近三学年幼儿心理行为问题筛查及个案登记、异常儿童矫治等资料。			
	22	22－1	饮食制度；			
		22－1－1	近三学年幼儿每周带量食谱、体弱儿食谱及病儿食谱；			
		22－1－2	近三学年营养膳食评价、分析、干预措施等有关资料；			
		22－1－3	近三学年每餐食物留样记录；			
		22－1－4	近三年教职工、幼儿伙食费账目（见38－7）及向家长公布幼儿膳费收支情况（见38－8）；			
		22－1－5	食品卫生许可证和近三年采购食品的"三证"复印件、进货发票或收据、验货登记等资料。			

续上表

指标	编号	资料名称	原案件档号	卷盒序号	备注
卫生保健工作	23	23－1	幼儿园突发公共卫生事件应急预案（包括传染病、食物中毒等）；			
		23－2	预防疾病制度；			
		23－2－1	近三学年儿童计划免疫接种工作相关资料；			
		23－2－2	幼儿常见病防治措施；			
		23－2－3	近三学年幼儿带药服用记录；			
		23－2－4	近三学年幼儿集体服食药品等记录；			
		23－3	卫生消毒及隔离制度；			
		23－3－1	近三学年紫外线消毒登记；			
		23－3－2	近三学年各类生活用品及玩教具等消毒登记；			
		23－3－3	近三学年传染病登记表；			
		23－4	健康检查制度；			
		23－4－1	近三学年晨间检查记录表；			
		23－4－2	近三学年幼儿离园一个月登记、回园体检表；			
		23－4－3	近三学年幼儿食物、药物过敏或禁忌证名单及G－6PD缺乏症、各种先天性疾病、慢性疾病儿童名单；			
		23－4－4	近三学年健康档案：工作人员健康档案（有效健康证明书、健康检查表等资料），幼儿健康档案（有效入园体检表、儿童保健系统管理手册）；			
		23－5	卫生保健登记、统计制度；			
		23－5－1	近三学年卫生部规定的12种登记表；			
		23－5－2	近三学年体弱儿、视力、听力异常儿、肥胖儿管理记录；			
		23－5－3	近三学年各类统计报表；			
		23－5－4	近三学年幼儿健康状况、缺勤原因、膳食营养、传染病情况分析、干预等资料；			
		23－5－5	近三学年卫生保健工作计划、总结。			

续上表

指标		编号	资料名称	原案件档号	卷盒序号	备注
卫生保健工作	24★	24-1	卫生保健人员相关资格证件、上岗培训证及近三学年参加卫生保健业务培训记录；			
		24-2	近三学年上墙资料；			
		24-3	近三学年质控指标；			
		24-4	近三学年统计报表（见23-5-3）。			
	25★	25-1	安全制度；			
		25-1-1	幼儿园根据《中小学幼儿园安全管理条例》制定的各类安全管理制度；			
		25-1-2	近三学年定期进行安全排查及排除不安全因素登记表；			
		25-1-3	幼儿园各部门安全责任人的职责和责任书；			
		25-1-4	近三学年意外事故登记表；			
		25-1-5	消防合格证；			
		25-1-6	幼儿园突发事件应急预案及近三学年演练资料（防火疏散示意图）；			
		25-1-7	近三学年幼儿安全和保健教育有关资料；			
		25-1-8	近三年幼儿园周边交通安全、治安整治情况材料；			
		25-1-9	幼儿园申报"安全文明校园"的有关材料。			
	26	26-1	近三学年卫生保健健康教育计划、总结、评价等资料；			
		26-2	教职工卫生保健业务学习培训制度及近三学年卫生保健业务学习培训记录；			
		26-3	家长联系制度；			
		26-3-1	近三学年墙报（园刊）；			
		26-3-2	近三学年对家长进行卫生保健知识宣教的相关资料；			
		26-3-3	近三学年家园联系与家访记录等有关资料（见35-6）。			

续上表

指标		编号	资料名称	原案件档号	卷盒序号	备注
教育工作	27~34	27~34-1	近三学年学习教育法规文件的记录，教职工的学习心得与体会；			
		27~34-2	近三学年幼儿园课程目标体系及课程实施方案（评价、反思），核心教材，有开展园本课程的幼儿园提供园本课程或特色课程的相关资料；			
		27~34-3	近三学年幼儿园教、科研材料（见16-2）；			
		27~34-4	近三学年幼儿园专题活动（纪念日、节日、大型活动、幼小衔接等）设计方案与活动的反思与评价等资料；			
		27~34-5	近三学年各年级工作计划及总结；			
		27~34-6	近三学年各班的学期、月、周、日计划表和计划；			
		27~34-7	近三学年幼儿园活动场地安排表；			
		27~34-8	近三学年教师对教学案例的分析与评价等有关资料；			
		27~34-9	近三学年幼儿发展评价和成长档案；			
		27~34-10	近三学年教师对幼儿日常活动的观察、分析、评价等有关资料；			
		27~34-11	近三学年对幼儿个案跟踪的原因、分析、措施、效果等有关资料；			
		27~34-12	近三学年幼儿优秀作品或获奖作品的照片和证书（复印件）；			
		27~34-13	各班活动室规划平面图；			
		27~34-14	近三学年各班教育环境创设照片与评比资料；			
		27~34-15	近三学年区域活动情况分析与幼儿进区活动情况记录；			
		27~34-16	近三学年幼儿园各年龄班学具制作的照片或文字资料；			
		27~34-17	近三学年教师优秀教育随笔、读书笔记、论文等。			

续上表

指标		编号	资料名称	原案件档号	卷盒序号	备注
社区工作	35	35-1	家长学校章程和组织机构；			
		35-2	家长学校工作制度及近三学年计划、课程实施、总结等有关资料；			
		35-3	近三学年家长委员会成员名册；			
		35-4	家长委员会工作制度及近三学年计划、总结、活动记录等有关资料；			
		35-5	近三学年家长来信、家长问卷等有关资料；			
		35-6	近三学年家园联系与家访记录等有关资料；			
		35-7	近三学年家长会记录、经验交流、开放日等有关资料；			
		35-8	近三学年亲子活动、家长助教计划、实施、总结等有关资料。			
	36	36-1	近三学年社区委员会机构成员名单；			
		36-2	近三学年社区工作计划、总结资料；			
		36-3	近三学年社区活动方案、活动记录等有关资料；			
		36-4	近三学年幼小衔接教育、活动计划、方案、实施等有关资料。			
示范性	37	37-1	近三学年参加市、区（县级市）、片等业务学习、交流活动的计划、总结；			
		37-2	近三学年接待园内外参观学习、观摩教育教学活动等有关资料；			
		37-3	近三学年国家、省、市、区（县级市）、片在园召开现场会等有关资料；			
		37-4	结对子扶助幼儿园资料。			
后勤管理工作	38	38-1	幼儿园收费项目一览表；			
		38-2	近三学年兴趣班项目、收费、上课时间及主办单位一览表；			
		38-3	财务、会计制度及经费监管制度；			
		38-4	幼儿园、办园审批机关、开户银行签订的"三方合同"（民办园必备）；			
		38-5	按校务公开的有关规定财务公布的有关资料；			
		38-6	近三年财务年度审计合格资料；			
		38-7	近三年教职工、幼儿伙食费账目（原始凭证备查）；			
		38-8	近三年的幼儿膳食每月收支情况公布表。			

续上表

指标		编号	资料名称	原案件档号	卷盒序号	备注
后勤管理工作	39	39－1	财产管理制度；			
		39－2	近三年园内财产登记册及借、领登记表；			
		39－3	后勤工作制度及近三年后勤工作计划、总结、实施记录；			
		39－4	近三年设备设施保管、维修、更新、报废记录等。			

附录五

深圳市龙岗区幼儿园督导评估资料目录索引

（深圳市龙岗区人民政府教育督导室根据 2008 年 6 月版《广东省幼儿园督导评估方案》编制）

第一条

1. 幼儿园房产证、租赁合同、办园许可证、民办非企业单位法人登记证、组织机构代码证、税务登记证、收费许可证、食品卫生许可证及年审资料的复印件

2. 近三年幼儿园教育经费、生均教育经费及生均公用经费统计表（参考《评估方案》经费收支情况表）

3. 近三年会计报表及年度审计报告

4. 近三年教职工工资发放表（需教职工签名）及为教职工办理医疗、工伤、养老等社会保险相关资料

第二条

1. 幼儿园用地红线图、总平面图、各楼层平面图及相关相片

2. 可绿化面积、绿化面积及绿化率情况统计表

第三条

1. 幼儿园占地面积证明材料

2. 幼儿园基本情况统计表（参考《评估方案》）

3. 各活动场地登记表及各活动场地相关相片

第四条

1. 幼儿园建筑面积相关证明材料

2. 幼儿园基本情况统计表（参考《评估方案》）

3. 各班级活动室、寝室、卫生间、贮藏室的使用面积情况表和相关相片（参考《评估方案》）

第五条

1. 各功能室情况表及相关相片（参考《评估方案》）

2. 各功能室的设备、教玩具登记表

3. 各功能室使用说明及功能室活动安排表

第六条

1. 幼儿园活动、行政、生活用房情况表（参考《评估方案》）

2. 幼儿园办公室、保健室、隔离室、厨房等辅助用房相关照片

第七条

1. 幼儿园设备设施（教玩具、电教器材、劳动工具、桌椅书架、体育器材、医疗保健器械和药品）登记表

2. 藏书情况表（参考《评估方案》）

3. 图书目录

4. 各班人数统计表（参考《评估方案》）

5. 幼儿园各班钢琴、照相机、计算机配备情况表

6. 各班自制教玩具登记表和相关相片

第八条

1. 办公用计算机及现代化办公系统配备情况登记表

2. 藏书情况表（参考《评估方案》）

3. 幼教刊物、报纸、教参、工具书目录

4. 音像资料、软件资料情况表及目录（参考《评估方案》）

第九条

1. 各班级人数情况统计表（参考《评估方案》）

2. 各班级幼儿花名册

第十条

1. 教职工、幼儿情况统计表及花名册（参考《评估方案》）
2. 教职工与幼儿比例统计表
3. 教职工人事安排及岗位设置相关资料

第十一条

1. 领导班子情况表（参考《评估方案》）
2. 正、副园长学历、职称、岗位培训证复印件
3. 专任教师专业合格率、学历统计表（参考《评估方案》）
4. 专任教师花名册
5. 专任教师学历和教师资格证复印件
6. 医务人员和保育员花名册
7. 保育员学历、职业培训证复印件
8. 医务人员学历、职称、上岗证复印件

第十二条

1. 国家有关幼儿教育法律、法规有关文件
2. 办园的指导思想、宗旨及培养目标
3. 幼儿园远期、近期发展规划及阶段总结、分析和后续方案
4. 有保障幼儿可持续发展的机构、制度和措施
5. 近三年幼儿园和小、中、大班的工作计划及总结
6. 近三年幼儿园大事记、园务、各部门会议记录、活动记录
7. 幼儿园办园特色有关资料

第十三条

1. 幼儿园章程
2. 幼儿园办园董事会成员名单，董事会和园长的职责
3. 近三年民办幼儿园园长每年向董事会提交的工作报告
4. 各项规章制度、各类人员岗位职责、考核资料、各种检查记录
5. 幼儿园管理的组织结构图、组织机构（园务会、教代会、家长委员会、工会、党团组织）的职责及人员名单、分工
6. 没有重大责任事故的相关证明（区教育局安全办盖章）

第十四条

1. 领导班子情况表（参考《评估方案》）
2. 领导班子成员参加各种学习、培训记录及论文获奖有关资料
3. 近三年领导班子考核、民主评议、问卷调查及单位获奖等资料
4. 近三年领导班子成员指导教育教学、科研、保健工作及获奖有关资料
5. 近三年领导班子成员听课及指导教育活动记录等有关资料

第十五条

1. 教职工政治和业务学习制度，近三年幼儿园政治、业务学习的计划、总结、学习记录（含外部培训及园本培训记录）
2. 近三年幼儿园对教职工培训及继续教育经费开支情况统计表
3. 教职工个人成长档案、教师专业成长计划
4. 幼儿园奖惩制度、教职工考核评价、奖惩的有关材料
5. 近三年教职工业务进修、岗位培训计划总结；骨干教师、青年教师培养计划、措施、成果及继续教育相关资料
6. 参加省、市、区各种教育教学竞赛获奖情况及相应证书复印件

第十六条

1. 幼儿园教科研机构及教研课题登记表
2. 各教研课题的方案和各阶段的实施计划、总结
3. 每学期幼儿园教研活动安排及记录
4. 全园每位教师每学期公开教学观摩活动有关资料（不含家长开放日）
5. 近三年举办教科研成果评奖有关资料及市级以上刊物上发表文章、获奖相关资料统计，证书复印件（参考《评估方案》）

第十七条

1. 近三年开展师德教育活动方案、活动记录
2. 近三年先进教师、先进工作者、教书育人获奖证书复印件及有关先进事迹材料
3. 近三年幼儿园以班、级组、教研组等为单位开展各种活动、学习的方案及记录
4. 有关无体罚幼儿的问卷调查及教职工无违法、犯罪的证明（当地派出所盖章）

第十八条

1. 能运用信息技术与网络信息资源进行教育教学的教师名单及比例

2. 幼儿园或教师个人制作、开发的教育教学课件（软）统计表及登记册等

3. 提供部分教师运用信息技术进行教育教学的活动教案、经验总结、论文等有关资料

第十九条

1. 近三年教职工名册、流动保教人员名单及流动率统计表
2. 学科带头人名单及有关资料

第二十条

1. 幼儿作息时间表、班级周活动计划表、户外体育活动、场地安排等资料

2. 保教制度、有关幼儿健康教育的教案及幼儿一日生活常规要求

第二十一条

1. 班级周活动计划表

2. 近三年各年龄段的幼儿体格锻炼观察表及每学期进行相应的总结、分析的有关资料

3. 对幼儿进行心理筛查的有关资料及心理教育个案资料（如问题儿童情况记录、分析，干预矫治等档案资料）

第二十二条

1. 作息时间表、幼儿每周带量食谱
2. 季度、年度营养膳食评价、分析、干预措施等有关资料
3. 教职工及幼儿食谱，为体弱儿提供特殊饮食的相关记录
4. 幼儿园饮食卫生管理制度、食品卫生许可证复印件、厨房操作流程图
5. 食物进购台账及相关的索证资料、每餐食物留样记录

第二十三条

1. 卫生保健工作计划、总结，各项卫生保健制度（如晨检、消毒、隔离等制度）

2. 幼儿患病记录表，晨检及全日观察记录资料

3. 幼儿园健康档案（入园体检表、儿童预防接种证），幼儿健康状况分析、质控指标

4. 免疫接种记录总表，补种、漏种记录资料

5. 幼儿药物过敏或禁忌证名单、各种先天性疾病、慢性疾病儿童名单

6. 活动区和卧房消毒与紫外线消毒记录

7. 《幼儿日常行为规范》的实施与评价等有关资料

8. 幼儿健康档案、12 种登记表册记录、分析、评价、统计资料

第二十四条

1. 教职工入园健康检查及定期体检制度

2. 教职工每年体检情况统计表及相应的体检表、健康证

3. 每学期幼儿、托班出勤率情况统计表

4. 每学期幼儿生长发育达标率和合格率情况统计表

5. 幼儿患病情况登记表及患病率统计表

6. 幼儿缺点矫治记录及统计表

7. 缺铁性贫血患病率、有效矫治率登记表及统计表

8. 视力检查、口腔保健制度及幼儿每学期视力检查、无龋齿率、龋齿预防覆盖率情况统计表

第二十五条

1. 《中小学生幼儿园安全管理条例》、幼儿园安全管理工作制度及相应的机构

2. 幼儿园每学期安全工作的计划和总结

3. 消防设备设施情况表及消防年检合格证书

4. 对幼儿安全和保健教育的相关资料

第二十六条

对家长、教职工进行卫生保健和科学育儿的宣传、教育和培训等相关资料

第二十七条

1. 《幼儿园工作规程》《幼儿园教育指导纲要（试行)》《广东省幼儿园教育指南》等国家和省有关教育政策和文件

2. 近三年幼儿园组织教职工学习法律、法规的相关资料

3. 幼儿课程目标体系

4. 近三年幼儿园教育教学工作计划及总结、班务计划及总结、班级教学计划（含学期、月或主题、周）

第二十八条

1. 幼儿一日生活作息时间表

2. 班级周活动计划

3. 提供各年龄班部分教师的教案本

第二十九条

1. 班级学期教学计划

2. 班级主题教学计划或月教学计划

3. 班级周教学计划

第三十条

1. 班级周、日教学计划

2. 班级幼儿区域活动规则

3. 班级幼儿学习、生活相关环节规则

第三十一条

近三年举办的各类普通话学习、培训或比赛活动资料

第三十二条

1. 近三年教师相关经验文章、教育随笔或教学反思资料

2. 各班级活动设计方案

第三十三条

1. 幼儿园幼儿发展评价指标

2. 近三年班级幼儿阶段性发展评价资料

3. 近三年幼儿学习、活动的个体观察、分析、评价资料

4. 近三年特殊或问题儿童个案追踪记录

5. 近三年幼儿成长档案

第三十四条

1. 近三年班级活动区域环境布置相关资料及图片
2. 各班级玩具、材料登记表

第三十五条

1. 幼儿园家园联系制度
2. 家长报
3. 家长委员会工作制度及组织机构设置
4. 近三年家长委员会、伙委会组织机构名单、会议记录、参与并配合幼儿园各项活动的资料
5. 幼儿园家长学校章程
6. 近三年家长学校计划、总结和相关的活动资料
7. 近三年家长问卷调查、家长会等资料
8. 家园联系（如家访、约访、座谈等）资料

第三十六条

1. 近三年参加社区各类活动相关的资料
2. 近三年幼小衔接活动计划、总结
3. 近三年开展幼小衔接各类活动资料（如参观小学、家长讲座、走访小学教师、小学生座谈、毕业典礼等）

第三十七条

1. 幼儿园有关对外交流、开放制度
2. 近三年园级以上对外接待或开放日活动资料
3. 近三年对外指导、培训外园教师活动资料

第三十八条

1. 近三年幼儿园的收费批文及各学期部分幼儿的收费票据
2. 收费管理制度、现金管理制度、财务报销制度、固定资产管理制度
3. 幼儿园、教育局、开户银行三方签订的"账户监管协议"
4. 近三年幼儿园按年度净资产增加额或净收益的25%比例提取发展基金的财产、财务会计报告
5. 幼儿园董事、园长、行政负责人的基本情况、总务和会计责任基本情

况资料

6. 近三年幼儿园年度账务报表及审计报告

7. 教职工与幼儿伙食收支账册及每月向家长公布的资料

第三十九条

1. 幼儿园的财产管理制度、机构组织和分工

2. 财产明细账和实物管理台账

3. 年度财产盘点清查明细表及情况报告

4. 财物购入、领用、使用登记册

5. 近三年教具、玩具、设备设施的维修、更新的详细记录

6. 师生对后勤管理人员满意度的调查表

附录六

广东省幼儿园等级评估现状调研报告

莫玉音①　　刘景容②

一、调研的背景

广东省幼儿园等级评估是通过系统收集幼儿园各方面信息，全面了解保教活动实际情况，对幼儿园办学水平和保教质量进行的综合性整体评价，以促进幼儿园改进工作、科学实施保教，并为教育管理部门改善宏观管理提供依据。该项目自 1995 年启动，由广东省人民政府教育督导室创建了广东省一级幼儿园评估项目，至 2001 年发展为省一级、市一级和县（市、区）一级三个等级的幼儿园评估模式。2012 年开始，广东省一级幼儿园评估的现场考查工作由广东省教育研究院教育评估室组织实施，市一级幼儿园和县（市、区）一级幼儿园的评估由同级教育行政部门组织。不同于中小学、大中专院校有着诸如考试、升学率、就业率、评估、评审等多样化的评价方式，幼儿园等级评估是广东省针对幼儿园全面提高保教质量的仅有的综合性评估的评价手段。它要求幼儿园开办三年后才能申报，而且要逐级申报，上一等级的申报需在下一等级评定满一年并有改善的情况下进行，各等级均要每四年进行一次复评。这些要求确保了受评幼儿园及所在地学前教育的可持

① 莫玉音，广东省教育研究院教育评估室，助理研究员，研究方向为教育评估、思想政治教育。

② 刘景容，广东省教育研究院教育评估室，中学高级教师，研究方向为学前教育评估与评价、幼儿园管理。

续发展。

为落实《广东省人民政府 2012 年行政审批制度改革事项目录（第一批)》（粤府令第 169 号）和《关于加快转变政府职能深化行政审批制度改革的意见》（粤办发〔2012〕24 号）精神，根据《广东省机构编制委员会印发政府向社会转移职能工作方案的通知》（粤机编〔2012〕22 号）要求，2015 年，"广东省一级幼儿园评估"正式转移给社会第三方机构承接。广东省教育评估协会通过竞争性遴选，获得了项目的转移资质，成为承接"广东省一级幼儿园"的评估主体之一。为了有效促进广东省幼儿园的等级评估工作，不断提升幼教质量，我们对广东省 274 所等级幼儿园进行了问卷调查，问卷包含幼儿园园长的基本信息、幼儿园等级评估现状及评估机构未来的建设方向，以了解幼儿园对等级评估的看法及建议，并对广东省幼儿教育的评估事业发展提出建议。

二、研究方法

1. 文献法。通过文献法搜索有关广东省等级幼儿园评估的相关文献，了解当前广东省幼儿园的评估背景、现状和实践情况，吸收可借鉴的研究成果。

2. 问卷调查法。在全省进行随机抽样，通过网络向全省等级幼儿园发放问卷，共回收问卷 274 份。调查对象的基本信息如表 1 所示。

表 1　调查对象的基本信息

单位：人

职称等级	年龄						总计
	20～25 岁	26～30 岁	31～35 岁	36～40 岁	41～45 岁	46 岁以上	
初级职称	3	5	17	11	9	4	49
公办幼儿园	1	1	1				3
民办幼儿园	2	4	16	11	9	4	46
中级职称		2	8	24	42	42	118
公办幼儿园			5	13	27	34	79
民办幼儿园		2	3	11	15	8	39
高级职称			1	16	35	55	107
公办幼儿园				7	23	43	73
民办幼儿园			1	9	12	12	34
总　计	3	7	26	51	86	101	274

三、研究结论

（一）对幼儿园等级评估的实践操作情况

1. 幼儿园教育质量评估内容现状。通过问卷调查，从图 1 可以获知，对于目前幼儿园教育质量评价内容，各级幼儿园均认为较为简单，应包含幼儿发展评价，如行为习惯（97.1%）、健康状况（94.9%）、同伴交往（87.6%）、动作发展（83.9%）、语言表达（82.1%）、知识与技能（50.7%）等方面。同时，有的幼儿园还对幼儿的情绪情感表达、文明礼仪、学习习惯和学习能力的培养等方面进行评价。由此，我们可以发现，幼儿园对教育质量评价内容的认识还是比较全面的，特别是在《3—6 岁儿童学习与发展指南》颁布后，开始关注幼儿的学习与发展情况，并以此为衡量保教质量的最终依据。

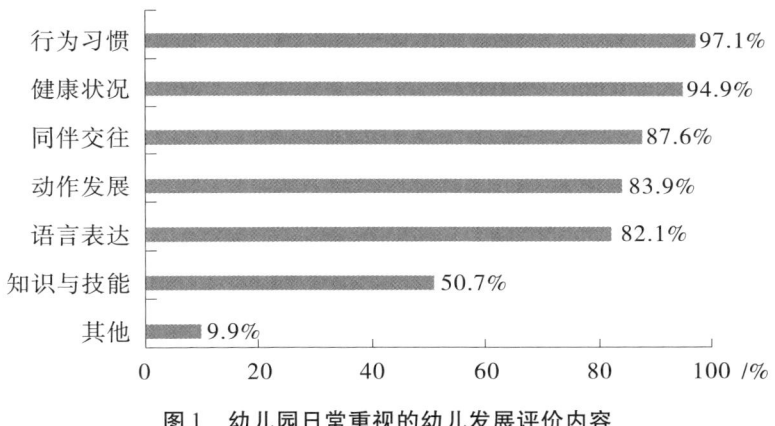

图 1　幼儿园日常重视的幼儿发展评价内容

2. 幼儿园等级评估方法现状。通过问卷调查，可以获知幼儿园日常会采用档案袋评价法、观察法、问卷调查法、测试法等方式进行自我评估。数据显示，超过 80% 的幼儿园会收集整理日常管理、保教资料，予以分析，对家长和教师进行访谈或问卷调查，并对照《广东省幼儿园督导评估方案》进行自评；还有 49.8% 的幼儿园会对幼儿进行测试以获知幼儿园保教育儿情况。这与幼儿园等级评估的听、查、看、访、测如出一辙。

（二）对幼儿园开展等级评估工作的认识

1. 对幼儿园等级评估目的的认识。图2显示，幼儿园开展等级评估工作的目标主要有以下几个方面：提高办园质量和保教水平（98.9%）、促进幼儿的发展（88%）、改善幼儿园的办园条件（81.8%）、提供幼儿园的社会声誉（77%）、获得政府奖励（22.3%）等。还有的幼儿园认为参加等级评估能够得到社会的认可、凝聚团队精神，有成就感、幸福感。而各级幼儿园对等级评估结果的使用主要包括：改进办园质量（97.1%）、提高幼儿园社会声誉（76.4%）、为教育改革发展决策提供参考（56.2%）、增加办园经费投入（38%）、提供幼儿园收费标准（31%）、得到政府奖励（28.1%）等。由此可以获知，幼儿园开展等级评估工作的主要目的集中在提高办学质量、改善幼儿园的办学条件、促进幼儿发展和提高幼儿园声誉四个方面。

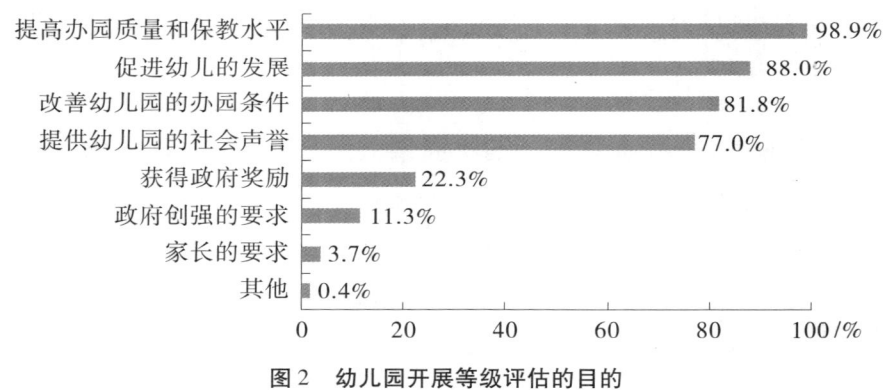

图2　幼儿园开展等级评估的目的

2. 对幼儿园等级评估工作的认同度。问卷调查结果显示，22.9%的幼儿园对等级评估实施过程非常满意，64.2%的幼儿园对等级评估实施过程满意，以上数据说明幼儿园还是比较认同幼儿园等级评估工作的。在等级评估结果的反馈方面，38.8%的幼儿园认为等级评估结果的反馈很好，49.8%的幼儿园认为等级评估结果的反馈较好。在幼儿园等级评估的总体质量与效率方面，23.3%幼儿园认为很好，62%的幼儿园认为较好。

以上数据表明，幼儿园对等级评估的实施过程、评估结果反馈、总体质量与效率等方面的认同度比较高。

3. 幼儿园等级评估投入与效益的匹配情况。从问卷数据可知，30.3%的幼儿园认为在等级评估过程中所投入的时间、人力、物力、财力等所产生的效益很好，53.5%的幼儿园认为所投入的时间、人力、物力、财力等所产生的效益较好，只有15.1%的幼儿认为所投入的时间、人力、物力、财力等所产生的效益一般。

（三）幼儿园等级评估的困难与需求

1. 幼儿园等级评估中的困难。尽管幼儿园等级评估收到的反馈效果较好，但也遇到不少的困难，不少幼儿园不愿意或不知如何申报等级评估，导致评估工作难以开展。如图3所示，主要存在的问题如下：幼儿园认为迎评工作任务重，增加幼儿园负担（77.4%）；幼儿园的建设条件还不成熟（70.4%）；对督导评估方案理解不透彻，不知如何参与评估（57.3%）；缺乏评估经费（51.1%）；评估的项目太多，无法应付（42.3%）；等等。还有幼儿园反映，在等级评估过程中，还存在资料的种类繁多、教师的工作量过大、评估专家专业性不够、公办园的专家不了解民办园的办学实际、对评估指标的理解和把握层次不同等突出问题。这些问题的存在影响了幼儿园申报等级评估的积极性。

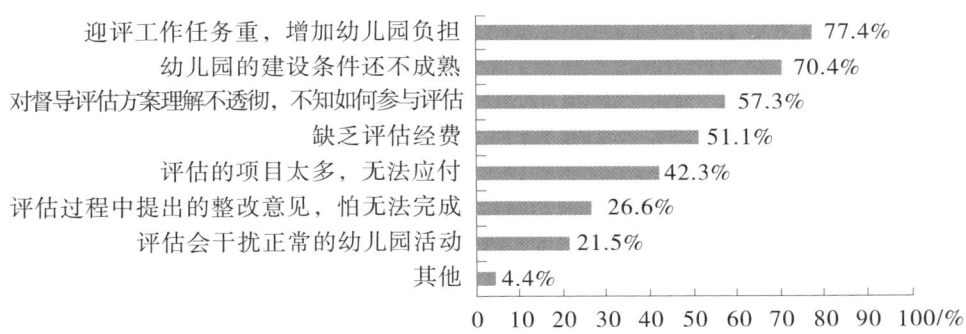

图3　幼儿园在等级评估中遇到的困难

2. 幼儿园等级评估培训需求度。《广东省幼儿园督导评估方案》是每一所幼儿园进行自评和他评的依据，但因缺乏广泛培训的机制，基层对方案的使用形成了诸多误解，最终使方案仅面向极少数自愿申报等级评估的幼儿园。根据问卷调查，如图4所示，幼儿园对等级评估方面专题培训的需求主要集中在以下几个方面：课程建设（83.6%）、特色与品牌建设（82.1%）、儿童发展评价（77.4%）、校园文化与园舍环境建设（66.1%）、队伍建设（56.6%）、卫生保健工作（53.3%）、信息化建设（47.8%）、后勤管理工作（39.8%）、制度建设（39.1%）、家园合作（37.2%）、社区合作（27.4%）等方面。这说明幼儿园对等级评估专题培训的需求度还是较高的。

问卷调查还反映，在专题培训过程中，相关机构在进行评价理念、评价内容方面培训的同时，大部分幼儿园希望可以多举行评估实务方面的培训，包括迎接评估的工作方案制定、评价方式以及评估指标详解等方面的培训。

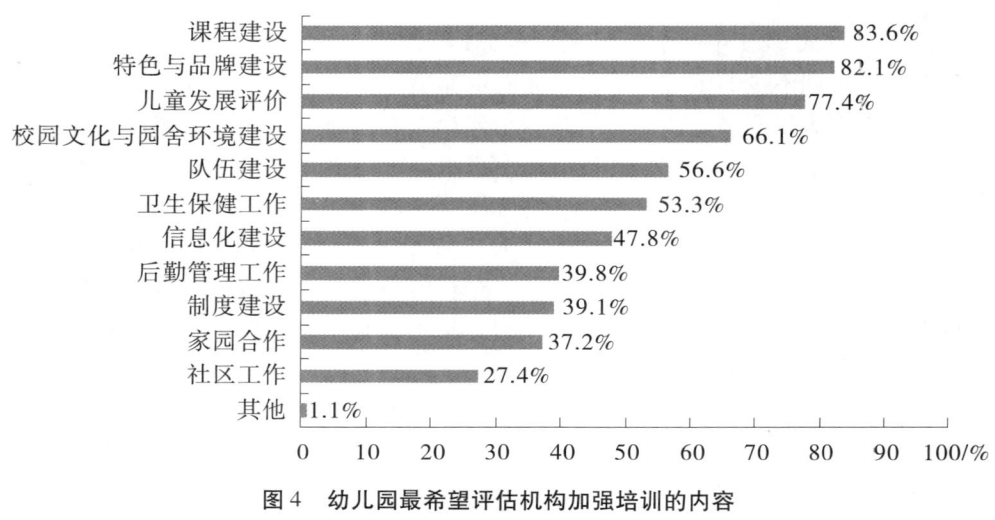

图4 幼儿园最希望评估机构加强培训的内容

四、分析与讨论

基于以上数据，我们对广东省等级幼儿园的评估现状进行了分析与总结。

（一）幼儿园等级评估观念已深入人心，但开展评估工作的条件不完备限制了评估的专业性

1. 评估制度的滞后限制了评估的专业性。教育评估的主体是人，人是社会中的一员，其价值情感、思维偏好会受环境的影响，并在评估过程中表现出来，使评估带上主观色彩，进而可能会影响评估结果的可靠性和准确性，因此必须通过相关的法律法规、规章制度对评估市场进行规范、约束。[1] 国家层面，除了在1990年颁布的《普通高等学校评估暂行规定》外，较少见到有关教育评估规范化建设和发展要求的文件。省级层面，《广东省教育厅

---

[1] 许世红，王书汉. 规范教育评估 促进教育评估事业科学发展［J］. 高教探索，2013（3）：50.

关于印发〈进一步规范教育评估接待工作及专家评审劳务费发放标准的意见（试行）〉的通知》（粤教评〔2005〕17 号）也早已应当修订。广东省人民政府教育督导室 2008 年修订出台的《广东省幼儿园督导评估方案》对 2009年以来的广东省幼儿园督导评估起到了方向性的引领作用，但自 2010 年《国务院关于当前发展学前教育的若干意见》颁发、各地制定发展学前教育三年行动计划以来，国家和省也颁布了幼儿园的多种规范性文件和专业标准，《广东省幼儿园督导评估方案》已经不能全面反映当前政策法规对学前教育机构的要求。此外，相关的评估培训制度、专家遴选办法、专家管理办法、评估工作人员管理办法、评估反馈制度等也仍未以正式文件的方式颁布。评估制度的滞后导致整体的评估质量不高。

2. 评估专家的匮乏限制了评估的专业性。目前广东省内开展教育评价理论研究的学术团队较少，而且基本不针对学前教育，具有广东特色的学前教育评价理论缺失，这就导致广东省幼儿园评估的起点和平台较低。研发评估方案、制定评估制度等基本是由行政部门和评估机构工作人员"摸着石头过河"，并逐步修订，缺少学前教育评价研究的专业人士的意见，从而导致幼儿园评估专业性相对薄弱。此外，由于学前教育发展的滞后，对专家的培训制度还未建立起来，行业内德才兼备的专业人士缺乏，儿童保健医生缺位，使现场考查评估专家的遴选工作显得尤为困难，专家的数量和质量都不能得到保障。在这种大环境下，如果组建的评估队伍缺乏足够的专业水准，必然会导致现场考查评估呈现不专业的状况。①

3. 评估技术的落后限制了评估的专业性。受各种条件所限，结合现状考虑，广东省等级评估的制度设计基于经验的成分较多，评价的科学技术运用较少。在评估过程中特别是现场考查评估环节，除了部分可以量化的指标外，多数指标是依据评估员个人的经验和专业眼光进行评判的，加上现场考查评估时间仓促、任务繁重，导致评估的专业水准受限，甚至评价意见的准确性也受到影响。②

（二）幼儿园对等级评估的认同度较高，但对评估价值的误解影响了幼儿园申报等级评估的主观能动性

截至 2013 年，我省幼儿园共 16 368 所，而省一级幼儿园仅有 436 所，

---

①②　刘景容. 广东省幼儿园等级评估成效、问题与对策［M］//广东省教育研究院. 广东教育改革发展研究报告：理论战略政策研究卷　上册. 广州：广东高等教育出版社，2013：557.

占比仅为 2.66%。与《广东省学前教育三年行动计划》提出的"建成 1 000 所科学保教示范园"目标相差甚远。即使是在广州，省、市一级幼儿园也仅有 11.5%。① 幼儿园等级评估作为自愿申报的评估项目，除深圳市外，其他地市幼儿园普遍缺乏积极性、主动性。究其原因，主要是基层单位包括部分地方教育行政部门对等级评估不了解，没有认识到评估工作的价值。

1. 对评估指标解读有偏差，等级评估申报困难重重。由于缺乏有效的沟通渠道及培训制度，《广东省幼儿园督导评估方案》公布以后，教育行政部门和幼儿园几乎没有机会接受培训，仅通过自学去分析、实施，对方案的理解与执行千差万别。就算是评估员，因为接受的培训不够系统、深入，加上个人理解的偏差，以及地方行政部门的要求不同，一所幼儿园在接受县（市、区）一级、市一级、省一级评估中，同样的指标得到的评价标准和解释可能不一样。② 这样的情况导致基层无所适从，普遍认为等级评估困难重重。

2. 缺乏对等级评估意义的正确理解，评估的目的呈现多样化。由于幼儿园和基层教育行政部门对等级评估的意义不甚明确，幼儿园申报评估往往是在外力驱动下进行的。有的是为了提高收费标准，有的是为了获得政府奖励，有的是因为创强压力，有的是为了面向家长和社会有个好名声，有的是为了行业地位，等等，不一而足。很少有幼儿园正确认识到等级评估的内在价值，即通过创建等级、迎接评估这个过程促进幼儿园全面改进，不断提升办园条件和保教水平。在这种情况下，评估对于大多数幼儿园来说，就是在短期内获得等级认证。甚至有的幼儿园为了通过评估，不惜大规模做假资料；有的幼儿园把主要精力放在公关和超标准接待上，希望以"人情"获得"加分"。

五、对策建议

广东省幼儿园等级评估中存在的诸多问题，既有评估方的原因，也有受评方（包括幼儿园和地方教育行政部门）的原因，必须从不同角度解决双方存在的各种问题，真正落实评估对学前教育科学发展的促进作用。

---

① 根据广州市人民政府教育督导室 2013 年 2 月提供的数据计算所得。

② 刘景容. 广东省幼儿园等级评估成效、问题与对策［M］//广东省教育研究院. 广东教育改革发展研究报告：理论战略政策研究卷　上册. 广州：广东高等教育出版社，2013：558.

（一）完善幼儿园等级评估制度，建立专家队伍，确保评估工作的规范、权威、有效

1. 建立健全幼儿园等级评估制度，使之适应并推动新形势下广东学前教育的发展。完善幼儿园等级评估制度，重点考虑以下三个方面的问题。第一，修订《广东省幼儿园督导评估方案》和配套制度。广东省人民政府教育督导室应根据当前政策法规对学前教育机构的要求，加快制定新的评估标准和相关的配套制度，补充评估原则、现场考查流程、纪律监督等制度，做好等级评估的顶层设计。省一级幼儿园评估承接机构按照承接合同，共同修订统一的具有操作意义的评估方案、评估工作规程、评估工作方案等，市、县（市、区）一级幼儿园的评估机构参照执行，使等级评估的评价指标更科学、合理，评估过程更规范、公正、高效，结果更权威、公平、有效。第二，健全评估机构和工作人员的管理制度。根据经济与社会教育的发展对教育评估的新要求，修订专家遴选、专家库管理办法、评估工作人员管理办法、评估反馈、评估机构监管等制度，使评估工作的过程更规范、公正、高效，结果更权威、公平、有效。第三，建立幼儿园评估培训制度，解读评估过程中的难点问题。围绕《广东省幼儿园督导评估方案》，开展系列培训，培训包括对方案的使用范围、对象、价值、方法、指标意义、评估制度等内容的解释，也包括对如何申报等级评估、如何准备评估、如何接待现场考查评估等操作过程的介绍；培训对象包括各级评估专家、学前教育督学、幼儿教育行政管理人员和教研员，更要覆盖所有幼儿园，而不仅限于申报等级评估的幼儿园。2016 年 7 月，省一级幼儿园评估承接机构——广东省教育评估协会组织了一场幼儿园申报等级评估的业务培训活动，这是等级幼儿园评估工作开展多年来的首次培训活动，受到幼教工作者的热捧，说明了广大基层工作者对等级评估申报业务培训的需要是极为迫切的。

2. 强化专家认证、培训、监督、考核等机制，建设专业的评估专家队伍。评估专家队伍的综合素养直接决定了现场考查评估的专业水准，也影响着幼儿园对评估的直观印象。[①] 尽管广东省大多数教育评估已经建立了相应的专家库，但在幼儿园评估中存在遴选专家的标准较为模糊、要求偏低、没有配套的系统培训、具有浓厚的行政色彩、缺乏管理等问题，使得评估缺乏

---

① 刘景容.广东省幼儿园等级评估成效、问题与对策［M］//广东省教育研究院.广东教育改革发展研究报告：理论战略政策研究卷　上册.广州：广东高等教育出版社，2013：565.

权威性、专业性和科学性。因此，有必要完善幼儿园评估队伍的保障机制，建立自上而下的更为广泛的专家遴选、培养、认证、分类、流动、队伍组建、监督、考核等一系列制度，并严格执行，才能确保有一支高素质的专家队伍参与评估。此外，评估专家应定期接受评估内容、评估方法、评估技术的培训，掌握评估指标体系的本质和内涵，熟悉评估工作的基本原则和工作程序，充分了解幼儿园的办学要求，取得资质与完成继续教育后，才能参与评估工作。2016 年 6 月，广东省教育评估协会组织了学前教育评估专家候选人培训与考核遴选的会议，开启了广东省幼儿园等级评估专家通过专业考核遴选的方式进入专家库的先例。其基本程序是公布专家遴选条件、个人申报、候选人参加培训与考试、协会专家指导委员会评审、公示、公布名单等，还拟定了专家培训与流动的监管制度。这一专家遴选与管理制度的改革，成效如何，将在接下来的评估实践中接受检验。但毫无疑问这是一次具有历史性变革意义的尝试，值得期待。

3. 幼儿园把发展性评估理念和做法融入日常管理，自我评估制度化、常态化。首先，幼儿园应该正视评估的价值是在于促进幼儿园的发展，而不是追求外在名利。只有端正对评估的认识，才能理解《广东省幼儿园督导评估方案》是规范办园的指南，各项指标的达成是在幼儿园常规工作中实现的；评估是日常行为，而不是临时性任务。其次，幼儿园的自我评估要制度化，常态化。只有调动幼儿园的主观能动性，建立幼儿园自我评估机制，幼儿园自我管理、自我评价、自主发展的模式才是真正可行的，而强调自我评价也是发展性评估的一个重要标志。再次，在等级评估的现场考查中，受评幼儿园应抓住机会，与评估专家坦诚对话，充分交流，主动请教，才可能吸纳最先进、科学的经验，用到幼儿园的改进工作中。最后，受评幼儿园要高度重视评估意见，以评估意见为依据进行整改，促进幼儿园的可持续发展。幼儿园一方面要继承发扬被专家肯定的成绩与优势，另一方面要认真分析、反思评估意见中关于整改的问题，认真研究专家给出的整改建议，做好评后总结，提出新一轮的发展规划。

（二）加大政策扶持力度，加强教育评估机构建设，提高评估机构的专业性和权威性

1. 加大政策扶持力度，加强第三方教育评估机构建设，提高评估的合法性和专业性。2015 年，"广东省省一级幼儿园评估"正式转移给社会第三方机构承接，这意味着广东省的教育评估职能开始向社会组织转移。与此同时，第三方教育评估机构的合法性和专业性必须靠政府的政策扶持和机构的

自身建设。根据调查数据显示，各级幼儿园认为，加强第三方教育评估机构建设关键因素如表 2 所示。

表 2　提高评估的合法性和专业性的主要因素

组织	因　素	选择人数占比
政府层面	加大政策扶持力度，支持教育评估机构的发展	76.8%
	创设公开、公平、公正的竞争机制，有序规范评估市场	74.6%
	健全社会监督机制，建立多元评估机构，接受多元评估	74.3%
	依法评价，加强评估工作的立法建设	71.0%
	其他：吸取各省市先进经验	0.7%
教育评估机构	及时更新完善评估指标，使评估指标科学化	84.6%
	提高评估专家遴选标准，加强专业培训，确保评估人员专业化	78.7%
	加强评估监管，完善评估保障机制，使评估组织制度化	71.7%
	严格按照评估规范程序开展工作，确保评估工作程序化	65.1%
	其他：规范事后整改的落实以及评估后提升和发展以及社会影响	1.8%

从上表可以获知，各级幼儿园认为加强教育评估机构建设，提高评估的合法性和专业性主要包含政府的政策扶持和教育评估机构自身建设两个层面。政府的政策扶持主要包含建立扶植型、保护型政策支持，创设竞争机制、健全社会监督机制和立法建设等。机构的自身建设则重点在于评估机构在评估指标、专家队伍建设、评估机制等方面的建设。

2. 创新教育评估方式，注重评估形式的适宜性，提高评估的权威性和可持续性。评估是幼儿园的一个中长期计划，不是一蹴而就的短期行为，而是需要若干年的准备。因此，在评估过程中，不能仅仅依靠单纯的听、查、看、访、测几个评估步骤就完成评估任务。评估专家在现场考查中，应尽量全面深入了解受评幼儿园，提出对受评幼儿园改进工作有帮助的专业建议，并且需要通过多种科学方法、技术手段深入幼儿园获得相关信息，以达到评估的最优效果。调查显示，不少幼儿园提出幼儿园等级评估应依托信息化手段，提高评估工作的规范性和透明度，将幼儿园等级评估政策宣传、评估信息发布、信息查询、信息交流、信息下载等服务均通过网络来实施。另外，定量性质的信息通过数据库获得，以减少进校考察的工作量，降低评估成本；定性性质的信息采用网上调查、即时通信网络工具、视频会议等方式获取。① 评估机构与评估专家对受评幼儿园要有平等的观念和友善的态度，重视受评幼儿园的自我评价与自评说明。只有在平等、友善、真诚、相互尊重的氛围中，彼此的意见与建议才能被对方接纳，发展性评估才能真正得以落实。此外，对于加强教育评估机构权威性，幼儿园还提出了以下意见，如表 3 所示。

表 3　加强教育评估机构权威性应注重的因素

注重的因素	选择人数占比
组建专业评估队伍，提高评估机构的人员素质	82.0%
不断改善评估方法和评估技术，强化评估业务的创新性	77.9%
完善法律保障制度，建立健全教育评估配套政策和法律条例	72.4%
实行行政性评价与专业性评价互补，培育科学的教育评价社会服务体系	69.9%
明确经费来源，保证评估机构独立自主的正常运转	67.7%

各级幼儿园认为，应通过加强评估队伍建设、改善评估方法和技术、建立健全评估配套政策、培育科学的评估服务体系以及明确评估经费等方面来加强和保障第三方教育评估机构的权威性和可持续性。

广东省幼儿园等级评估工作以省一级幼儿园初评为代表，在历经 20 多年的实践探索后，为进一步落实"管、办、评分离"，开始尝试由社会组织承接，这无疑是迈出了改革的一大步。我们期待等级评估项目的政府管理部门和承接机构能正视评估中存在的问题，客观分析，科学改进，推动广东省幼儿园等级评估事业的新发展。

参考文献

［1］刘景容. 广东省一级幼儿园评估的分析［J］. 上海教育评估研究，2015（2）：70－73.

［2］刘景容. 广东省幼儿园等级评估的成效分析［J］. 上海教育评估研究，2014（3）：61－65.

［3］高敬，项燕. 上海市幼儿园教育质量评价的现状与分析［J］. 早期教育（教科研版），2013（11）：2－5.

［4］莫玉音. 基于比较视角下的广东省教育评估机构的现状及其发展研究报告［M］//广东省教育研究院. 广东教育改革发展研究报告：理论战略政策研究卷. 广州：广东高等教育出版社，2016：306－308.

---

① 魏中林. 运用现代信息技术促进教育评估事业科学发展［J］. 中国教育信息化，2008（17）：6.

附 件

调研问卷

尊敬的幼儿园管理者：

您好！非常感谢您在繁忙的工作中填写这份问卷。本问卷旨在了解我省等级幼儿园的评估现状及评估机构的建设方向。我们将对调查结果进行分析，找出问题和原因，提出对策和建议，为规范我省的幼儿园等级评估工作提供参考意见。

本调查采用无记名的方式填写，我们将按照《中华人民共和国统计法》的规定，对您提供的信息予以保密。请根据您所知的真实情况回答问题。

由衷感谢您的参与和支持。祝您工作愉快！

广东省教育研究院教育评估室 广东省教育评估协会

2016 年 6 月 28 日

说明：本问卷分为三部分，第一部分为填写人的基本信息；第二部分为幼儿园等级评估现状及幼儿园等级评估机构的建设方向；第三部分是开放性题目。

第一部分：填写人的基本信息

1. 性别：_____ 年龄：_____ 教龄：_____
2. 学历：A. 中专及以下 B. 大专 C. 本科 D. 本科及以上
3. 职称：A. 初级 B. 中级 C. 高级
4. 所在幼儿园是：A. 公办幼儿园 B. 民办幼儿园
5. 所在幼儿园是：A. 省一级幼儿园 B. 市一级幼儿园
   C. 县（市、区）一级幼儿园 D. 其他

第二部分：幼儿园等级评估现状及幼儿园等级评估机构的建设方向

（此部分共15 道题，其中1～8 题是了解您所在幼儿园的实际情况，9～15 题则是了解您对幼儿园等级评估的看法及对评估机构建设方向的调查）

1. 贵园积极开展等级评估的原因是？（可多选）
   A. 促进幼儿的发展 B. 提高办园质量和保教水平
   C. 提供幼儿园的社会声誉 D. 改善幼儿园的办园条件

E. 获得政府奖励　　　　　　　　　　F. 政府创强的要求

G. 家长的要求　　　　　　　　　　　H. 其他_____（请注明）

2. 贵园日常最重视对幼儿哪方面的评价？（可多选）

A. 健康状况　　　B. 语言表达　　　C. 知识与技能　　　D. 同伴交往

E. 动作发展　　　F. 行为习惯　　　G. 其他_____（请注明）

3. 贵园日常通常采用哪些方法进行自评？（可多选）

A. 收集整理日常管理、保教资料，予以分析

B. 对家长和教师进行访谈或问卷调查

C. 对幼儿进行测试

D. 对照《广东省幼儿园督导评估方案》进行自评

E. 其他形式_____（请注明）

4. 贵园迎接幼儿园等级评估投入的时间、人力、物力、财力等与评估所产生的效益之间的匹配情况如何？

A. 很好　　　　B. 较好　　　C. 一般　　　D. 较差　　　E. 很差

5. 贵园对幼儿园等级评估实施过程的满意度如何？

A. 非常满意　　B. 满意　　　C. 一般　　　D. 不满意　　E. 很不满意

6. 贵园对幼儿园等级评估结果反馈的满意度如何？

A. 很好　　　　B. 较好　　　C. 一般　　　D. 较差　　　E. 很差

7. 贵园对幼儿园等级评估的结果是如何使用的？（可多选）

A. 改进办园质量　　　　　　　　　　B. 得到政府奖励

C. 提高幼儿园社会声誉　　　　　　　D. 提高幼儿园收费标准

E. 为教育改革发展决策提供参考　　　F. 增加办园经费投入

G. 其他_____（请注明）

8. 贵园对《广东省幼儿园督导评估方案》的满意度如何？

A. 非常满意　　B. 满意　　　C. 一般　　　D. 不满意　　E. 很不满意

不满意的原因是：_____

9. 您认为有些幼儿园不大愿意参与等级评估的原因是？（可多选）

A. 对督导评估方案理解不透彻，不知如何参与评估

B. 迎评工作任务重，增加幼儿园负担

C. 缺乏评估经费

D. 评估的项目太多，无法应付

E. 评估过程中提出的整改意见，怕无法完成

F. 评估会干扰正常的幼儿园活动

G. 幼儿园的建设条件还不成熟

H. 其他_____（请注明）

10. 您认为幼儿园等级评估的总体质量与效率如何？

A. 很好　　　　B. 较好　　C. 一般　　D. 较差　　　E. 很差

11. 您认为幼儿园等级评估对贵园实际工作有多大程度上的帮助？

A. 非常大　　　B. 较大　　C. 一般　　D. 没有作用　E. 很差

12. 针对《广东省幼儿园督导评估方案》，您最希望评估机构加强对哪些内容的培训？（可多选）

A. 校园文化与园舍环境建设　　　　　B. 课程建设

C. 儿童发展评价　　　　　　　　　　D. 队伍建设

E. 制度建设　　　　　　　　　　　　F. 卫生保健工作

G. 社区工作　　　　　　　　　　　　H. 家园合作

I. 后勤管理工作　　　　　　　　　　J. 信息化建设

K. 特色与品牌建设　　　　　　　　　L. 其他_____（请注明）

13. 您认为幼儿园等级评估机构应在哪些方面来规范幼儿园的评估工作？（可多选）

A. 提高评估专家遴选标准，加强专业培训，确保评估人员专业化

B. 加强评估监管，完善评估保障机制，使评估组织制度化

C. 严格按照评估规范程序开展工作，确保评估工作程序化

D. 及时更新完善评估指标，使评估指标科学化

E. 其他_____（请注明）

14. 您认为政府应在哪些方面来提升幼儿园评估机构的专业性？（可多选）

A. 依法评价，加强评估工作的立法建设

B. 加大政策扶持力度，支持教育评估机构的发展

C. 创设公开、公平、公正的竞争机制

D. 健全社会监督机制，建立多元评估机构，接受多元评估

E. 其他_____（请注明）

15. 您认为幼儿园等级评估机构应在哪些方面来加强它的权威性？（可多选）

A. 完善法律保障制度，建立健全教育评估配套政策和法律条例

B. 组建专业评估队伍，提高评估机构的人员素质

C. 明确经费来源，保证评估机构独立自主的正常运转

D. 实行行政性评价与专业性评价互补，培育科学的教育评价社会服务体系

E. 不断改善评估方法和评估技术，强化评估业务的创新性

F. 其他_____（请注明）

第三部分：开放性题目

1. 贵园在开展等级评估时遇到过哪些问题？您认为最大的困难是什么？

2. 针对我省的幼儿园等级评估工作，您有什么建议？

附录七
对话：幼儿教育的发展与评估

——以广东省幼儿园评估为例

刘景容：欢迎广东省督学、幼儿教育中学高级教师黄志斌老师，欢迎广州市教育评估与教师继续教育指导中心评估部主任陈海玉老师。两位都参加过广东省幼儿园督导评估制度建设的相关工作，对幼儿园的评估工作非常熟悉。今天，我们就来谈谈"幼儿教育的发展与评估"这个话题。

黄志斌：对幼儿园实行督导评估制度是国家对幼儿教育加强宏观调控、保证教育法律法规和方针政策得以落实的重要机制。

《中华人民共和国教育法》第二章"教育基本制度"第二十五条规定："国家实行教育督导制度和学校及其他教育机构教育评估制度。"《国家中长期教育改革和发展规划纲要（2010—2020年)》（以下简称《发展规划纲要》）第三章要求："教育行政部门加强对学前教育的宏观指导和管理，相关部门履行各自职责，充分调动各方面力量发展学前教育。"幼儿教育属于非义务教育，幼儿园数量多、分布广，社会力量办园占大多数；而幼儿教育行政管理人员配备较少，政府对幼儿园的管理处于一种较为松散的状态。同时，由于没有固定的课程、统一的教材，也没有教育质量监测制度，导致了幼儿园在某种程度上以市场需求为导向、迎合家长盲目要求来争取生源的现状，淡化了幼儿教育的本质。因此，对幼儿园实施督导评估尤为迫切与重要。广东省人民政府教育督导室于20世纪90年代创建了"等级幼儿园"的督导评估模式。

陈海玉：督导评估制度既是国家意志的体现，也是管理科学的必然，意义很大。

现代管理分为决策、执行、控制三个部分，监督是控制中非常重要的一环。基于教育中儿童成长过程的不可逆性以及教育成果显现的长期性，督导评估就显得尤为重要。

以幼儿园督导评估为例，其作用显现在以下五个方面：一是有利于督促幼儿园贯彻执行有关教育的法律、法规、方针、政策，强化依法管理意识，促进办园行为的规范化；二是有利于指导幼儿园遵循教育规律，深化教育教学改革，促进幼儿身心健康发展，提高保教质量；三是有利于引导幼儿园树立内涵发展、自主发展的意识，整体提升办园水平，促进幼儿园可持续发展；四是有利于营造幼儿教育事业的有序化、规范化、公平竞争的良性发展环境；五是有利于引导社会、家长用正确标准评价幼儿园的办园水平，关心和支持幼教事业发展。

刘景容：广东省一级幼儿园的评估始于 1995 年。2008 年，广东省人民政府教育督导室将《广东省幼儿园等级评估方案》修订成《广东省幼儿园督导评估方案》，几字之差，意义何在？

陈海玉：方案的修改和广东省幼教事业及督导评估制度的发展相关联。

一是幼儿园教育属于非义务教育，构建的是以示范性幼儿园为中心的网络管理机制。《国务院关于幼儿教育改革与发展的指导意见》（国办发〔2003〕13 号）第 15 条指出"形成以省、地、县、乡各级示范性幼儿园为中心，覆盖各级各类幼儿园的指导和服务网络"；第 16 条指出"定期对示范性幼儿园进行指导、评估和审验，确保其发挥示范作用"。《关于改进幼儿园督导工作的通知》（粤教督〔2003〕13 号）中也指出，"省一级幼儿园作为省级示范性幼儿园"建设。二是幼儿园督导评估是以评估促进幼儿园的整体发展，是过程和手段，而非终极目的。评估中既有自评也有他评，他评是以自评为基础，而有效的自评更能推动幼儿园的发展。因此，2008 年出台的《广东省幼儿园督导评估方案》，首先是幼儿园的自评蓝本，其次是幼儿园发展指引，对县（市、区）一级、市一级、省一级呈现阶梯性标准。

刘景容：现在的幼儿园评估是自愿申报的，接受评估的幼儿园是少数，而且往往是代表着当地学前教育最好的那一小部分，这能反映出面上的问题吗？

黄志斌：评估为政府提供幼儿教育决策与调控的依据，有利于形成系统、完整的宏观管理机制。

自《发展规划纲要》出台后，评估实际上已不再只是少数幼儿园参与的等级评估，规范化幼儿园的评估应是面向所有幼儿园的。评估过程可以做到对幼儿园的资金投入、保教环境、管理水平、队伍状况、办园规模、过程与结果、主办单位和幼儿园工作的效益等，进行全面、客观、系统了解和掌握。教育行政部门可以根据评估反馈的信息与社会发展趋势，对幼儿园的管理进行调控，完善政策，改善管理状况。

评估运用"以评促建、以评促改"的发展性教育评估思想，对幼儿园的建设、保育教育的质量、办园效益等实施动态性监测和评估。评估过程坚持科学性、客观性、针对性和实效性，不仅规范了办园行为，而且能督促、指导地方政府和行政部门履行发展幼儿教育的职责，使评估与行政管理紧密结合，真正建立起"决策—执行—监督—反馈"的管理机制。

陈海玉：受评估的幼儿园可以侧面反映一些面上共性的问题。

接受评估的幼儿园的总体评价、得分甚至迎评工作等是可以从一些侧面反映出当地幼教水平的。政府的重视程度，管理水平的差异，教师发展的差异，教育理念的认识、理解、贯彻、落实等方面都会有所体现。比如影响到幼教行业整体发展的一些困境问题，包括：

幼儿园教师收入过低。受评园中，公办园中的非在编教师或其他性质办园的教师收入较低，吸引不到优秀人才加入到幼教队伍中来。幼儿园的发展处在一个两难的境地，一方面随着时代的发展，社会各方面对幼儿教育的期望值越来越高；另一方面，新进幼儿教师的素质却不容乐观，成为制约幼儿园发展的瓶颈。

办园的规划性和系统性不足。园长们对幼儿园的长期发展缺乏理性思考，在发展战略和策略上也是空白。且幼儿园的教育教学流派众多，观点不尽一致，因此在实际操作过程中，幼儿园的课程及教学易跟风、变化快、不深入，有时还自相矛盾，教师为此也感到迷茫和困惑。在这样的前提下，幼儿园教师的专业化发展也显得被动和随机，缺乏系统性和针对性。

刘景容：幼儿园申报评估的外在动因包括公办幼儿园可以提高收费、民办幼儿园可以赢得社会认可度等，但在不同地域申报的积极程度却不一样，原因何在？

黄志斌：主要是认识不足的问题。

评估既然是国家制度，任何一所幼儿园在开办一定的年限后，理应接受评估。民办幼儿园尤其需要评估，因为其办园过程资金的投入、办园经验的积累等从某种意义来讲已不再只是主办者所有。因此，民办幼儿园举办一段时间后，就应该进行评估，接受监督，让教育行政部门了解其办园状况。

幼儿园等级评估是综合性评估。评估方案设定办园条件与幼儿园管理两个一级指标，主要是为了对幼儿园进行客观条件与主观努力两方面的评价，既要看到客观条件所具备的程度，又要看到通过主观努力所提高的幅度，还要对不同地区、不同办园类型、不同收费标准的幼儿园，分层次、分类型给予评估。同时，幼儿园等级评估坚持自评与他评相结合，幼儿园创建等级必须先行自评，发挥幼儿园的主体作用。对照评估方案指标对幼儿园规划、目标的达成度、办园效益等进行自查，总结、提炼经验，形成自评报告；找出差距，提出改进的措施与方案，认真整改，以内驱力促可持续发展。对外，接受教育行政部门和家长、社会的监督与评价，取信家长、社会，借此获得发展的内外动力，使幼儿园走上自我约束、自我完善、自我发展的轨道。

陈海玉：一是理解不到位；二是说明幼教行业本身发展的起点较低；三是各地学前教育的发展阶段、发展理念不尽相同。

评估的根本追求是质量，保教质量的提升是实现幼儿园可持续发展的关键。幼儿园的评估是过程性的，即体现在迎评过程中对幼儿园发展的总结、提炼、反思和整改。幼儿园在迎评过程中，付出了巨大的努力，软硬件一起抓，请专家培训、指导，给教师更多学习机会。园长们也在这个过程中进一步理顺办园思路和发展策略，在原有的经验型管理的基础上有了更多理性的思考。尽管评估的分数结果显示，有的幼儿园在管理、师资、教学水平等方面还有很大的发展空间，但从幼儿园个体的纵向对比来看，办园质量和办园水平在原有的水平上已经产生了质的飞跃。同时在评估过程中，借用幼教评估专家的"脑力"诊断、把脉，都成为幼儿园新一轮成长的重要来源和保障。

由于有些地域幼儿园起点较低、经费也不充裕，省一级、市一级、县（市、区）一级幼儿园是要分别在不同范围内起到示范引领作用的，标准相对较高，经费投入也较大，所以幼儿园会有畏难情绪。

有些地域仍处在幼儿园的初期发展阶段，还在提升入园率，有些地域开始追求"有质量"的学前教育，这些因素在各地申报省一级幼儿园评估的数量上也会有所体现。

刘景容：也就是说，必须认识到督导评估对幼儿园可持续发展的意义，幼儿园才可能真正主动积极申报评估。那么，广东省幼儿园督导评估的程序是怎样的？幼儿园在迎评过程中要注意哪些问题？

黄志斌：坚持执行督导评估制度的流程，积极引导依法办园、依法治教。

广东省幼儿园督导评估的程序是：申报—视导—开评公示—评估—审批公示—通报。即：①建立等级逐级申报制度。幼儿园通过学习等级评估方案，了解、掌握要求，对照指标确立目标，全员动员、积极参与创建工作。②实行视导制度。对每所申报的幼儿园按申报等级由县（市、区）、市、省教育督导部门牵头，会同教育行政、卫生保健等部门进行视导、诊断、交流，指导幼儿园自查、自评、整改；为幼儿园提供信息服务，帮助幼儿园提高标准的到达度。③加强综合评估制度。幼儿园创建时机成熟，才派出评估队伍进行他评。④完善公示制度。开评前和评估通过幼儿园所申报的等级后，都须向社会公示。⑤实行评估结果使用制度。评估结果与收费（或与奖励）挂钩。

督导评估幼儿园的保教质量，是以实施《幼儿园教育指导纲要（试行）》（以下简称《纲要》）为依据的。评估方案把"幼儿教育是养成教育""幼儿教育是环境教育""整日生活都是课程""游戏为主要活动""注重幼儿的个性发展""坚持保育与教育相结合"等《纲要》蕴含的先进理念与要求转化为指标，引导幼儿园以《纲要》的内涵和要求构建园本课程，把《纲要》的精神转化为教育观念，落实在教育行为上。

刘景容：可以说迎接督导评估是幼儿园的一个中长期计划，需要几年的时间准备，不是一蹴而就的短期行为。而且广东省的幼儿园督导评估不是一评定终身，而是实施四年一复评的动态管理机制，这更决定了幼儿园的评估应以自评为主，以评估标准规范和引领日常工作，形成常态。也只有这样，督导评估才能真正促进幼儿园的可持续发展。

陈海玉：深化幼儿园评估，使评估制度更有效推动幼教事业的发展。

幼儿园评估是指引和监督幼儿园发展的有效方式，也是国家对幼儿园宏观调控的有效方式。建议在进一步深化幼儿园评估的过程中，一是建立注重软件建设的过程评估模式，引导强化丰富保教内涵和提升保教质量；二是建立幼儿园等级能上能下机制，能有效地对实力不足或明显退步的幼儿园起到制约作用；三是形成幼儿园评估结果定期向社会公布和公示制度，加大幼儿园评估的公信力，使幼儿园评估制度更有效推动幼教事业的发展。

黄志斌：评估能有效促进幼儿教育真正走上依法治教、依法办园的路子，为幼儿园的发展，最终为幼儿的健康成长提供保障。希望政府有关部门、社会、幼儿园、家长等各方面都充分认识到评估对幼儿教育的意义，共同完善幼儿教育的评估制度，使之成为促进幼儿教育事业整体可持续发展的有力保障。

参 考 文 献

一、著作类

[1] 胡惠闵，郭良菁．幼儿园教育评价［M］．上海：华东师范大学出版社，2009.

[2] 中央教育科学研究所学前教育研究室．幼儿园教育质量评价手册［M］．北京：教育科学出版社，2009.

[3] 王坚红．学前教育评估［M］．北京：人民教育出版社，2010.

[4] 贝蒂．幼儿发展的观察与评价［M］．郑福明，费广洪，译．北京：高等教育出版社，2011.

[5] 刘占兰．中国幼儿园教育质量评价：十一省幼儿园教育质量调查［M］．北京：教育科学出版社，2011.

[6] 王坚红，尹坚勤．国际视野下的学前教育机构评估标准［M］．南京：南京师范大学出版社，2012.

[7] 姚伟．幼儿园教育评价行动研究［M］．南京：南京师范大学出版社，2012.

[8] 刘占兰．提高幼儿园教育质量的有效策略［M］．北京：北京师范大学出版社，2013.

[9] 广东省教育研究院．广东教育评估发展报告（2000—2011 年）［M］．广州：广东高等教育出版社，2013.

[10] 龚春燕．大数据：教育监测评估发展［M］．重庆：重庆出版社，2014.

[11] 龚春燕．评估人·评估事［M］．重庆：重庆出版社，2014.

[12] 王雁，司秀月．幼儿园教育评价［M］．北京：北京出版社，2014.

[13] 孙河川，郑弘．学校教育质量评估标准研究：基于教育督导的视角［M］．北

京：九州出版社，2015.

［14］胡中锋．教育评价学［M］．3版．北京：中国人民大学出版社，2016.

［15］刘霞．幼儿园教育质量评价的理论与实践［M］．北京：人民教育出版社，2017.

二、论文类

［1］李思民．发展性督导评估与学校自主发展［J］．教育发展研究，2003（10）.

［2］赵连根，朱爱忠．以发展性教育督导评估促进学校主动发展［J］．中小学管理，2004（6）.

［3］戴双翔，刘霞．我国现行托幼机构教育质量评价工具研究［J］．学前教育研究，2009（7）.

［4］陈吴彩霞．香港学前教育机构的质素评核［J］．早期教育（教师版），2010（1）.

［5］赵士勋．实施发展性督导评估的回顾与构想［J］．教育测量与评价，2010（8）.

［6］丁莉．论发展性督导评估对学校自主发展的促进作用［J］．现代中小学教育，2011（2）.

［7］陈海玉．基于信息技术环境下构建幼儿园保教质量评估监管和保障体系的思考［J］．教育导刊（下半月），2012（7）.

［8］李琳．学前教育督导评估体系建设探索：以上海市为例［J］．学前教育改革与发展，2014（3）.

［9］刘霞．幼儿园教育质量评价的功能及其实现［J］．早期教育（教师版），2016（6）.

［10］姚伟，黎诩．幼儿园教育质量内部监控存在问题、原因及对策［J］．学前教育研究，2015（2）.

［11］李召存．对学前教育质量评估框架建构的思考［J］．中国教育学刊，2015（10）.

［12］姚伟，许浙川．构建幼儿园教育质量保障体系理论基础探究［J］．东北师范大学学报（哲学社会科学版），2016（4）.

后　记

　　广东省一级幼儿园评估首次申报是在 1995 年，距今已整整 24 年。当时拟参加评估的幼儿园干劲十足、热火朝天的景象依然历历在目。

　　当时，没有人知道这个项目在广东省学前教育领域将会产生那么广泛而深远的影响，我也不知道自己的职业生涯从此会与这个项目结下不解之缘。

　　1995 年，我到天河实验幼儿园任园长后，就开始和同事们一起，陆续迎接各种评估：广州市电化教学达标单位、广州市绿色幼儿园、广州市一级一类幼儿园、广东省档案管理达标单位、广州市学校民主管理工作三星级单位、广东省一级幼儿园等。这些专项评估和综合性评估，自始至终贯穿了我在幼儿园工作的那些年。其中，广东省幼儿园等级评估是对我以及我所在的幼儿园影响最大的项目。因为这个项目需从新园开办 3 年后起评，逐级申报，纵贯 8 年之久。而正是通过这 8 年的努力，我们从一所名不见经传的幼儿园开始，一步一个脚印，最终成为当时天河区教育局认为的区内最好的公办幼儿园。

　　多年后，再回首，我脑海中并没有幼儿园全员为任何评估工作加班加点的印象。因为每一项评估，都被我们有计划地安排进日常工作中，评估的指标要求已经成为大家日常工作的执行标准和规范。评估没有被剥离成额外的任务，而是融合在常规工作中，成为每个岗位的基本职责。

　　通过新园参与广东省幼儿园等级评估的历程，我深刻领会到"以评促改、以评促建"的精神，认识到评估对幼儿园发展的重要意义。

　　2011 年，广东省教育研究院成立，面向全省选调研究人员。我有幸成为省教育研究院教育评估室的一员，从事学前教育的评估研究与实践，刚开始的主要任务就是组织广东省一级幼儿园初评项目的实地考察。为了使这项工作从经验型走向专业型，我在实践中不断琢磨，也在文献中探寻、分析，对广东省幼儿园等级评估项目有了较为系统、全面的认识，相继撰写了 10 篇关于幼儿园评估的文章，分别发表在《上海教育评估研究》《教育导刊》《广东教育》等期刊或被《广东教育改革发展报告》（"广东教育蓝皮书"）收录。

2015 年，广东省一级幼儿园评估这个项目被转移给第三方，我全程经历了这一具有历史意义的改革。在本轮转移合同期满之际，我将此前的研究成果整理、结集出版，既有总结与纪念的意味，也希望在各级教育行政部门关于学前教育质量评估项目纷起的当下，本书能对同行有一定的借鉴意义。事实上，广东省幼儿园等级评估体系在日渐成熟之后，已经成为关于幼儿园的各类综合性评估的范式、样板，但仅限于架构与形式，专业性依然有待深究。

多年的实践证明，评估是教育行政部门加强对幼儿园管理的非常有效的手段，特别是当这个项目与奖补挂钩之后。什么时候，幼儿园不再为了奖金、牌匾、证书、收费、专业发展机会等外在的荣光与实利，主动而平和地接受评估、参与评估、自我评估，什么时候，评估才能去功利化、去行政化，成为提升幼儿园保教质量的内驱力。我们期待那一天的到来！

最后，我要感谢促成本书成功出版的每一个机构、每一个人！

感谢多年来指导我开展业务工作的广东省人民政府教育督导室和广东省教育研究院领导、部门负责人以及同事，是他们带领我、指导我、帮助我、协助我开展项目实践与研究。特别感谢汤贞敏研究员一直以来对我工作的支持与专业上的引领，感谢他在百忙中指导本书的编写并作序。

感谢广州市教育评估与教师继续教育指导中心和深圳市龙岗区人民政府教育督导室，同意提供他们编制的评估资料目录作为本书的附录，供读者学习、借鉴。

感谢广东省一级幼儿园评估专家库成员多年来的支持。他们在繁忙的工作中，每学期抽出几天甚至一周的时间来参与评估，使我们的工作得以顺利进行，并在评估工作中为我提供了丰富的实践经验与案例。

感谢暨南大学幼儿园、民航广州幼儿园、广州市儿童福利会幼儿园、广州市天河实验幼儿园、广州市天河区珠江新城猎德幼儿园、深圳市梅林一村幼儿园、深圳市龙华新区梅龙实验幼儿园、珠海市容闳国际幼稚园、佛山市机关幼儿园等提供自评报告作为本书分享的实例。

感谢广东高等教育出版社给予本书宝贵的专业出版建议。

刘景容

2019 年 5 月